特別支援教育の
アクティブ・ラーニング

「主体的・対話的で深い学び」の実現に向けた授業改善

三浦 光哉 編著

Past Classes

Active Learning

はじめに

　「アクティブ・ラーニング」という言葉は、今や知らない教師はいないと言っても過言ではないでしょう。中央教育審議会で次期学習指導要領の改訂に向けて示されたキーワードの一つです。その視点は、「主体的・対話的で深い学び」として子供の思考の変革を促す授業改善に向けた取組です。これまでの学習指導要領の改訂の中でも、具体的な授業の方法まで踏み込んで言及したのは初めてです。

　書店で通常教育に関する教育書を眺めていると、タイトルに「アクティブ・ラーニング」の言葉が入った著書は、50以上もあります。しかし、特別支援教育に限って見ると、わずかに商業雑誌で見られるくらいです。この差は一体何なのでしょうか。

　アクティブ・ラーニングとは、子供が主体性をもって、多様な人々と協力して問題を発見し、解を見いだしていく能動的な学習スタイルのことであると言われています。これまでの「一斉講義型」授業を見直す、学習パラダイムの転換が求められているのです。しかし、これまでの障害児教育・特別支援教育では、児童生徒の経験や学びを重視しながら具体的な体験を通して学習活動が展開されてきており、特に、生活単元学習、作業学習、総合的な学習の時間等において、問題発見・課題解決、他者との協働や外界との相互作用、話し合い活動における意見交換など、当然のように行ってきました。したがって、アクティブ・ラーニングは、これまでも行ってきましたし、当たり前のことと考えている教師も多いためか、通常教育とは指導方法の改善に対する熱の入り方が違うのかもしれません。

　私たちがこれまで障害児教育・特別支援教育において実践してきたこのような学習活動は、次期学習指導要領の改訂で指摘されているアクティブ・ラーニング（主体的・対話的で深い学び）と同様なのでしょうか。それともどこがどのように異なるのでしょうか。この疑問に応えようと企画したのが本書なのです。

　2014（平成26）年11月から始まった中央教育審議会における次期学習指導要領の改訂の審議では、初等中等教育分科会教育課程部会が現行学習指導要領に対して「子供が自らの力を育み、自らの能力を引き出し、主体的に判断し行動するまでには必ずしも十分に達しているとは言えない状況にある。」と指摘し、その理由として、「社会において自立的に生きるために必要な力として掲げられた『生きる力』を育むという理念について、各学校の教育課程への、さらには、各教科等の授業への浸透や具体化が、必ずしも十分でなかったところに原因の一つがあると

考えられる。」と述べています。このことは、通常教育だけでなく特別支援教育でも同様であると思います。

　したがって、私たちは、これを真摯に受け止め、特別支援教育においても「主体的・対話的で深い学び」の視点で更なる授業改善をし、障害のある児童生徒が実生活・実社会で確実に「生きる力」となって活用できる資質・能力を育成していかなければならないと考えます。本書では、この点を意識しながらこれまでの授業と何が異なるかを比較しながら授業改善の方向性を示しました。

　本書は、3つの章で構成されています。第1章では、「アクティブ・ラーニングと特別支援教育」と題して、その理論的導入の背景、学習活動における資質・能力、特別支援教育にアクティブ・ラーニングを導入することの必要性、さらに、脳科学的見地からのアクティブ・ラーニングについて述べています。第2章では、「障害児へのアクティブ・ラーニング」と題して、障害種別（視覚・聴覚・知的・肢体不自由・病弱・発達）ごとのアクティブ・ラーニングの視点と授業構想について述べています。第3章では、「特別支援教育のアクティブ・ラーニング実践55」と題して、これまで実践してきた授業と比較して、アクティブ・ラーニングによる授業はどこがどのように異なるのか、どのような授業改善が必要なのかについて55事例を示しています。この事例には、特別支援学校や小・中学校特別支援学級の教育課程上に示されている指導の形態名ごとに載せてあります。見開き2ページでは、十分に伝えきれない内容もありますので、授業改善の重要なポイントを示しました。

　障害のある子供にとっては、それぞれの各単元・題材での学習活動が将来、「生きる力」となって自立した生活を送ることに繋がるといった視点で授業改善を目指しています。したがいまして、「生きる力」の基盤となる基礎力・思考力・実践力は何が身に付いたのか、自立を目指す目標は何かを明確にしています。また、評価についても、これまで曖昧であると指摘されてきたことから、「知識・技能」「思考・判断・表現」「主体的に学習に取り組む態度」といった3観点で明確に示しました。

　本書は、全国で特別支援教育の実践者としてご活躍されている先生方に呼びかけ、「主体的・対話的で深い学び」を実現するための授業改善について、試行錯誤しながら協働で作り上げたものです。教育現場の先生方に本書を通読していただき、忌憚のないご意見を賜りたいと願っております。

2017（平成29）年7月

編著者　三浦　光哉

もくじ

はじめに

第1章　アクティブ・ラーニングと特別支援教育
　第1節　21世紀型学力とアクティブ・ラーニング …………………………10
　第2節　資質・能力と学習活動 …………………………19
　第3節　アクティブ・ラーニングを支える脳内メカニズム …………………………22
　第4節　特別支援教育とアクティブ・ラーニング …………………………27

第2章　障害児へのアクティブ・ラーニング
　第1節　視覚障害教育とアクティブ・ラーニング …………………………42
　第2節　聴覚障害教育とアクティブ・ラーニング …………………………45
　第3節　知的障害教育とアクティブ・ラーニング …………………………48
　第4節　肢体不自由教育とアクティブ・ラーニング …………………………52
　第5節　病弱教育とアクティブ・ラーニング …………………………56
　第6節　発達障害教育とアクティブ・ラーニング …………………………61

第3章　特別支援教育のアクティブ・ラーニング実践55（ゴーゴー）
本章の読み方、活用の仕方 …………………………66

国　語
　01 ＜特別支援学校・小学部＞　「『おおきなかぶ』の劇をしよう」 …………………………68
　02 ＜特別支援学校・中学部＞　「俳句名人になろう」 …………………………70
　03 ＜小学校・特別支援学級＞　「物語 ～ぐりとぐら～」 …………………………72
　04 ＜中学校・特別支援学級＞　「古文に親しむ ～竹取物語～」 …………………………74
　05 ＜中学校・特別支援学級＞
　　　「新聞で学ぼう ～『若い世代』を読み、自分の意見を持とう～」 …………………………76

社　会
　06 ＜特別支援学校・高等部＞　「関東地方の特色を考えて発表しよう」 …………………………78
　07 ＜特別支援学校・高等部＞
　　　「模擬請願（陳情）を通して社会参加の意識を高めよう」 …………………………80

算数・数学

08 ＜特別支援学校・小学部＞
　「身のまわりの物の形（四角、三角）を知ろう」 …………………82

09 ＜特別支援学校・小学部＞　「身近な物の長さを比べてみよう」 …………84

10 ＜小学校・特別支援学級＞　「足し算 〜和が5まで〜」 …………………86

11 ＜小学校・特別支援学級＞　「一対一対応 〜10までの数〜」 ……………88

12 ＜中学校・特別支援学級＞　「長方形の周りの長さを求めよう」 …………90

理　科

13 ＜中学校・特別支援学級＞　「植物のつくりとはたらき」 …………………92

14 ＜中学校・特別支援学級＞　「地震」 …………………………………………94

音　楽

15 ＜特別支援学校・高等部＞　「終業式に第九を歌おう」 ……………………96

16 ＜特別支援学校・高等部＞　「宿泊学習の思い出を歌って踊ろう」 ………98

美　術

17 ＜特別支援学校・中学部、高等部＞　「木版画」 …………………………100

18 ＜特別支援学校・中学部、高等部＞
　「貼り絵 〜みんなの木をつくろう〜」 ……………………………………102

体育・保健体育

19 ＜特別支援学校・小学部＞　「サッカーをしよう」 ………………………104

20 ＜特別支援学校・中学部＞　「持久走をしよう」 …………………………106

21 ＜特別支援学校・高等部＞　「異性とのかかわり」 ………………………108

職業・家庭

22 ＜特別支援学校・中学部＞
　「手順書にそってボールペンを組み立てよう」 ……………………………110

23 ＜特別支援学校・中学部＞
　「用具を正しく使って校内をきれいにしよう」 ……………………………112

24 ＜中学校・特別支援学級＞　「ミシンを使って袋を作製しよう」 …………114

外国語（英語）

25 ＜特別支援学校・中学部＞　「アルファベットに親しもう」 ………………116

26 ＜特別支援学校・高等部＞
　「身近にある英語が分かるようになろう」 …………………………………118

27 ＜中学校・特別支援学級＞　「色を覚えよう」 ………………………………120

28 ＜中学校・通級指導教室＞　「基礎的な英文法を習得しよう」 ……………122

29 ＜中学校・通級指導教室＞
　　「フォニックスを学び、英単語の読み書きをしよう」……………………124

道　徳
30 ＜特別支援学校・高等部＞
　　「自分の気持ち・相手の気持ち ～思いやり、相互理解～」……………126

総合的な学習の時間
31 ＜特別支援学校・中学部＞　「龍おどりをしよう」………………………128
32 ＜小学校・特別支援学級＞　「地域の自慢をしよう」……………………130

特別活動
33 ＜特別支援学校・小学部高学年、中学部、高等部＞
　　「児童生徒会活動」……………………………………………………………132

自立活動
34 ＜特別支援学校・中学部＞　「体調を把握して体を動かそう」…………134
35 ＜特別支援学校・中学部＞　「感情をコントロールしよう」……………136
36 ＜特別支援学校・中学部＞　「よく見て確かめて歩こう」………………138
37 ＜特別支援学校・高等部＞　「自分のことを知ろう」……………………140
38 ＜特別支援学校・小学部＞　「台車でレッツゴー」………………………142
39 ＜小学校・特別支援学級＞　「じょうずなヘルプサインの出し方」……144

日常生活の指導
40 ＜特別支援学校・小学部＞
　　「給食 ～きゅうしょくのじゅんびをしよう～」…………………………146
41 ＜特別支援学校・小学部＞　「そうじをしよう」…………………………148
42 ＜特別支援学校・小学部＞　「手あらいをしよう」………………………150

遊びの指導
43 ＜特別支援学校・小学部＞　「遊び大好き ～ボールランドで遊ぼう～」…152
44 ＜特別支援学校・小学部＞
　　「乗り物で遊ぼう ～いろいろな乗り物で遊ぼう～」……………………154

生活単元学習
45 ＜特別支援学校・小学部＞　「修学旅行に行こう」………………………156
46 ＜特別支援学校・中学部＞　「キャンプ事前学習 ～テントを立てよう～」…158
47 ＜小学校・特別支援学級＞　「秋祭りをしよう」…………………………160
48 ＜小学校・特別支援学級＞　「カレーライス・パーティーをしよう」…162
49 ＜中学校・特別支援学級＞　「レストランを経営しよう」………………164

作業学習

50 ＜特別支援学校・中学部＞ 「小鉢作り（陶工班）」 ……………………166

51 ＜特別支援学校・中学部＞
　　「バザーに向けて 〜松ぼっくりのクリスマスツリー〜」……………………168

52 ＜特別支援学校・高等部＞
　　「焼き杉のプランターカバー製作（木工班）」……………………………170

53 ＜中学校・特別支援学級＞
　　「スウェーデン刺しゅうでコースターを作ろう」…………………………172

進路学習

54 ＜特別支援学校・高等部＞ 「将来の生活を考えよう」………………………174

55 ＜中学校・特別支援学級＞ 「自分がついてみたい職業を調べよう」………176

引用・参考文献　………………………………………………………………………178

おわりに

編著者紹介
執筆者一覧

第1章
アクティブ・ラーニングと特別支援教育

第1節　21世紀型学力とアクティブ・ラーニング

1．なぜ資質・能力なのか

　2008（平成20）年の中央教育審議会総会において取りまとめられた『幼稚園、小学校、中学校、高等学校及び特別支援学校の学習指導要領等の改善について（答申）』にあるように、21世紀は、新しい知識・情報・技術が政治・経済・文化をはじめ社会のあらゆる領域での活動の基盤として飛躍的に重要性を増す、いわゆる「知識基盤社会」（knowledge-based society）の時代であると言われています。「知識基盤社会」の特質としては、知識には国境がなくグローバル化が一層進む、知識は日進月歩であり競争と技術革新が絶え間なく生まれる、幅広い知識と柔軟な思考力に基づく判断が一層重要になる、などを挙げることができます。つまり、知識基盤社会においては、基礎的・基本的な知識・技能だけではなく、思考力・判断力・表現力、スキル、さらに態度を含んだ人間の全体的な資質・能力が求められているのです。

　また、「2011年度に米国の小学校に入学した子供たちの65％は、大学卒業時に今は存在していない職業に就くだろう」（Davidson, 2011）、「今後10～20年程度で、米国の総雇用者の約47％の仕事が自動化されるリスクが高いという結論に至った」（Osborneら, 2013）といった指摘があるように、「不透明な未来」への準備が必要となります。

　そして、問題解決に関する研究が心理学や認知科学といった分野で進み、転移は簡単に生じないことが分かってきました。ここでいう転移とは、「ある状況で獲得した知識がのちの状況での問題解決や学習につながる現象のこと」（白水,2012）を言い、例えば、小学校などで学んだ計算の方法が、スーパーマーケットでの買い物に活用できるような状況です[1]。これまでは「知っていれば使える（＝問題が解決できる）」と思われていましたが、転移を起こそうとするならば社会的な文脈も考慮する必要があるのです。つまり、「知っている」ことがそのまま「問題を解決する」ことにはつながらない、ということなのです。

　このように、「何を知っているのか」はもちろんのこと、「何ができるのか」が重視され、実生活・実社会における知識の活用が求められてきています。つまり、これまでの教育の在り方を変えていく必要性が生じているのです。

1）この点、知的障害がある児童生徒の特性を踏まえて買い物学習等が行われ成果を上げてきたわけです。

グローバルな人材育成の観点からの見直しも背景に挙げられます。日本においては、「『自立』して生きる個人同士が『協働』してよりよい社会や人生を『創造』する」（第2期教育振興基本計画）、「学士力」（文部科学省，2008）、「就職基礎能力」（厚生労働省，2004）、「社会人基礎力」（経済産業省，2006）、「高校教育における『コア』」（中央教育審議会初等中等教育分科会高等学校教育部会，2014）など、様々な社会的な要請があります。

2．日本における資質・能力観

　資質・能力は新しい概念ではありません。前述したような「学士力」「就職基礎能力」「社会人基礎力」「高校コア」などの他にも、日本の近年の教育政策を見ると、新しい学力観（平成元年学習指導要領）、生きる力（平成元年学習指導要領・平成10年同・平成20年同）といったように、世界的にみても早い時期から教育課程の編成基準に資質・能力の目標が導入されています。また、「生活科」（平成元年学習指導要領で新設）、「総合的な学習の時間」（平成10年学習指導要領で新設）、「言語活動の充実」「問題解決型学習の重視」「見通し」「振り返り」（平成20年学習指導要領）など、教科等の教育内容の新設、教育方法の例示が行われてきています。また、これまでも特殊教育・特別支援教育では、「つけたい力」の育成を図ってきました。

　そこで、平成20年学習指導要領において、資質・能力とそれを育てる学習活動がどのように示されているかを見ていくことにします（国立教育政策研究所，2014）。まず、総則においては、教育課程編成の一般方針で、「生きる力」「（基礎的・基本的な知識・技能を活用して）課題を解決するために必要な思考力、判断力、表現力その他の能力」「言語活動の充実」が挙げられています。次に、指導計画の作成等に当たって配慮すべき事項においては、「基礎的・基本的な知識及び技能の活用を図る学習活動」「言語に関する能力の育成を図る上で必要な言語環境」「学習の見通しを立てたり学習したことを振り返ったりする活動」が挙げられています。さらに、各教科等においては、見方・考え方まで含めると、「能力」が様々な教科で記述されています。例えば、「［学習内容］について、［活動］を通して（学習し）、［能力］や［態度］を育てる（〜できるようにする）」という形が、学習内容・活動・能力や態度の順序や表記の仕方は異なるものの、複数の教科で採用されています。教科等によっては、「学習活動」を組み合わせて「学習過程」を示している場合もあります。

　例を挙げてみますと、『特別支援学校小学部・中学部学習指導要領』の「第2章　各教科」「第1節　小学部」「第2款　知的障害者である児童に対する教育を行う特別支援学校」「第1　各教科の目標及び内容」における［国語］の目標は、「日常生活

に必要な国語を理解し、伝え合う力を養うとともに、それらを表現する能力と態度を育てる」であり、「日常生活に必要な国語を理解し」は学習内容、「伝え合う力を養う」は学習内容と学習過程に、「それらを表現する能力と態度」は能力と態度に、それぞれ相当します。これは、小学校・中学校・高等学校学習指導要領でも同様です。例えば、中学校数学の目標は、「数学的活動を通して、数量や図形などに関する基礎的な概念や原理・法則についての理解を深め、数学的な表現や処理の仕方を習得し、事象を数理的に考察し表現する能力を高めるとともに、数学的活動の楽しさや数学のよさを実感し、それらを活用して考えたり判断したりしようとする態度を育てる」であり、「数学的活動を通して」は学習過程、「数量や図形などに関する基礎的な概念や原理・法則についての理解を深め、数学的な表現や処理の仕方を習得し」は学習内容、「事象を数理的に考察し表現する能力を高める」は能力、「数学的活動の楽しさや数学のよさを実感し、それらを活用して考えたり判断したりしようとする態度」は態度に、それぞれ相当します。

　2012（平成24）年12月より文部科学省においては、『育成すべき資質・能力を踏まえた教育目標・内容と評価の在り方に関する検討会』を設置し、「初等中等教育において、育成すべき資質・能力を明確にするとともに、そのための手立てである教育目標・内容と評価の在り方をより明確にすることが求められる。このような観点から、国内外の動向等も踏まえつつ、育成すべき資質・能力の構造を明らかにした上で、それを実現するための具体的な教育目標、指導内容などの教育課程と学習評価を一体的に捉え、その改善に向けての基礎的な資料等を得るための情報収集・意見交換等を行う。」ことを話し合い、その成果は論点整理としてまとめられています。論点整理では、「日本でも比較的早い時期から『生きる力』の理念を提唱しており、その考え方はOECDのキー・コンピテンシーとも重なるものですが、『生きる力』を構成する具体的な資質・能力の具体化や、それらと各教科等の教育目標・内容の関係についての分析がこれまで十分でなく、学習指導要領全体としては教育内容中心のものとなっている」とした上で、「現在の学習指導要領に定められている各教科等の教育目標・内容を以下の３つの視点で分析した上で、学習指導要領の構造の中で適切に位置付けし直したり、その意義を明確に示したりすることについて検討すべき。ア）〜ウ）については、相互のつながりを意識しつつ扱うことが重要」として、以下の３つを挙げています。

ア）教科等を横断する汎用的なスキル（コンピテンシー）等に関わるもの
　１．汎用的なスキル等としては、例えば、問題解決、論理的思考、コミュニケー

ション、意欲など
　２．メタ認知（自己調整や内省、批判的思考等を可能にするもの）

イ）教科等の本質に関わるもの（教科等ならではの見方・考え方など）
　例：「エネルギーとは何か。電気とは何か。どのような性質を持っているのか」のような教科等の本質に関わる問いに答えるためのものの見方・考え方、処理や表現の方法など

ウ）教科等に固有の知識や個別スキルに関するもの
　例：「乾電池」についての知識、「検流計」の使い方

3．国際的な資質・能力観

　世界に目を向けると、キー・コンピテンシー、21世紀型スキル、国際バカロレア（IB）など、様々な資質・能力目標が示されています。

　キー・コンピテンシーとは、経済協力開発機構（OECD）によるコンピテンシーの定義と選択（DeSeCo）プロジェクトによってまとめられた汎用的な能力像のことです。その中で「相互作用的に道具を用いる力」「社会的に異質な集団で交流する力」「自律的に活動する力」の３つのコンピテンシーと、その中核に「反省性（考える力）」が位置づけられています。キー・コンピテンシーは、日本の学習指導要領にも大きな影響を与えたほか、例えばPISAでは、「相互作用的に道具を用いる力」の一部を、読解リテラシー・数学的リテラシー・科学的リテラシーとして、３年に１回の周期で国際調査を行っています。

　21世紀型スキルは、マイクロソフト、インテル、シスコシステムズなどのICT関連企業や、教育団体が協力して『ATC21s: The Assessment and Teaching of 21st-Century Skills』を立ち上げ、21世紀に必要とされるデジタル時代のリテラシーとは何かを定義し、その能力測定などについて研究しています。具体的には、「思考の方法」「働く方法」「働くためのツール」「世界の中で生きる」の４領域に10のスキルを定義しています。教育関係者だけではなく企業や政府との連携を進めながら教育改革を推進していこうとするところが特徴的です。

　国際バカロレアとは、国際バカロレア機構が提供する国際的な教育プログラムであり、国際的な視野を持った人材を育成することが目的でありますが、国際的な大学入学資格（国際バカロレア資格）が有名です。IBでは、IBの使命を具体化したものとして『IBの学習者像』が定義され、「国際的な視野をもつとはどういうことか」という問いに対するIBの答えの中核を担っています。具体的には、IBを実施する学校としてIB機構から認定された学校（IB認定校）が価値を置く人間性を、「探求する

人」「知識のある人」「考える人」「コミュニケーションができる人」「信念をもつ人」「心を開く人」「思いやりのある人」「挑戦する人」「バランスのとれた人」「振り返りができる人」といった10の人物像として表しています。

　これらの資質・能力目標の対象は、一部のエリートや知識層だけではなく、すべての市民です。つまり「すべての市民が持つべき力」としての資質・能力目標と捉えるものです。そのことを以下で見ていきます。

　まず、キー・コンピテンシーにおいては、「DeSeCoで定義されたキー能力の概念は3つの一般的な基準に基づいている。」として、そのうちの1つに「すべての個人にとって重要である」を挙げ、「エリートの利益を促進するのではなく、むしろ社会的平等に貢献するように能力を高めることにこだわる。」（ライチェンら，2006）とあります。次に、21世紀型スキルにおいては、「私たちは、『最も良い』場合を想定して、何が知識創造の構築要素となるのか、そしてどんな特性や能力がそれを可能にするのかを考えることから始めるとよいかもしれません。それは、あらゆる種類の『ソフト』スキルの特徴であり、すべての人がすでにある程度もっているものです」（グリフィンら，2014）、「こうしたスキル（たとえば、コミュニケーション、コラボレーション、柔軟性）は『ソフトスキル』と呼ばれることが多く…」（グリフィンら，2014）、「21世紀型スキルを知的エリートだけのものとしておくのではなく、誰にでも使えるようにするためには、知識創造を支援する環境をすべての人に利用可能なものにする必要があります。」（グリフィンら，2014）とあるように、一部の知的エリートや指導者層だけではなく、すべての人を対象にしていることが分かります。そして、国際バカロレアの初等教育プログラム（PYP）の枠組みにおいても、「それ（筆者注：PYP）は、一人ひとりの児童が個々の発達に合った方法で意欲的に参加するプログラムであり、学校がこれを、誰にでも開かれた、インクルーシブな方法で実施することを意図しています。」（国際バカロレア機構，2016）とあり、インクルーシブな概念は尊重されていることが分かります。

4．新学習指導要領における資質・能力

　以上見てきたように、これまでの日本の状況や諸外国の動向も踏まえ、新学習指導要領における資質・能力はどのようなものでしょうか。

　2014（平成26）年11月に、文部科学大臣から中央教育審議会に対して、『初等中等教育における教育課程の基準等の在り方について』という諮問がなされました。諮問文の中では、現在の教育現場で行われている様々な新しい取り組みよって「「何を教えるか」という知識の質や量の改善はもちろんのこと、「どのように学ぶか」とい

う、学びの質や深まりを重視することが必要であり、課題の発見と解決に向けて主体的・協働的に学ぶ学習（いわゆる「アクティブ・ラーニング」）や、そのための指導の方法等を充実させていく必要があります」と、改訂の方向性を示しています。中央教育審議会では、教育課程部会の下に教育課程企画特別部会を置き、集中的に議論を行い、2016（平成28）年12月には『答申』が文部科学大臣に手交されました。『答申』の中では、育成を目指す資質・能力が以下のような3つの柱として整理して示されました。

> ① 「何を理解しているか、何ができるか（生きて働く「知識・技能」の習得）」
> 　各教科等において習得する知識や技能であるが、個別の事実的な知識のみを指すものではなく、それらが相互に関連付けられ、さらに社会の中で生きて働く知識となるものを含むものである。
> ② 「理解していること・できることをどう使うか（未知の状況にも対応できる「思考力・判断力・表現力等」の育成）」
> 　将来の予測が困難な社会の中でも、未来を切り拓いていくために必要な思考力・判断力・表現力等である。
> ③ 「どのように社会・世界と関わり、よりよい人生を送るか（学びを人生や社会に生かそうとする「学びに向かう力・人間性等」の涵養）」
> 　前述の①及び②の資質・能力を、どのような方向性で働かせていくかを決定付ける重要な要素であり、メタ認知に関するものや、人間性に関するものといったような情意や態度等に関わるものが含まれる。

5．新学習指導要領における「アクティブ・ラーニング」と資質・能力

　アクティブ・ラーニングという言葉が教育界のあちこちで聞かれるようになってきました。大学教育では、2012（平成24）年8月に中央教育審議会からの答申『新たな未来を築くための大学教育の質的転換に向けて〜生涯学び続け、主体的に考える力を育成する大学へ〜』（通称：質的答申）で、「学生が主体的に問題を発見し解を見いだしていく能動的学修（アクティブ・ラーニング）」、初等中等教育では、2014（平成26）年11月に中央教育審議会に諮問された『初等中等教育における教育課程の基準等の在り方について』で、「課題の発見と解決に向けて主体的・協働的に学ぶ学習（いわゆる「アクティブ・ラーニング」）」と述べられ、幼稚園・小学校から大学まで一貫した流れが形成されています。そして、アクティブ・ラーニングに関係する様々な実践が全国各地で行われるようになりました。

　一方で、「既に話し合い活動や調べ学習、フィールドワークを授業に取り入れているのでアクティブ・ラーニングを検討する必要はない」「ある決まった形の授業をしていればアクティブ・ラーニングである」「教科等の調べ学習をしていればアクティ

ブ・ラーニングである」といったような誤解や、「アクティブ・ラーニングの前に基礎・基本の定着だ」といったようなある種の順序論、あるいは、「これまでも生活単元学習で児童が十分に話し合いもしているし活動もしているから、もう十分にアクティブ・ラーニング型の学習をしている」といった認識の誤りなどがあるようです。

　新学習指導要領を審議していた中央教育審議会による『答申』では、「2014（平成26）年11月の諮問において提示された「アクティブ・ラーニング」については、子供たちの「主体的・対話的で深い学び」を実現するために共有すべき授業改善の視点として、その位置付けを明確にすることとした。」と述べられています。つまり、初等中等教育（小学校・中学校・高等学校・特別支援学校）における「アクティブ・ラーニング」とは、「主体的・対話的で深い学び」のための授業改善の視点（図1）ということであり、ただ話し合い活動や生活単元学習をすれば「アクティブ・ラーニング」でというものではなく、何かを調べてまとめてプレゼンテーションすればよいわけでもありません。また、特定の指導の型に拠って児童生徒の学習活動を行っていればよいというものでもありません。

　「アクティブ・ラーニング」の3つの視点、すなわち「主体的・対話的で深い学び」

図1　「主体的・対話的で深い学び」のための授業改善の視点

の実現については、『答申』では、「以下の視点に立った授業改善を行うことで、学校教育における質の高い学びを実現し、学習内容を深く理解し、資質・能力を身に付け、生涯にわたって能動的（アクティブ）に学び続けるようにすることである。」とした上で、以下の３つを示しています。

- 学ぶことに興味や関心を持ち、自己のキャリア形成の方向性と関連付けながら、見通しを持って粘り強く取り組み、自己の学習活動を振り返って次につなげる「主体的な学び」が実現できているか。
- 子供同士の協働、教職員や地域の人との対話、先哲の考え方を手掛かりに考えること等を通じ、自己の考えを広げ深める「対話的な学び」が実現できているか。
- 各教科等で身に付けた資質・能力によって支えられた、物事を捉える視点や考える方法である「見方・考え方」を活用し、知識を相互に関連付けてより深く理解したり、情報を精査して考えを形成したり、問題を見いだして解決策を考えたり、思いや考えを基に構想して意味や価値を創造したりすることに向かう「深い学び」が実現できているか。

　以上に示された、アクティブ・ラーニングの３つの視点である「主体的な学び」「対話的な学び」「深い学び」のうち、「主体的な学び」と「対話的な学び」は分かりやすい視点であるし、子供が主体的に学んでいるか、対話的に学んでいるか、は比較的観察が容易でしょう。これに対して、「深い学び」（子供が深く学んでいるか）はイメージがつかみにくいし、学びの深まりを欠くと表面的な活動、つまり「浅い学び」や「活動主義」に陥ってしまいます。「活動はしているのだが、つけたい力が明確でない」ような生活単元学習や遊びの学習が時々見られたりします。

　「深い学び」とは、『答申』によると、「各教科等で身に付けた資質・能力によって支えられた、物事を捉える視点や考える方法である「見方・考え方」を活用し、知識を相互に関連付けてより深く理解したり、情報を精査して考えを形成したり、問題を見いだして解決策を考えたり、思いや考えを基に構想して意味や価値を創造したりすることに向かう」ことです。

　これら３つの視点のうち「深い学び」が重要であり、「深い学び」を実現するための鍵となるのが教科等の「見方・考え方」です。『答申』においては、「「見方・考え方」は、新しい知識・技能を既に持っている知識・技能と結びつけながら深く理解し、社会の中で生きて働くものとして習得したり、思考力・判断力・表現力を豊かなものとしたり、社会や世界にどのように関わるかの視座を形成したりするために重要なものである。」とあります。

例えば、国語科では、①創造的思考とそれを支える論理的思考の側面、②感性・情緒の側面、③他者とのコミュニケーションの側面から言葉の働きを捉え、理解したり表現したりしながら自分の思いや考えを深めることの側面、の３点を「言葉による見方・考え方」として示しています。そしてこの「言葉による見方・考え方」を働かせて、言葉で表現された対象に対する理解や表現、自分の思いや考えなどを広げ深めることが国語科の学びであると示しています。

　「見方・考え方」を働かせて教科等の内容を学び、資質・能力が育成され、「見方・考え方」が更に豊かになるのです。構成された単元の中で、単元を通して主体的であるか、対話的な要素があるか、深い学びとなっているか、が重要なのです。

第2節　資質・能力と学習活動

1．新学習指導要領における資質・能力と学習活動

　第1節で見てきたような資質・能力とアクティブ・ラーニングの視点をもとに、学習活動を設計し、実践することについて考えてみましょう。

　このことを考えるには、『答申』で示された資質・能力の3つの柱に関する記述が参考になります。

　まず、「生きて働く『知識・技能』の習得」では、「基礎的・基本的な知識を着実に習得しながら、既存の知識と関連付けたり組み合わせたりしていくことにより、学習内容の深い理解と、個別の知識の定着を図るとともに、社会における様々な場面で活用できる概念としていく」とあります。

　次に、「未知の状況にも対応できる『思考力・判断力・表現力等』の育成」においては、思考・判断・表現の過程として、問題を見い出し定義し、結果を予測しながら解決に向かい、振り返って次の問題発見・解決につなげていく過程、お互いの考えを適切に伝え合ったりしながら多様な考えを理解し集団としての考えを形成していく過程、思いや考えを基に構想し意味や価値を創造していく過程、の3つが述べられています。

　そして、「『学びに向かう力・人間性等』の涵養」においては、「体験活動も含め、社会や世界との関わりの中で、学んだことの意義を実感できるような学習活動を充実させていくことが重要となる」としています。

　以上をまとめると、以下のようになります。

　知識・技能の習得は断片的ではなくて深い理解につながり、社会における様々な場面で活用できるように、思考力・判断力・表現力は問題発見・解決の過程、集団としての合意形成、意味や価値の創造という過程、学びに向かう力・人間性は学んだことを社会や世界で生かしていくことが実感できるように、という学習活動を組むことが必要となります。

　また、『答申』においては、「知識や技能は、思考・判断・表現を通じて習得されたり、その過程で活用されたりするものであり、また、社会との関わりや人生の見通しの基盤ともなる。このように、資質・能力の3つの柱は相互に関係し合いながら育成されるものであり、資質・能力の育成は知識の質や量に支えられていることに留意が必要である」として、資質・能力の3つの柱は独立したものではなく、お互いに重

なり合いながら、1つの学習活動で資質・能力をバランスよく育成することが求められています。

　他には、アクティブ・ラーニングの視点においても、『主体的な学び』では、「自己のキャリア形成の方向性と関連付けながら、見通しを持って粘り強く取り組み、自己の学習活動を振り返って次につなげる」や、『対話的な学び』では、「子供同士の協働、教職員や地域の人との対話、先哲の考え方を手掛かりに考えること等を通じ、自己の考えを広げ深める」など、資質・能力の育成に関わる学習プロセスが示されています。

　このような学習活動や学習プロセスを実質的に保証することが大切であって、形式的に「めあて」を示したり、「振り返り」を行うことや、対話を取り入れさえすればよいとか、グループを組んで活動すればよい、ということではありません。

2．資質・能力を育成するための授業づくりとは

　資質・能力について、国立教育政策研究所のプロジェクト研究（2014）では、「資質・能力育成のための授業や教育課程編成の視点」として、子供の学び方を次の7点にまとめています。通常教育を中心にまとめられたものですが、特別支援教育においても基本的な考え方は相通ずることが分かります。

①意味のある問いや課題で学びの文脈を創る
　子供は、自分がこれからどのような内容を、何のために学ぶのか、そして何ができるようになるのか、といった学習の目的をつかむことで学びやすくなります。
②子供の多様な考えを引き出す
　子供は、生活上の体験や経験による自分なりの考えを持っています。
③考えを深めるために対話のある活動を導入する
　②で述べた考えは子供によって違うため、違いに気づいて自らの考えを深めるきっかけになります。単なる「教え合い」や「発表し合い」では、子供は対話による良さを感じにくいです。「他人が居ることや対話することで自分の考えを広がり深まる活動」をうまく設定する必要があります。
④考えるための材料を見極めて提供する
　そもそもの「学習の問い」に対して子供が考える材料にできる知識や経験がどの程度子供にあるのか、資料やメディアなどで不足分を補うといった手立てが必要になります。

⑤すべ・手立ては活動に埋め込むなど工夫する

　思考の道具として子供が使う「すべ」や、手立てとしての材料の提供や学習活動の設定が重要なものとなります。単なる訓練ではなく、子供が必要なときに必要に応じて「すべ」を使えることが大切です。

⑥子供が学び方を振り返り自覚する機会を提供する

　学習過程や成果を子供が意識することが、資質・能力を身に付ける上で重要です。学習の途中で子供が自らの学びを自覚することは、子供が全力で学んでいるときほど難しいです。そのために学び方を振り返り自覚する機会が必要です。

⑦互いの考えを認め合い学び合う文化を創る

　多様性を認める文化が学びの中にあれば、子供同士での考えの違いが認められ、それとともに、考えを変えていくことが認められやすくなります。考えの違いが争いや優劣ではなく、考えの違いによって学びが深まることがありうる、ということです。

　例えば、生活単元学習においては、①学びの文脈は豊富であるし、④考えるための材料を教師が提供しつつ、②多様な考えを引き出し、③対話のある活動を取り入れます。活動の中で行われる行為は単なる訓練ではなく、⑤すべ・手立てを活動に埋め込み、自然な形で知識の定着や思考力の育成を図ります。本時の活動に対して、⑥振り返りで学び方を自覚することで、改めて何を学んだかを認識することができます。こうした学びを支えるのが、⑦学び合う文化です。

3．まとめ

　新学習指導要領では「何を学ぶか」としての学習内容、「どのように学ぶか」としての「主体的・対話的で深い学び」の視点、「何ができるようになるか」としての資質・能力の育成、この3つが肝です。特別支援教育にかかわる教育課程を編成する際には、制度上の枠組みとして通常教育よりも柔軟性がありますが、これらをつなぐ学習活動をどのように設定するかが、深い学びの実現や資質・能力を育成するために最も重要なことです。学習内容と資質・能力の育成を学習活動でつなぐ（国立教育政策研究所，2014）ことが参考になります。具体的な事例については、本書の実践で示しています。

第3節　アクティブ・ラーニングを支える脳内メカニズム

1．脳科学からみたアクティブ・ラーニング

　アクティブ・ラーニングとは、「問題解決に向けた主体的・協働的で、能動的な学び」と定義されます。2015（平成27）年5月14日の『教育再生実行会議第七次提言』において、これからの時代を生きる人たちに必要とされる資質・能力として、「主体的に課題を発見し、解決に導く力、志、リーダーシップ」「創造性、チャレンジ精神、忍耐力、自己肯定感」「感性、思いやり、コミュニケーション能力、多様性を受容する力」が挙げられています。そして、これらを実現する資質・能力を高めるためにアクティブ・ラーニングの推進が掲げられているのです。新学習指導要領では、アクティブ・ラーニングという用語が「主体的・対話的で深い学び」と表現されていますが、本質的には変わりません。

　このように書かれると、アクティブ・ラーニングとは、さぞ最先端の学習方法で、甚だ難しく未だ捉えどころがないように思われるかもしれませんが、このアクティブ・ラーニングを実現するためのヒトの心理機能自体はさほど目新しいものではなく、「主体的・対話的」というキーワードは昔から研究されてきた動機づけや情動（あるいは感情≒主観を伴った情動）の面から説明することができます。さらに近年では、ヒト脳活動を非侵襲的に計測できるニューロイメージングを用いた脳科学研究が大きな進展を見せ、脳機能からこのような心理機能に迫ることが可能になってきました。

　本節では、特に情動のコントロール[1]の観点から、現在の特別支援教育でも注目を浴びている"実行機能"という概念を中心に、アクティブ・ラーニングを支える脳内メカニズムを紐解いていきます。

2．認知と情動：2つの実行機能

　実行機能（executive function：EF）とは、将来の目標を達成するために、適切に目前の問題処理をこなしていく認知処理過程です。実行機能のモデルは諸説存在しますが、広く受け入れられているMiyake et al.（2000）のモデル（Miyake et al.,

---

[1] 本節で使用する「情動コントロール」という用語は、随意的・非随意的な意味の両方を持つ情動の制御（Emotion regulation）と意識的な意味を持つ認知コントロール（Cognitive control）という用語を掛け合わせて、意識的に情動を制御することと定義しました。

2000）が分かりやすいでしょう。このモデルでは、高次の認知的制御における、（1）抑制機能、（2）シフティング、（3）ワーキングメモリによるアップデーティングの3要素の重要性が指摘されています（森口, 2012）。抑制機能とは、目前の対処すべき状況において優位な行動・思考を抑制する能力、シフティングとは、柔軟な課題切替能力、アップデーティングとは、ワーキングメモリに保持されている情報を監視し、更新する能力です。この実行機能を実現する脳内の神経ネットワークは、視床、大脳基底核および前頭皮質を含む広範な領域に広く分布していると考えられています（Willcutt, et al., 2005）。実行機能の制御は前頭葉と密接に関連しており、特に外側前頭皮質がそのパフォーマンスに関して重要な役割を担っています。従来研究がなされてきた、いわば古典的なこの実行機能は情動や動機づけの関与が低く、どちらかと言えば、学習能力そのものを支える縁の下の力持ちとして捉えられてきました。近年、このような目標志向的行動に関わる実行機能は、認知面を強調したクールな実行機能（cool EF）と呼ばれています（Zelazo & Carlson, 2012）。

　しかし、学習効率は純粋な学習能力だけで決定されるわけではありません。そこには課題に取り組む学習者のやる気や姿勢が大きく関与し、パフォーマンスを左右します。つまり、情動や動機づけを適切に制御し、「主体的な学び」を実現してこそ学習効率を最大化できるのです。我々も経験的にそのように強く感じることでしょう。このような制御能力は、情動や動機づけの関与の高さから、cool EFに対して、情動面を強調したホットな実行機能（hot EF）と呼ばれるようになってきました。Hot EFは社会適応を実現する機能として、最近では特に注目を集めています（Tsermentseli & Poland, 2016；Zelazo & Carlson, 2012）。情動や動機づけの関与が高いhot EFを構成する要素として、社会的認知や情動制御、意思決定、情動的知能、心の理論などが挙げられますが、比較的新しい概念のため、現時点では、cool EFほど明確な定義をすることが難しいといえます。とはいえ、他者との関係の中で要求される社会的な適応行動を円滑に実現するこのhot EFは、アクティブ・ラーニングのキーワードである「対話的な学び」に強く関係しそうなことはうかがえるでしょう。Hot EFの制御には、前頭眼窩皮質および腹側前頭皮質が重要な役割を果たしています。Cool EFとhot EFはある程度、独立して機能するのですが、完全に切り離されているわけではなく、両者が協調的に動作することで、最適化された適応行動を実現すると考えられています。現実場面では、cool EFは主に子供の学業に強く関係し、hot EFは社会的行動に強く関係することが指摘されています（Tsermentseli & Poland, 2016）。この2つの実行機能が車の両輪のように働くことで、「主体的・対話的で深い学び」を進めていくことができると考えられます。

実行機能は年齢とともに発達することが知られています。Cool EFは就学前までに劇的に発達し、その後、青年期まで緩やかに伸びていきます。これに対して、hot EFの発達はさらに遅く、その機能の成熟はcool EFとはある程度独立して青年期まで続きます。発達障害および知的障害においては、実行機能の発達が遅く、その機能の不全が報告されており、これが社会生活において流動的に変化する事態に対応する適応行動に困難を引き起こす大きな要因であることが指摘されています（池田, 2013）。注意欠陥多動性障害（ADHD）においては、cool EFの不全が主であり、hot EFの不全が二次的なものとして特徴づけられます。これに対して、自閉症スペクトラム障害（ASD）においては、逆のパターンを示し、hot EFの不全が主で、cool EFの不全が二次的であるとされています。教育指導の中で、2つの実行機能を適切に伸ばしていくことは、「主体的」な学習と「対話的」な学習の実現を目指していくことに他なりません。すなわち、実行機能を十分に生かした学習が、アクティブ・ラーニングの本質である「深い学び」へとつながっていくことになるでしょう。

3．情動のコントロール

　次は、脳機能の視点から、hot EFにおいて重要なカギとなる情動を捉えてみます。脳科学の歴史において、古典的には、動物実験や脳損傷例の知見から、とりわけ情動の表出の座として辺縁系の重要性が強調されてきました。機能的磁気共鳴画像法（functional magnetic resonance imaging：fMRI）に代表される最先端のニューロイメージング技法の登場により、研究対象領域が学習や情動といった高次脳機能まで拡大していったのです。このような背景をもとに、現在では、辺縁系で表出された情動の制御には前頭皮質が重要な役割を果たすことが分かってきました。情動制御の不全は、うつに代表される気分障害や不安障害を引き起こします。情動を適切にコントロールすることは、hot EFを十分に機能させ、cool EFのパフォーマンスを最大限引き出すために欠かせません。この状態が個人内でアクティブ・ラーニングを成立させるための機序となることが考えられます。認知と情動の神経回路として、背側認知システム（dorsal cognitive system）および腹側感情システム（ventral affective system）が広く知られており（Iordan, et al., 2013、図2）、cool EFを担う外側前頭皮質、hot EFを担う前頭眼窩皮質および腹側前頭皮質がそれぞれ含まれています。両システムにまたがるこの認知—情動のネットワークが、互いに独立しつつも協調し合い、適切に交互作用することにより、ヒトの社会適応は実現されることになります（Pessoa, 2010）。

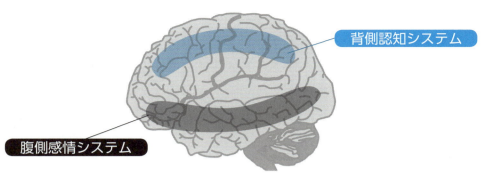

図2　背側認知システムと腹側感情システム

　認知および感情の意識的あるいはトップダウン的なコントロールとしては、前帯状皮質（anterior cingulate cortex：ACC）の役割が欠かせません。前頭葉内側部の前帯状皮質は、外側前頭皮質同様に、報酬や注意処理、衝動性抑制、エラーコンフリクトなどの刺激に対する反応に認知処理が競合するような場合のトップダウンに判断を下す高次機能を行う領域として注目を集めてきました（Fassbender & Schweitzer, 2006）。前帯状皮質はその機能によって、認知領域（cognitive division：ACcd）と感情領域（affective division：ACad）に大別されます（Bush, Luu, & Posner, 2000、図3）。ADHDで機能不全が見られるのは、前者の認知領域であり（Bush, Valera, & Seidman, 2005）、cool EFの障害が主症状であることからもうなずけます。前帯状皮質内において、cool EFのコントロールはACcdが、hot EFのコントロールはACadが、それぞれを担うようにマッピングされていると考えられています。子供たちが主体的かつ対話的にアクティブ・ラーニングに取り組んでいる場面では、この前帯状皮質の両領域が協調的に働いていることが重要となるでしょう。

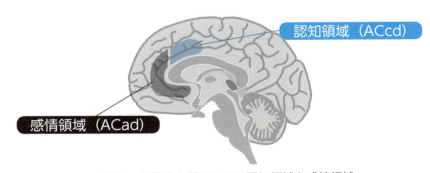

図3　前帯状皮質における認知領域と感情領域

4．介入としてのアクティブ・ラーニング

　近年、マインドフルネス瞑想や認知行動療法、ニューロフィードバックトレーニングなどの心理的介入により、情動コントロール能力が改善することが報告されています。能力の改善に伴い、前帯状皮質を中心とした脳内メカニズムにも変化が現れる

ことが分かってきています（Grone et al., 2015; Klumpp, et al., 2014; Tang, et al., 2016）。このような知見から、教育や学習などの介入においても、情動コントロールに関わる脳内メカニズムの変化が促される可能性が考えられます。ここでの脳内メカニズムの変化はすなわち、当該部位の機能向上を示唆しています。このように、情動コントロール能力がアクティブ・ラーニングを支える大きな機能と言えますが、見方を反対に変えて、アクティブ・ラーニングによってその能力を伸ばしていく可能性も示唆されます。つまり、アクティブ・ラーニングの推進によって、子供たちの情動コントロール能力の向上が狙える可能性があるのです。

また、hot EFに関わる脳部位である前頭眼窩皮質や前帯状皮質は、"報酬系"と呼ばれる認知システムの構成要素としても知られています。ヒトの行動への動因となる報酬の価値を判断するシステムは意欲やモチベーションの源です。この報酬を活用し、学習へ向かわせるヒントも脳科学は提供しています。心理学では、課題の成績に応じた金銭報酬が課題への自発的取り組み（内発的動機）を低下させることはアンダーマイニング効果として知られています。心理学の行動実験でしか確認されていないこの効果の脳内メカニズムも、脳科学研究から明らかになりました。金銭を報酬として与えることが、課題への自発的な取り組みを低下させ、その内発的動機の低下とともに、報酬系の脳活動も低下することが示されたのです（Murayama, et al., 2010）。このような研究は、学習者に対する報酬の与え方を考える上で重要であり、自発的な学習意欲を促すアクティブ・ラーニングのあり方に示唆を与える脳科学の貢献と言えるでしょう。実際の学習場面では、報酬は金銭だけに限定されません。他者からの賞賛なども学習を動機づける十分な報酬になります。他者との対話的なやりとりそのものが報酬としての役割を担い、深い学習へと導いていくことも期待されます。

特別支援教育を必要とする子供たちは、障害の様々な特性から、多様な社会的な生きづらさを感じています。子供たちが、よりよい社会適応行動を実現するための教育の新しい視点として、実行機能が担うcoolでhotな心の制御の重要性を脳科学の知見とともに論じてみましたが、実際には、まだ研究は緒に就いたばかりです。次世代を生きる子供たちに必要とされる資質・能力を獲得していくために、これからどのようにアクティブ・ラーニングを活用していくのか、どのような学習効果があるのかをエビデンスとして教育現場に提供していくことが、今後の教育分野における脳科学研究の大きな使命となるでしょう。

第4節　特別支援教育とアクティブ・ラーニング

1．アクティブ・ラーニングの受け止め方

　2014（平成26）年11月20日、文部科学大臣から中央教育審議会に対して、『初等中等教育における教育課程の基準等の在り方について』の中で、新しい時代にふさわしい学習指導要領等の在り方について諮問されました。その諮問の中には、「アクティブ・ラーニングの具体的な在り方についてどのように考えるか。また、そうした学びを充実させていくために、学習指導要領等において学習・指導方法をどのように教育内容と関連付けて示していくのか」、「アクティブ・ラーニング等のプロセスを通じて表れる子供たちの学習成果をどのような方法で把握し、評価してくことができるのか」、といった検討課題が示されました。

　この諮問が出され、教育課程部会の中で具体的な話し合いが行われ、『論点整理』もまとめられました。その経過において通常教育の中では、学習パラダイムの転換として受け止め、一気に主体的・対話的で深い学び（アクティブ・ラーニング）の視点から学習過程の改善が次々と打ち出されることとなりました。

　一方、特別支援教育界では、通常教育界ほど急激な受け止め方はしませんでした。なぜなら、これまでの特別支援教育では、子供一人一人の経験や学びを重視しながら、具体的な体験を通して実社会・実生活の学習活動を展開してきたといった自負たるものがあるからでしょう。事実、領域・教科を合わせた指導である「生活単元学習」では、学習活動の中で子供自らが課題を発見し解決の糸口を導いてきましたし、「作業学習」では他者（仲間・友達）との協働や外界（現場実習や校外学習等で接する大人）との相互作用を意識しながら取り組ませてきました。また、話し合い活動の中では、自分の意見を発表したり、他人と意見交換できるようになるなど、当然のように授業展開してきました。したがって、アクティブ・ラーニングとは、あまり馴染みがない（当たり前）と感じている教師も多いためか、通常教育と比較して熱の入り方が違うような気がしています。筆者の周りからも「そのような授業は、これまで当然行ってきたでしょう。」「何で今更、そんなに重要視するの？」といった声も囁かれました。その一方で、障害の重い子供は、自らなかなか行動したり発言できないので、「そもそもアクティブ・ラーニングは無理なのでは？」といった諦めムードさえも感じています。

　特別支援教育を長年にわたって実践・研究してきた我々にとって、アクティブ・ラ

ーニングの視点である「主体的・対話的で深い学び」を実現するための授業改善とは、一体どのようなことなのでしょうか。これからの特別支援教育の実践において、もし違いがあるとすれば、どこがどのように異なり、どのように捉え直していかなければならないかを再考しなければなりません。

2．現行学習指導要領等での成果検証

　中央教育審議会の初等中等教育分科会教育課程部会（2015）では、現行学習指導要領に対する評価として、「子供が自らの力を育み、能力を引き出し、主体的に判断し行動するまでには必ずしも十分に達しているとは言えない状況にある。」とし、その理由として、「社会において自立的に生きるために必要な力として掲げられた『生きる力』を育むという理念について、各学校の教育課程への、さらには、各教科等の授業への浸透や具体化が、必ずしも十分でなかったところに原因の一つがあると考えられる。」と指摘しています。このことは、通常教育だけでなく特別支援教育でも同様であり、真摯に受け止めなければなりません。さらに、特別支援教育で伝統的に行われている生活単元学習や作業学習等においては、「領域・教科を合わせた指導は、教科も合わせて行うことになっているが、実際には、伝統的な生活単元学習や作業学習の論理に則って実施されている。」（渡邉，2014）、「実際には、いずれの教科等の目標・内容を扱っているのかが不明確で、教育内容と指導形態が区別されていない現状がある。」（一木，2017）といった意見もあり、各教科や特別活動、道徳、自立活動などを念頭においた指導は必ずしも行われているとは言えない状況で、また、その評価も曖昧になっているのではないでしょうか。

　これらの意見は、これからの特別支援教育において、育成すべき資質・能力（何を学ぶか、どのように学ぶか、何ができるようになるか）を確実に育むために必要な学習内容や指導方法、その後の学習の成果を明確に検証し、更なる指導改善を図るための学習評価を新たに整理し直す必要があることを示すものと考えます。

3．これまでの特別支援教育の学習活動

　アクティブ・ラーニングは、「主体的・対話的で深い学び」の学習過程であると言われています。そこで、これまでの特別支援教育の実践の中でどのように「主体的・対話的で深い学び」が行われてきたかを振り返ってみましょう。

　特別支援教育の学習活動では、通常教育と同様に「話し合い活動」と称して、ペア学習、グループ学習、一斉学習など、その時々の学習活動の展開に応じて様々に学習形態を変えながら「対話的な学び」をすることが少なからず見られます。その様子を

見ていると、障害特性ゆえに、一方的に話をする子、多弁な子、全く話さない子、飽きてその場から逃避する子、集中力がなく聞いていない子など様々な様相を示すことがあります。決して「話し合い活動」とは言えない場面も少なくありません。教師は、確かに障害がある子供に対して自ら活動に参加し他者と対話しながら学びを深めさせようと授業(アクティブ・ラーニング)をしているのですが、実際には形だけの対話になってしまうこともあります。表面上はアクティブにしているつもりでも、内容的にはシャロウ(薄い・浅い)な学びになっているのではないでしょうか。「話し合い活動」において、質と量の両面が高まってこそ、主体的な学びや深い学びとなるのです。

また、生活単元学習や総合的な学習の時間などでは、「体験・経験」「調べ学習」「問題解決学習」など様々な取り組みが学習活動の中で展開されています。確かに、障害のある子供たちが体験・経験をし、興味・関心に基づいて調査しながら、疑問に思ったことを解決していく場面が見られます。しかし、ただ単に体験・経験をさせているだけではないでしょうか。また、調べて解決して終ってしまうような学習活動になっていないでしょうか。このような学習活動では、アクティブ・ラーニングとは決して言えないのです。

さらに、子供たちに「学ばせている」と言いながら、子供自身が本当に学んでいるのか疑問です。学んだとしても記憶の劣弱性からすぐに忘れてしまうこともあり得ます。それに、「学ぶ」と「学び」では異なります。「学ぶ」は単に体験・経験しただけですが、「学び」は学んでそれを活用する、学んでさらに探求・追求していくことを意味します。そして、評価も当然必要となりますので能力(知識・技能、思考・判断・表現、態度)の向上も見られるはずです。

これまでの特別支援教育では、「主体的・対話的で深い学び」の質と量が不十分であったことを念頭に置きながら、今後はさらに深く子供自身の主体的な学びの過程を実現させていく必要があるのではないでしょうか。それには更なる質の高い授業改善が求められているのです。

４．特別支援教育におけるアクティブ・ラーニングの授業改善

　アクティブ・ラーニングを特別支援教育の授業の中で実現するためには、繰り返しになりますが、障害のある子供の特性を踏まえ、一人一人の学びのスタイルに合わせた支援を行いながら、学びの過程を通して資質・能力が育まれるようにするための明確で質の高い授業改善が必要不可欠となります。授業改善をするためには、カリキュラム・マネジメント（教育課程に基づき組織的かつ計画的に各学校の質の向上を図っていくこと）も同時に行うということです。

　そこで、「これまでの授業」を、主体的で対話的な深い学びである「アクティブ・ラーニングの授業」に転換していくためには、まず、授業の基本構造から見直し、その改善ポイントを明確にする必要があります。この基本構造は、教育内容の質の向上に向けて実施するPDCAサイクル、つまり、Plan（計画）→ Do（実行）→ Check（評価）→ Act（改善）の４段階の流れを確立していく改善でもあります。なお、プロジェクト学習などでは、最初の段階でPlan（計画）の前にResearch（調査）をすることがあります。

　そこで、本書の実践にも示しましたが、「これまでの授業」と「アクティブ・ラーニングの授業」を対比することにより、その違いが一層明確になると考えます。

アクティブ・ラーニングに転換するための授業改善のポイント

- ポイント1　全体計画（単元・題材等）の改善
- ポイント2　目標やねらいの設定の改善
- ポイント3　実際の授業場面（指導内容・指導方法）の改善
- ポイント4　学習評価の改善
- ポイント5　カリキュラム・マネジメントの実行

ポイント1　全体計画（単元・題材等）の改善

　PDCAサイクルの最初の段階はPlan（計画）です。つまり、各教科や領域の学習活動を実施するにあたって、それぞれの単元・題材等の全体計画を考案し作成することです。これを「主体的・対話的で深い学び」になるように改善していきます。

　具体的な例として、特別支援学校や小・中学校特別支援学級で設定されている『校外学習』を取り上げてみましょう。ここでは、生活単元学習「運動施設を利用してスポーツを楽しもう」の全体計画を示しました。表1の左側がこれまでの全体計画、右側がそれを改善したアクティブ・ラーニングの全体計画です。

　全体計画の中で、主な学習活動を比較してみましょう。これまでの学習活動では、13回の授業日のうち実際に校外に出かけての施利利用が3回（プール・ボウリング・ジムを1回ずつ）です。これでは子供がそれぞれの施設を体験や経験をしただけに終わってしまい、「受付→手続き→利用→支払い」、といった一連の流れについて深い学びまでにつながりません。

　そこで、アクティブ・ラーニングを取り入れた学習活動では、13回の授業日のうち実際に校外に出かける施設利用を2倍の6回に増やしたのです。この中で、関連教科等も示しました。最初の3日で3種目（プール・ボウリング・ジムを1回ずつ）を体験や経験させ、その後に本人の希望で興味・関心がある種目を自己選択・自己決定し、その種目をさらに3回施設利用します。体験や経験を多く繰り返すことで施設利用に慣れ、また、その種目を興味・関心のあるレベルから得意とするレベルへと質的転換させることができます。さらに、その得意種目は、将来の「生きる力」や「自立と社会参加」を目指し、卒業後の余暇活動へと発展する可能性があります。休日などには、一人で運動施設に行くようになるかもしれません。

　これまで「できる状況づくり」を設定しながらも、最後には教師が支援してしまうことも少なからず見られましたが、このように施設利用の回数を多く設定することで、失敗を繰り返しながらも「失敗から学ぶ」ことができ、また、「他者との対話や関わりの中で学ぶ」ことも十分に可能となるでしょう。体験や経験の積み重ねは、メタ認知やメタ記憶となって蓄積されていくので、子供自身が意図的・目的的・方略的に学んでいくようになり、更なる活動意欲を醸し出し、学習活動が発展・進化していくことになります。

表1　単元の全体計画における比較

＜これまでの全体計画＞	
回	主な学習活動
1	運動施設の利用とは （種目の紹介）
2	昨年の振り返り （ビデオ視聴）
3	イメージ作り 校内での模擬体験
4	運動種目の決定（プール）
5	施設利用計画の作成と確認 （日程・場所・交通手段・昼食）
6	施設の利用① （プール）
7	振り返り 運動種目の決定（ボウリング）
8	施設利用計画の作成と確認 （日程・場所・交通手段・昼食）
9	施設の利用② （ボウリング）
10	振り返り 運動種目の決定（ジム）
11	施設利用計画の作成と確認 （日程・場所・交通手段・昼食）
12	施設の利用③ （ジム）
13	全体の振り返り まとめ

＜アクティブ・ラーニングの全体計画＞		
回	主な学習活動	関連教科等
1	施設の利用① （プール）	体育、社会 国語、数学
2	施設の利用② （ボウリング）	体育、社会 国語、数学
3	施設の利用③ （ジム）	体育、社会 国語、数学
4	振り返り 種目選択（3種目から1種目選択）	国語、体育
5	施設利用計画の作成と確認 （日程・場所・交通手段・昼食）	国語、社会
6	施設の利用④（プール・ボウリング・ジム） 振り返り	体育、社会 国語、数学
7	振り返り （課題の確認と改善の仕方）	体育、社会 国語、数学
8	施設利用計画の作成と確認 （日程・場所・交通手段・昼食）	国語、社会
9	施設の利用⑤（プール・ボウリング・ジム） 振り返り	体育、社会 国語、数学
10	振り返り （課題の確認と改善の仕方）	体育、社会 国語、数学
11	施設利用計画の作成と確認 （日程・場所・交通手段・昼食）	国語、社会
12	施設の利用⑥（プール・ボウリング・ジム） 振り返り	体育、社会 国語、数学
13	まとめと評価 （全体評価、自立と社会参加）	国語、体育 社会、数学

　次に、全体計画の中で、施設利用日の学習活動の流れ（登校〜下校）を比較してみましょう。表2の左側がこれまでの学習活動の流れ、右側がそれを改善したアクティブ・ラーニングの学習活動の流れです。

　これまでの学習活動の流れでは、班や学年ごとに分かれることはありますが、ほとんどが全員一緒（交通機関の利用、昼食場所、食事メニューなど）に行動することが多いようです。また、振り返り活動も次の日以降になることがあります。これでは、子供の自己選択や自己決定の場面がないので、主体性・自主性が損なわれ、また、「待つ」ことや「見ている」ことの時間が長くなってしまい学ぶ時間も少なくなります。次の日以降の「振り返り学習」では、施設利用を振り返ったとしても忘れてしまっていることも少なくありません。

　そこで、アクティブ・ラーニングを取り入れた学習活動の流れでは、選択種目ごとの小グループを基本として活動し、常に子供自身が自己選択・自己決定できる場面を設定します。食事場面では、一般的にその場所や店内のメニューを見てから決定することが多いので、実生活に基づいてその場で決めるような学習活動にしていきます。また、「振り返り学習」も学校に戻ってから行うのではなく、当日の学習活動終了後

に設定します。なぜなら、できる限り記憶の劣弱性を少なくしたいからです。体験や経験したことを鮮明に覚えていなくとも記憶の保持ができているので、教師との対話や子供同士の対話が可能となり、意見交換しながら自分の考えを広げ深めることにもつながります。このように、全体計画では、質と量の両面が高まってこそ、アクティブ・ラーニングである「主体的・対話的で深い学び」となるのです。

表2　施設利用日における学習活動の流れの比較

<これまでの全体計画>

時間	施設利用日の学習活動の流れ
08:40	登校（朝の会、健康観察）
09:00	全体指導
09:20	学校出発（全員）
09:30	バス乗車（全員）
10:00	バス下車（全員） 施設に移動
10:15	施設到着、手続き 全員で活動開始　（全員がプール）
12:00	昼食場所に移動 昼食（全員が同じメニュー）
13:30	路線バスに乗車
14:00	学校到着（全員） 休憩
14:15	授業（本活動以外の教科等）
15:15	帰りの会
15:30	下校

➡

<アクティブ・ラーニングの全体計画>

時間	施設利用日の学習活動の流れ
08:40	登校（朝の会、健康観察）
09:00	全体指導
09:20	学校出発（選択種目グループ）
09:30	バス乗車（選択種目グループ）
10:00	バス下車 施設に移動（選択種目グループ）
10:15	施設到着、手続き 選択種目（プール、ボウリング、ジム）ごとに活動開始
12:00	昼食場所に移動（選択種目グループ） 昼食（メニューを自己選択）
13:15	ファミレス等に移動
13:30	振り返り学習（選択種目グループ）
14:30	バス乗車（選択種目グループ）
15:00	学校到着、帰りの会
15:30	下校

ポイント2　目標・ねらいの設定の改善

　特別支援教育では、子供の障害の程度や能力・特性が個々に異なるため、一律に指導目標を設定することは難しい面があります。そこで、単元・題材等には、集団（学年、グループなど）での指導目標の他に、個別目標が設定されることになります。指導目標や個別目標は、教科等で示されている基礎的・基本的な知識・技能だけでなく、思考・判断・表現、さらに態度なども設定することが重要です。また、学習活動の中には、計画、調査、対話、説明、討論、製作、発表など様々含まれていますので、子供の最重要課題となっていることや将来の自立に向けた課題を踏まえながら、評価と一体化させて個別目標を設定することがよいでしょう。

　本書で示した実践事例では、「生きる力・自立と社会参加」の目指す姿も設定しました。それぞれの単元・題材等の学習活動の中で、「主体的・対話的で深い学び」の中で学んだことが、どのようなことが生きる力となるか、また、どのように自立して社会参加を目指していくのかを明確にしたいと考えたからです。

ポイント3　実際の授業場面（指導内容・指導方法）の改善

　PDCAサイクルのPlan（計画）の次は、Do（実行）です。つまり、実際の授業場面（指導内容・指導方法）の中で、「主体的・対話的で深い学び」になるように改善していくことです。

　具体的な例として、特別支援学校や小・中学校特別支援学級で設定されている『調理学習』を取り上げてみましょう。ここでは、生活単元学習（家庭科でも可）「料理を作って食べよう」の授業場面を示しました。表3の左側がこれまでの指導内容・指導方法、右側がそれを改善したアクティブ・ラーニングの指導内容・指導方法です。

　具体的な授業場面の中で比較してみましょう。『調理学習』では、一般的に「食事メニューの決定→食材の購入→食事の準備（調理）→食事→食事の片付け」の流れで学習活動を展開していきます。

表3　調理学習における指導内容・指導方法の比較

＜これまでの調理学習の授業場面＞		＜アクティブ・ラーニングを取り入れた調理学習の授業場面＞	
調理器具	・学校の備品（包丁、まな板、鍋、ボール、皿、お椀、お茶碗、箸、炊飯ジャー、ガスコンロ等）を使用する。	調理器具	・自分専用の調理セット（マイ包丁、マイまな板、マイ鍋、マイ皿、マイボール、マイお椀、マイお茶碗、マイ箸、マイ炊飯ジャー、マイ卓上コンロ等）を購入して使用する。
食事メニュー	・グループごとに決定、または全員一緒のメニューにする。	食事メニュー	・一人一人がメニューを自己選択し自己決定する。 ・全員が異なるメニューとなる。
食材購入	・予算内に収まるようにグループで考え、役割分担を決めて買い物をする。	食材購入	・メニューに合わせて、予算内に収まるように自分で考えて自分で食材を購入する。
調理の仕方や手順	・できる子供だけが調理し他の子供は見ていることが多い。 ・失敗しないように教師がサポートする。 ・レシピや指導書にある調理方法や調理手順で実施する。	調理の仕方や手順	・何度か失敗を経験しながら覚え、得意料理にする。 ・本人の認知特性（同時・継次）に合わせた手順で調理する。
味付けや味覚	・「おいしくなる」ように教師がサポートする。	味付けや味覚	・「まずい」「おいしい」などの味覚を区別しながら覚える。

　これまでの調理学習の指導内容・指導方法では、食材の購入において既に食事メニューが全員一緒またはグループごとに決まっているので、そのメンバーでスーパー等に行き、食材を予算内に収まるように各自が分担して購入します。そして、その食材を基に分担して調理をすることになります。しかし、実際の食材購入や調理の場面では、グループ活動が中心となるので、障害の比較的軽い子供が中心となって活躍してしまい、障害の重い子供にとって「待つ、見る、してもらう」というように消極的な活動になりがちで主体的で対話的な学びも少なくなります。また、調理器具は、学校備品の物を使用するため、家庭で使用する調理器具と異なるので使いづらいものとなります。さらに、決められたメニュー、決められた食材なので、料理を作らされて

いる感じがして、工夫や創作が少なくなるので、深い学びにはならないでしょう。何より、教師は子供が失敗する前にサポートしてしまうので、本当に子供自身が一人で最後までできるのかが判断できかねます。

　一方、アクティブ・ラーニングを取り入れた指導内容・指導方法では、一人一人の「マイ調理セット」を準備し、食事メニューや食材購入において自己選択・自己決定し、調理場面では失敗を経験しながら「自分の得意料理」として、将来の自立につながるようにします。このように指導内容・指導方法を改善することで、多面的で深い理解につながり、教師と子供との対話や子供同士の対話が多くなり、それによって思考を深めていくことが可能となって言語活動も充実していきます。さらに、「もっと料理のレパートリーを増やしたい」「おいしくなるように味付けを工夫したい」「予算に見合う調理をつくためには何を購入したらよいのか？」など、探求心や追求心も高まっていきます。そうすることで子供自身の主体的・対話的で深い学びの活動へと変化していくことになります。

　なお、障害の重い子供であっても、食事メニューの自己決定においては、その場で教師がレトルト食品の「カレー」「中華丼」「スパゲティ」などを作って、その子供に提示しながら選択させる方法もあります。また、電子レンジやポット等の使用により簡単な調理が可能となります。障害の重い子供でも授業改善の工夫が必要です。

　これまでの授業計画では、『調理学習』を『宿泊学習』に組み込んで（抱き合わせて）指導する場面がありました。このように2つの学習活動を一緒に実施する場合では、その指導目標やねらい、評価を明確にしていないと中途半端に終わってしまうばかりではなく、アクティブ・ラーニングにも繋がらなくなるので、全体計画や指導内容・指導方法を再考する必要があります。

ポイント4　学習評価の改善

　PDCAサイクルのDo（実行）の次は、Check（評価）です。つまり、学習評価の改善です。新学習指導要領の基本的な方向性では、「社会に開かれた教育課程」の理念のもと、新しい時代に子供たちが身に付けるべき資質・能力を確実に育む観点から学習評価の充実が求められています。そして、障害のある児童生徒の学習評価にかかわる基本的な考え方では、「障害のない児童生徒に対する評価の考え方と基本的に変わりがない」（中央教育審議会，2010）と示されています。

　新学習指導要領では、子供たち一人一人の学習状況を多角的・多面的に評価するために、各教科の目標に準拠した評価の観点が示されており、観点別学習状況の評価を活用した学習評価の在り方が重要となります。観点別評価については、育成を目指す「資質・能力の三つの柱」（①生きて働く知識・技能の習得、②未知の状況にも対応できる思考力・判断力・表現力等の育成、③学びに向かう力・人間性等の涵養）と関連させながら、「知識・技能」「思考・判断・表現」「主体的に学習に取り組む態度」の3観点で評価を実施しながら、その結果を学習指導の改善に生かしていくことが重要です。これまで評価が曖昧と指摘されてきた知的障害教育においても、この3観点で学習評価をしていくことが必要であると考えます。さらに、育成を目指す資質・能力を身に付けるためには、学習過程の中においても質的改善を実現するアクティブ・ラーニングの3つの視点（主体的な学び、対話的な学び、深い学び）を明確にしながら、これらと学習評価との関連を図りながら授業改善の取組を活性化していきます。

　一方、学習評価の技法には、表4に示したように7つの評価モデルがあります（高浦，1998）。一般的に教科以外の学習では、テスト等の成績で数値的な評価は行わないことになっています。そこで、活動の学習過程、報告書や作品、発表や討論などに見られる学習状況や成果について子供の良い点、学習に対する意欲や態度、進歩の状況などを総合的に評価します。

表4　評価技法の7モデル

ポートフォリオ	蓄積した資料を整理して、子供と対話しながら評価する。
プロフィール	観点別に点数化し、それを見ながら次の課題を設定する評価である。
パフォーマンス	実技・討論・発表などの活動を観察しながら評価する。
プロダクト	作文・レポート・絵画・彫刻等の作品の良さを評価する。
プロセス	学習過程内の興味関心、満足感、課題意識等を評価する。
プロジェクト	あるテーマについて、企画と運営を自己評価する。
パーソナリティ	年表形式で振り返ったり、年間の学習を観点別に評価する。

（高浦，1998より作成）

それでは、具体的な学習評価の例として、前述の表1と表2で示した生活単元学習「運動施設を利用してスポーツを楽しもう」を見てみます。次ページの表5には、これまで伝統的に行ってきた学習評価とそれを改善したアクティブ・ラーニングの学習活動における学習評価を比較して示しました。

　生活単元学習では、一般的に「単元全体の目標」があり、それに応じて子供一人一人の「個別目標」が設定されます。そして、その個別目標に対する「学習評価の観点」が示され、学習活動終了後に「学習評価（事後評価）」をしていきます。

　これまでの学習評価では、単元全体の目標や個別目標を設定する際に、観点別評価の意識が少なく、教師が学習活動の中で意図する子供の願いや思いに寄り添って記述されることがありました。そして、単元全体の目標や個別目標に対する学習評価の観点は、それぞれの目標の文末表現を変えただけとなっています（〜できる。→〜できるか。）。したがって、学習評価（事後評価）も「できた。できない。」といった単純で具体性に欠ける記述で、「何がどこまでできて、どこができないのか。」がよく分からないこともありました。そのため、次年度に新しく担任（担当）になった教師が、また同じような目標設定をしてしまい、保護者からも疑問視されることも少なくありませんでした。

　一方、アクティブ・ラーニングを取り入れた学習活動の学習評価では、単元全体の目標や個別目標に対して、「知識・技能」「思考・判断・表現」「主体的に学習に取り組む態度」の3つの観点別評価について具体的に記述します。文末表現は、「〜している。」といった子供の状況を表しています。さらに、「◎（達成）、○やや達成」「▲（未達成）」の記号を用いて個別目標が達成したか否かの学習評価（事後評価）を明確にしていきます。また、教科等で関連する目標について明記すると分かりやすくなります。

　さらに、表6には、学習過程の質的改善を実現するために、「主体的な学び」「対話的な学び」「深い学び」といったアクティブ・ラーニングの視点による学習評価を示してみました。「主体的な学び」では、自分から進んで運動施設を利用してスポーツに取り組んでいることを記述しています。「対話的な学び」では、施設職員の方に話しかけたり、アドバイスを受けるなど、外部の人とのやり取りを積極的に行っていることを記述しています。「深い学び」では、その学習活動を活用して、さらに別のスポーツで取り組めそうな種目があるのか調べようとする意欲が感じられる記述となっています。

　これらの多角的・多面的な評価をすることで、授業改善が必然的に行われ、学習活動の取組が活発化されることでしょう。

表5　学習評価の比較（生活単元学習「運動施設を利用してスポーツを楽しもう」）

	これまでの学習評価		アクティブ・ラーニングの学習評価
単元全体の目標	・運動施設を利用するための申込手続きができる。 ・交通機関を利用して学校から運動施設まで往復することができる。 ・運動施設でスポーツを楽しむことができる。	単元全体の目標	**＜知識・技能＞** ・運動施設までの交通手段が分かり、利用する際の申込書を記入したり利用料金の支払いができる。 **＜思考・判断・表現＞** ・自分の適性や将来継続して取り組める運動種目を考えて種目を絞りこむとともに、自分で技術を向上させることができる。 **＜主体的に学習に取り組む態度＞** ・選択した種目について、仲間とともに楽しみながら取り組むことができる。
Aさんの個別目標	・各運動施設で教師の支援を少なくして利用するための申込手続きができる。 ・交通機関の利用の仕方が分かり、学校から運動施設までみんなと一緒に往復することができる。 ・各運動施設でみんなとスポーツを楽しんでいる。	Aさんの個別目標	**＜知識・技能＞** ・運動施設までバスと地下鉄を利用して行き、利用申込書を記入したり利用料金の支払いができる。 **＜思考・判断・表現＞** ・自分の適性や将来継続して取り組める運動種目を考えて1種目に決定するとともに、自分でその種目の技術を向上させることができる。 **＜主体的に学習に取り組む態度＞** ・選択した種目について、仲間とともに楽しみながら取り組むことができる。
Aさんの学習評価の観点	・各運動施設で教師の支援を少なくして利用するための申込手続きができるか。 ・交通機関の利用の仕方が分かり、学校から運動施設までみんなと一緒に往復することができるか。 ・各運動施設でみんなとスポーツを楽しんでいるか。	Aさんの学習評価の観点	**＜知識・技能＞** ・運動施設までバスと地下鉄の切符を購入して乗降車し、一人で利用申込書を記入したり利用料金の支払いができている。 **＜思考・判断・表現＞** ・自分の興味関心や今後も継続して取り組める運動種目を考えて1種目に決定絞りこむとともに、自分で選択した種目の技術を目標をもって向上させている。 **＜主体的に学習に取り組む態度＞** ・選択した種目について、仲間と一緒に楽しく取り組もうとする姿勢が見られる。
Aさんの学習評価（事後評価）	・各運動施設において、申込するための利用申込手続きは、教師の支援を受けながらも利用する手続きができた。 ・学校から運動施設まで、バスと地下鉄の切符を買い、乗車できた。 ・プールでは楽しそうに泳いでいた。スケートでは、思うように滑れなかった。ジムでは、ランニングマシンで自分のペースに合わせて楽しそうにランニングしていた。	Aさんの学習評価（事後評価）	**＜知識・技能＞** ◎運動施設までのバスと地下鉄の切符を購入して乗降車できた。（社会、数学） 〇利用する際の申込書は、2回目まで手本を見て書き、3回目に一人で記入することができた。（国語） ▲利用料金の支払いは、千円札で支払うことができるが、小銭はまだ難しい。（数学） **＜思考・判断・表現＞** ◎自分の適性と将来性を考えて、プールを選択した。（国語、体育） ◎クロールで25mから50mまで目標を定め泳ぐことができた。（体育） **＜主体的に学習に取り組む態度＞** ◎自分の泳ぎ方をビデオで振り返り、腕の振り方、足の蹴り方を工夫しようとする姿勢が見られた。（体育） ▲仲間に声掛けしたり、一緒に競い合おうとする積極性までには至らなかった。（国語）

表6　「主体的・対話的で深い学び」の視点での学習評価
（生活単元学習「運動施設を利用してスポーツを楽しもう」）

Aさんの学習評価（事後評価）	
<主体的な学び>	◎クロールの泳ぎをマスターするために、オリンピック選手のビデオ映像を見て泳ぎのヒントを得ようとしていた。（体育） ◎グループリーダーとなり、バスや地下鉄の利用では、班員に声をかけたりルールを教えている姿が見られた。（社会） 〇クロールでは積極的に取り組む姿勢が見られたが、その他の泳法にはあまり興味を示さなかった。（体育）
<対話的な学び>	◎利用申込書に記載する際、書き方が分からなくなった時に、施設職員の方に質問をしてアドバイスをもらいながら完成させようとしていた。（国語） ▲昼食場所をなかなか見つけられなかった時に、通行人に声をかけられなくて、自分で探し回り時間がかかってしまった。（国語）
<深い学び>	◎クロールで自己ベストを更新するために、自分の泳ぎをビデオで振り返ったり、教師にアドバイスを求めて、泳ぎを改善しようと努力した。（国語、体育） ◎水泳の他に、自分が取り組めそうなスポーツがあるのをインターネットで調べて、余暇活動で実行する計画を立てている。（社会、体育）

　このように、育成すべき資質・能力の3つの要素である「知識・技能」「思考・判断・表現」「主体的に学習に取り組む態度」といった3つの観点別評価、あるいは、学習過程の質的改善の3つの視点である「主体的な学び」「対話的な学び」「深い学び」といった学びの評価を行っていくことは、新学習指導要領で指摘されている「何が身に付いたか」といった子供一人一人の「生きる力」や「自立と社会参加」に直結するものと考えます。

　「主体的・対話的で深い学び」であるアクティブ・ラーニングを実現するためには、「自己評価」をすることも重要なことです。自己評価により、自分自身の学習状況を客観的に捉えることができ、成就感や達成感を得ることもできます。これまでは、「指導と評価の一体化」と言われていましたが、これからは「学びと評価の一体化」も必要となります。

　特に、知的障害の子供は自己評価をすることが難しいかもしれませんが、評価内容を簡潔にしたり、評価の仕方を繰り返し学習することで可能となるかもしれません。

　一方、「相互評価」も必要不可欠です。発表会や報告書は、他人の成果を見聞きし、その後の自分自身の活用学習や探求学習に繋がっていきます。

　評価の技法や方法は、多種多様に紹介されています。重要なのは、子供の確かな成長を正当に見極めることではないでしょうか。

ポイント5　カリキュラム・マネジメントの実行

　これまでの学校における教育課程は、学校だけの枠組みの中で展開されてきました。しかし、21世紀を生き抜き、未来の創造を目指していく子供たちを育成するために、今後は、「社会に開かれた教育課程を実現」してくことが求められています。そして、その理念の下に、カリキュラム・マネジメント（教育課程に基づき、組織的かつ計画的に各学校の教育活動の質の向上を図っていく）を実現することになります。中央教育審議会の答申（2015）では、カリキュラム・マネジメントについて、3つの側面を指摘しています。

> (1) 各教科等の教育内容を相互の関係で捉え、学校教育目標を踏まえた教科等横断的な視点で、その目標の達成に必要な教育の内容を組織的に配列していくこと。
> (2) 教育内容の質の向上に向けて、子供たちの姿や地域の現状等に関する調査や各種データ等に基づき、教育課程を編成し、実施し、評価して改善を図る一連のPDCAサイクルを確立すること。
> (3) 教育内容と、教育活動に必要な人的・物的資源等を、地域等の外部の資源も含めて活用しながら効果的に組み合わせること。

　これまで、障害児を対象としたカリキュラムは、「障害の改善・克服」や「自立した生活」を目指すことを主眼に置いて一人一人に応じた計画を作成してきました。この基本姿勢に変わりはありませんが、今後のカリキュラム・マネジメントでは、①「何ができるようになるか」、②「何を学ぶか」、③「どのように学ぶか」、④「子供一人一人の発達をどのように支援するか」、⑤「何が身に付いたか」、⑥「実施するために何が必要か」を考えながら、これまで以上に家庭や地域と連携・協働しながら実施してくことが求められています。

　特別支援教育では、上記の②③④に関して重点的に取り組んできましたが、①⑤⑥に関して十分ではなかった気がしています。様々な学習活動で身に付いたことが、どのように一人一人の自立に役立つのかを考えながら教育課程を編成し、実施していくことが求められているのです。

第2章
障害児への
アクティブ・ラーニング

第1節　視覚障害教育とアクティブ・ラーニング

1．視覚障害の特性と指導上の配慮

　視覚障害は、視機能の永続的低下の総称を意味します。視機能に低下がみられても、それが治療等によって短期間に回復する場合は、教育的にみた場合の視覚障害とはいいません。視機能は、視力に加え、視野、色覚、光覚（暗順応、明順応）、コントラスト感度、調節、屈折、眼球運動、両眼視などの諸機能から成り立っています。したがって、見えない、不十分にしか見えないというのは、それら諸機能のうちの一つ、あるいは複数の機能が働かない、または不十分にしか働かない状態のことです。

　一般に視力（両眼の矯正視力）が0.3未満になると、黒板に書かれた文字や教科書の文字などを見るのに支障をきたすようになり、教育上特別な配慮が必要となります。そして、学習の場面で主として視覚を用いることが可能かどうかで盲と弱視に分けられます。

　視覚がどのような特性をもった感覚であるかというと、触覚や味覚といった接触感覚とは異なり、遠隔感覚であり、離れた所の情報を入手することができる感覚です。また、触覚などと比較すると、一度に広い範囲の情報を得ることができます。外界からの情報入手の80％以上が視覚からといわれるように、視覚は情報入手のための重要な感覚であり、諸々の行動の遂行に大きく関与しています。

　その視覚に障害のある児童生徒の教育においては、視覚から得られる様々な情報等の不足分を教材教具の工夫や指導上の配慮、自立活動の指導などで補っていくことが重要となります。

　盲児童生徒に対する指導を行うに当たっては、凸図や模型などの触覚教材や音声教材を活用して、視覚的な情報を触覚や聴覚で把握できるようにしたり、モデルを示したりするなど、指導内容・方法を工夫することが大切です。

　弱視児童生徒に対する指導は、視覚の活用が中心となりますが、他の感覚器官の活用も合わせて考える必要があります。また、弱視児童生徒の見え方は様々であり、視力のほかに、視野の広さ、色覚障害の有無、眼振やまぶしさの有無などの影響を受けます。そのため、指導の効果を高めるためには、一人一人に適した大きさの文字や図の拡大教材や各種の弱視レンズ、拡大読書器などの視覚補助具を活用したり、机や書見台、照明器具等を工夫して見やすい環境を整えたりすることが大切です。

2．視覚障害教育のアクティブ・ラーニングの視点

　上述のとおり、視覚障害教育においては、触覚教材、拡大教材、音声教材等の活用を図るとともに、児童生徒が視覚補助具やコンピュータ等の情報機器などの活用を通して、容易に情報の収集や処理ができるようにするなど、児童生徒の視覚障害の状態等を考慮した環境整備や指導方法を工夫することが基本となります。

（1）「主体的な学び」の視点

　「生涯にわたる学習の基礎を培うため、基礎的・基本的な知識・技能の確実な定着とともに、それらを活用して課題を解決するための思考力・判断力・表現力等の育成を重視した教育を行うこと」、「児童生徒が知的好奇心や探究心をもって主体的に学習に取り組むため、体験的な学習や基礎的・基本的な知識・技能を活用した問題解決的な学習を充実させること」、これらは、当然のことながら視覚に障害のある児童生徒の学びにおいても同様です。

　視覚に障害のある児童生徒の「主体的な学び」が可能となるためには、見えない、見えにくいという状況から「自ら行動できない」ということのないように環境を整備することが大切です。校内での活動や移動に支障がないように校内環境を整備することは勿論のこと、視覚補助具やコンピュータ等の情報機器や障害の状態に応じた周辺機器を活用できるようにしたり、情報通信ネットワークなどを活用したりすることによって、視覚的な情報の入手の困難さを補い、問題解決的な学習等に主体的に取り組むことができるのです。

　ところで、私たちは、見知らぬ場所に突然連れて行かれたり、何も知らされず物事が進められたりすると非常に不安になります。自分の置かれた空間がどのような状況なのか、また、そこで何をするのか等、状況判断ができるまで落ち着きません。視覚に障害のある児童生徒にとっては、周囲の状況を見て判断するということが困難なので、その不安や戸惑いはなおさらであり、そこでの行動はおのずと消極的にならざるを得ません。

　視覚に障害のある児童生徒が、安心して積極的にその学習に参加できるようにするには、見通しを持たせる指導や配慮が必要です。学習の予定を事前に知らせ、学習の過程や状況をその都度説明することです。そのような指導や配慮により、子供たちは主体的に状況の判断ができるようになるのです。

（2）「対話的な学び」の視点

　視覚に障害のある児童生徒の学びの場は、視覚障害のみを対象とした特別支援学校（視覚障害）、複数の障害種を対象とした特別支援学校、小・中学校に設置されている弱視特別支援学級、通級による指導、通常の学級というように、多様な場で教育を

受けることが可能となっています。

　「対話的な学び」を実現するためには、どの学びの場においても、一人一人の児童生徒にとって存在感を実感できる場であり、好ましい人間関係が基盤として存在している場である必要があります。

　また、近年、特別支援学校（視覚障害）では、児童生徒数の減少により多様な考え方や見方に接する機会が少なく、自分の考えを修正したり深めたりすることが困難になってきていることが課題となっています。この課題を解決し、「対話的な学び」を実現するには、ある程度の集団の保障が必要です。そのためには、インクルーシブ教育システムの理念からも、「交流及び共同学習」を積極的に進めることが有効です。

　「交流及び共同学習」では、同年代の児童生徒、異年齢の児童生徒、さらには地域の人たちと互いの知見や考えを伝え合ったり議論したり協働したりすることで、自分の考えを広げたり、深めたりすることが可能となります。

（3）「深い学び」の視点

　視覚に障害のある児童生徒は、視覚による情報収集が困難なために、限られた情報や経験の範囲内で概念を形成してしまう場合があります。このような傾向をさけ、「深い学び」にしていくためには、体験的な学習や操作的な活動などを意図的に取り入れていく必要があります。またその際には、言葉を添えて、言葉で理解したり表現したりしながら自分の思いや考えを広げ深めることを意識することが大切です。物との関わり、他者との関わりから思考を深め、活性化させます。

　このように多くの体験をさせることは大切なのですが、視覚障害のある児童生徒の場合、時間的な制約から困難な場合も少なくありません。そのような場合、直接経験ではありませんが、「読書」による学びも有効になります。本を通して作者の考えに触れ、自分の考えに生かすことなどを通して、知見や考えを広げたり、深めたり、高めたりすることが可能となります。

第2節　聴覚障害教育とアクティブ・ラーニング

1．聴覚障害（聾）の特性と聴覚障害（聾）教育が目指してきたもの

　聴覚に障害があり、聴覚障害児を対象とした特別支援学校（以下、「聾学校」）では、耳が聞こえないことによる困難の改善・克服を目指して教育がなされてきました。そして、その「改善・克服」の内容は、「聞こえないこと」をどう捉えるかと、彼らの言語である「手話」をどのように捉えるかによって、大きく変化してきました。

　聴覚に障害があるということは、音声言語を獲得することに大きな困難さを伴います。その聴覚情報の制約ゆえに、明治期以降、聾者集団の間で手話が自然言語として成立していきました。しかし、手話は「動物的なもの」として蔑視され、それゆえに、聴力に障害があっても、訓練により音声言語の獲得を目指す方法が開発されていきました。すなわち、口の形を見て相手の話を理解する「読話」、聴覚フィードバックがなくても音声を発する「発語」による「口話法」です。口話法は大正期から全国に広がり、昭和初期になると日本全土で採用されたことにより、手話はほとんど教育の場では使ってはならないものとされていきました。

　戦後、医療および補聴技術が進歩することで、ほとんどの「聞こえない」子供には何らかの残存聴力があること、そして、補聴器の使用や人工内耳が、音声言語の獲得に大きく寄与することが分かってきました。さらに、「口話法」は、「聴覚口話法」と呼ばれるようになり、現在もその指導技術はほとんどの聾学校で採用されています。

　その一方で、口話法および聴覚口話法は、必ずしも全ての聴覚障害児にとって成果があがるものではなく、特に残存聴力の活用が厳しい子供の場合は困難を極めました。また、聴力レベルが比較的軽く、口話法の成果があがっているように見える子供でも、聞こえないゆえのコミュニケーションの困難さが完全に解消されるわけではありませんでした。それゆえに、教育の場では禁止されていた「手話」は、寄宿舎など、子供同士でのやり取りの中で使われ続け、今日まで聾者コミュニティの中で受け継がれてきたという教育の裏側の現実もありました。

　1990年代後半になると、残存聴力の厳しい子供や、重複障害児、両親が聾者で、手話環境で育つ聾児への聴覚口話法の限界と向き合う中で、一部の聾学校が幼児期からの手話を導入し、聴覚口話法に手話を併用する形での言語指導及びコミュニケーショ

ン環境の整備を進めました。それが10年ほどの間に全国に広がり、現在はほとんどの聾学校で幼児期から手話が活用されています。

　また、長きにわたって音声言語に比して劣っているものとみなされてきた手話（聾者同士が用いるもので、音声とは同期しない）が、実は音声言語と遜色ない機能を備えた完全に機能する独立した言語であることが学術的に示されたことで、聾者は自らの言語と文化に誇りを持つようになり、聾者中心の様々な活動が展開されるようになりました。そして2008年には、自らの言語である日本手話を第一言語として聾児に獲得させる教育を行う私立の聾学校「明晴学園」が誕生するに至りました。

　このように、「耳が聞こえないこと」への改善・克服と一口に言っても、その目標は時代の中で大きく変化していますし、さらには「聞こえないこと」自体を否定せず、むしろ、手話を誇りに生きることを目標に据える聾学校も生まれているという状況です。

2．聴覚障害（聾）教育のアクティブ・ラーニングの視点

　このように、聾学校において目指すべき聾児像は大きく変化しているといえます。そして音声日本語の位置付けや手話言語の位置付けも大きく変化しています。とはいえ、どの言語をどのように獲得させるにせよ、「少なくとも何か１つの言語を確実に身に付けること」が聾教育の最重要課題の一つであることが普遍的であることには、異論の余地はないわけです。そのために、確実にコミュニケーションを伝え、そして双方向のやり取りを徹底して行うよう、聾教育の指導は絶えず継承され、発展してきました。

　具体的には、６名以下の少人数で、お互いが双方の顔を見て話すことができるよう、「馬蹄形」の座席配置で授業を進めることが伝統的に行われてきました。また、近年はディスプレイとコンピュータをつなぎ、視覚教材を効果的・効率的に活用した指導がほとんどの聾学校において多用されています。

　さて、聾学校の上述した現状を踏まえたとき、アクティブ・ラーニングの「導入」に際し、どのようなことが求められるといえるでしょうか。アクティブ・ラーニングは、教員による「一方向的な講義形式」から受講者側の「能動的な参加」への転換を求めるものとされています。そしてそのために、双方向でのやり取りや主体的な活動を積極的に取り入れることを求めています。ただ、このことだけを取り上げるならば、聾教育において何ら目新しいことではなく、これまでも行ってきたことです。そもそも確実にコミュニケーションを成立させ、その能力を向上させることこそが聾教育の使命ともいえるわけですし、上述したような工夫が蓄積されており、アクティ

ブ・ラーニングである形式上の要件は満たしているわけです。その上で、アクティブ・ラーニング導入が聾教育にもたらすことを積極的に考えるならば、その目的に着目していく必要があります。それはすなわち、「主体的・対話的」な学習を通じて、「深い学び」に至ることです。

3．聴覚障害（聾）教育におけるアクティブ・ラーニングを取り入れた授業構想

　では、聾教育において、アクティブ・ラーニングが目指す「深い学び」を希求したとき、その到達点はどこにあるのでしょうか。もちろん、個々の各教科・領域の単元ごとに、その内容を「しっかりと理解する」ということも、「深い学び」から外れるわけではありません。しかしながら、聾教育が本質的に背負ってきた役割について歴史的経緯を踏まえて考えたとき、個々の学習を有機的に結びつけ、統合して目指すべきものがあるように思います。それは、「聞こえない」という身体状況をどのように受け止め、その上で自己の存在に価値を見いだし、そしていかにして生きるか、という極めて本質的な問いへの自らの解を探していくということではないでしょうか。いわゆる「障害認識」というテーマです。

　聾教育において、「障害認識」は、自立活動における実践として位置づけられることが多いですし、自立活動の時間枠の中で様々な実践例が見られます。しかしながら、各教科・領域の中で常に教員が意識して臨むべき大きな問いでもあります。

　発音指導をどんなに頑張っても、聞こえる人と同じように流暢かつ鮮明な発音が獲得できるとは限りません。聾者の発音に慣れている聾学校教員からみれば「分かりやすくなった」かもしれませんが、学校の外の実社会では嘲笑され、からかいの標的とされるかもしれません。手話でならば自由にものごとが語れるとしても、周囲の圧倒的な多数派は音声日本語使用者であり、手話通訳の資源も限られています。そのような現実の中で、様々な知識を「深く学ぶ」のは何のためなのか。各教科・領域の個々の学びをアクティブに、深く理解することを通して、自らが聞こえない身体状況をもって生きることの意味を考え抜き、自分なりの解を得ること。このことこそが、聾教育におけるアクティブ・ラーニングの持つ意味なのではないでしょうか。

第3節　知的障害教育とアクティブ・ラーニング

1．知的障害の特性

　知的障害とは、「知的機能に制約があること」「適応行動に制約を伴う状態であること」「発達期（18歳未満）に生じる障害であること」といった3つの要件を伴っています。障害の程度は、軽度（IQ69-50程度）、中等度（IQ49-35程度）、重度（IQ34-20程度）、最重度（IQ19以下）に区分されています。知的障害の客観的な基準は示されていませんが、支援の必要性の有無や程度をもって定義されています。

　知的障害児は、知的機能面において、記憶する、推理する、課題を解決する、抽象的に考える、素早く学習する、経験から学ぶなどの能力が制約されています。そのため、特に教科等の学習において知的発達の遅れが顕著であるために様々な学習活動に困難や遅れが見られます。また、適応行動面においても、日常生活の中で学んできた概念を操作する時のスキル、社会の中で人々と付き合うスキル、実際にいろいろなことを行うことのスキルなどに制約があります。そのため、他者とのコミュニケーション、身辺処理などの基本的生活習慣、作業活動、運動、余暇利用などにおいて不適応の状態にあります。

　「特別支援学校学習指導要領解説」（2009）には、知的障害児の学習上の特性等として、以下のように示されています。

- 学習によって得た知識や技能が断片的になりやすく、実際の生活の場で応用されにくいことや、成功経験が少ないことなどにより、<u>主体的</u>に活動に取り組む意欲が育っていない。
- 実際的な生活経験が不足しがちであることから、実際的・具体的な内容の指導が必要であり、抽象的な内容の指導よりも効果的である。
- 教材・教具や補助用具を含めた学習環境の効果的な設定をはじめとして、児童生徒へのかかわり方の一貫性や継続性の確保、在籍する児童生徒に関する周囲の理解などの環境条件も整え、知的障害のある児童生徒の学習活動への<u>主体的</u>な参加や経験の拡大を促していくことも大切である。

注）下線は筆者による

2．知的障害教育のアクティブ・ラーニングの視点

　知的障害児に対しては、その障害特性を踏まえながらアクティブ・ラーニングの視点である「主体的・対話的で深い学び」を学習活動の中でどのように実現させていけばよいのでしょうか。

　「主体的・対話的で深い学び」には、「主体的な学び」「対話的な学び」「深い学

び」の3つの学びがあります。同解説では、知的障害児の学習上の特性として「主体的に学習に取り組む意欲が育っていない」ことが示され、そのため、「学習活動への主体的な参加や経験の拡大を促していく」ことを求めています。そこで、これまで多くの教師は、様々な学習活動において知的障害児に対して主体的な活動を促すような取り組みを積極的に行ってきました。しかし、同解説には、「対話的」や「深い」といった文言はありません。そのため、これまで他者とのコミュニケーションは当たり前のように行ってきたものの、その学習評価や更なる探求・追求といった深い学びまでは意識していなかったかもしれません。今後は、知的障害児に対しても新しい時代を切り開いていくために必要な資質・能力を育むために、「主体的な学び」だけでなく「対話的な学び」「深い学び」といった新たな学びが必要不可欠となるでしょう。

この「主体的・対話的で深い学び」を実現させるためには、知的障害の特性を踏まえながら各単元・題材の中で次のような場面を意図的に設定することが重要と考えます。

①「主体的」に学習を見通して活動し、知識や技能が断片的にならないように実際的な体験・経験を積み、その活動を振り返る場面を設定します。
②ペアやグループでの学習形態、校外学習や産業現場等での実習など実生活の場面において、級友や大人と「対話」する機会を設定します。
③学びの「深まり」が持てるようにするために、成功体験や満足感・成就感が得られるようにし、自分で考える場面や教師が教える場面を設定します。

3. 知的障害教育でのアクティブ・ラーニングを取り入れた授業構想

知的障害児の中心的な学習課題は、「抽象的な概念を獲得することが極端に苦手であり、具体的な事象を中心とした学習でなければ理解できないとの前提がある。」（明官、2013）ことが指摘されています。また、ヴィゴツキー(2003，2005)は、「抽象化に必要な高次心理機能（随意的注意、随意的記憶、思考）は、知的障害児がどのような記憶を所有するかではなく、彼がその記憶をどれほど利用するかである。」と述べるとともに、「学習の課程はゆっくりだが一般化することはできる。そのためには、特別の教授手段を用意する必要性がある。」ことも付け加えています。つまり、アクティブ・ラーニングの視点としての「主体的・対話的で深い学び」を実現させるためには、抽象化に必要な高次心理機能（随意的注意、随意的記憶、思考）が活用できるように学習活動において『特別の教授手段』を用意しなければならないのです。

そこで、『特別の教授手段』を用意するためには、知的障害教育の授業構想の中で思い切った授業改善を試みる必要があります。このことを踏まえながら、「主体的・

対話的で深い学び」を実現できるような具体的な授業構想を提案します。

(1) 主体的な学びになるために

- 体験・経験的な活動では、実施回数をこれまでの倍以上に増やすことも考え、「失敗体験」を繰り返しながら「成功体験」へと導いていきます。
- 基礎的基本的な知識の習得（教科学習）では、反復学習（繰り返し学習）を多くして積み重ねていきます。
- 最初に体験・経験を積ませながら興味・関心を持たせ、その後に机上の学習に移行します。
- 記憶の劣弱性を防ぐために、振り返り学習は当日に実施するようにします。
- 調理学習や作業学習などでは、「マイ調理セット」「マイ修理セット」など、将来の自立した生活につながる自分専用の用具・道具を用意して、「見る、待つ」といった無駄な時間を少なくします。
- 補助具や支援具は教師が準備するのではなく、本人の意見を反映させて教師と一緒に作成し、自主的に活用できるようにしていきます。
- 学習活動の初期段階にあっては、子供が"興味・関心""気づき""疑問"が湧くように教師が誘導（主導）することも取り入れます。

(2) 対話的な学びになるために

- 対話している場面を録画し、その場面を振り返ることで、自分の考えが相手に伝わっているかを確かめるようにします。
- 相手に自分の考えを分かりやすく伝えるために、話し方の順番、正しい話し方、会話の決まりなどを示した「会話ルールカード」を活用します。
- 発表会や報告会の学習活動終了後には、級友の意見を聞いた後に「いいねカード」を使って、どこがどのように良かったかの意見を述べるようにします。
- グループ内で出た様々な意見を話し合いながら、1つの方向にまとめていきます。時には、KJ法などの手法も取り入れます。
- 製品の販売や説明をする際には、自分の考えがどのように相手に伝わったかを相手から聞くようにします。
- 校外での学習活動や産業現場等での実習では、相手からの意見を受け入れたり、質問に対して自分の考えを述べる機会を設定します。
- 相手が受け入れられない場合を想定した事例を提示して、その対策を考えるような場面を設定します。

(3) 深い学びになるために

- 「何を学習したか」「何が分かったか」「何ができるようになったか」「これからどのような場面でそれを使うか」といった振り返りの活動をします。
- 自分が学んできたことをノート等に整理し、それをさらに工夫したり応用するための、新たな発見を見つけ出すようにします。
- これまで学習して分かったことや興味・関心があることについて、さらにICT機器やインターネット、スマホ等を活用して詳しく調べる、関係者に聞く、現場に出向くなど、探求・追求していくようにします。
- 時には、一人でじっくり考え、課題を自己解決できるように導きます。

最後に、学習評価の重要性を指摘します。特に、領域・教科を合わせた指導である「生活単元学習」や「学びの指導」の学習活動で見られるのは、教科等の目標の関連と評価が明確でないことです。知的障害児にとって、その知的発達の遅さや退行、記憶や思考の劣弱性から、毎年同じような目標、同じような指導、同じような評価が見られることもあります。

　そこで、アクティブ・ラーニングを取り入れた授業では、学習評価を明確にしていきます。つまり、学習評価の観点である「知識・技能」「思考・判断・表現」「主体的に学習に取り組む態度」について、「何ができて、何ができないか」を明確にすることです。そして、できたことを更に将来の「生きる力」につなげ、「自立と社会参加」を目指していきます。そのためには、教師や本人が、「今行っている学習活動が、将来、何ができるようになるか」を常に意識していくことが大切となります。例えば、調理学習において作ったメニューが家庭生活において「留守番の時に一人で食事を作って食べることができるようになる。」、体育で持久走を毎日継続してきたことが、将来において「各地のマラソン大会に出場するようになる。」、生活単元学習や総合的な時間において地域学習したことが、「地域の祭りに参加するようになる。」といった自立と社会参加する目指す姿です。

第4節　肢体不自由教育とアクティブ・ラーニング

1．肢体不自由の特性

　肢体不自由といわれると、どのような臨床像を思い浮かべるでしょうか。一般的に使われている「身体障害」とは異なり、教育の中でよく使われる言葉です。具体的には、特別支援学校の対象となる臨床像として、学校教育法施行令第22条の3では、「補装具の使用によっても歩行、筆記等日常生活における基本的な動作が不可能又は困難な程度のもの」「肢体不自由の状態が前号に掲げる程度に達しないもののうち、常時の医学的観察指導を必要とする程度のもの」とされています。そのため、従来から、補助・代替コミュニケーション（Augmentative and Alternative Communication；以下、AAC）の役割を担う機器が使用されてきました。しかしながら、学校や福祉の現場では、『自分でできることは自分で』を尊重しながらも、臨床像から『手伝う』印象が強いこと、1対1でのかかわりが中心となるために、教師（指導者）主導の働きかけになりがちであること、補助教材や機器「使用方法」の指導になりがちであることなど、子どもたちが自分で、という能動的な学習にはつながらない可能性が危惧されてきました。さらには、特別支援学校在籍指導生徒については、重複障害の児童生徒が増加している現状もあります。これに関連して、平成28年6月3日付児童福祉法の改正により、第56条の6第2項として「地方公共団体は、人工呼吸器を装着している障害児その他の日常生活を営むために医療を要する状態にある障害児（以下、「医療的ケア児」という。）の支援に関する保健、医療、障害福祉、保育、教育等の連携の一層の推進を図るよう努めること」が追加されました。同日には、文部科学省初等中等教育局長通知として、「医療的ケア児の支援に関する保健、医療、福祉、教育等の連携の一層の推進について（通知）（28文科初第372号）」も出され、常時の医学的観察指導を必要とする児童生徒に対する教育的環境整備の一層の充実が求められています。

　常時の医学的観察指導を必要とする児童生徒は、特別支援学校の5領域で考えると、肢体不自由または病弱領域の学校に在籍していることが多いと考えられます。加えて、その児童生徒は病院や施設などでの生活を送る児童生徒も多く、在宅で生活している児童生徒に比べ、社会体験が少ない可能性がありました。このため、今までは、いかに「体験を重ねるか」に主眼をおいた指導が積み上げられてきました。その中で、平成24年8月28日付中央教育審議会「新たな未来を築くための大学教育の質的

転換に向けて〜生涯学び続け、主体的に考える力を育成する大学へ〜（答申）」の中で示されたアクティブ・ラーニングにあてはまるような活動も多く見られています。

　それらの活動はICT教育としても実践が重ねられてきました。特にiPad（タブレット）を用いた学習や観察記録などは、体験の少ない肢体不自由児にとっては有効な指導とされ、活用がなされてきた経過があります。しかしながら、機器を使用した学習よりも機器の使用方法が指導の中心となってしまう可能性があること、機器の設定（設置）に時間を要するために指導者（教師）が対応できるときに限定されてしまい、児童生徒が自分からやりたいと思う時にいつでも可能とは限らない、といった課題もあります。このため、様々な部分で「教師（支援者）主導の活動」になってしまっている現状があります。それゆえ、ICT教育とアクティブ・ラーニングとを明確に分けた考え方が必要になると言えます。

2．肢体不自由者へのアクティブ・ラーニングの視点

　肢体不自由児は特別支援学校の学習指導要領において、準ずる教育として教育課程の編成がなされることが基本です。つまり、小・中学校、あるいは高等学校での指導を前項で述べたような特性に配慮しながら行う、が土台にあります。ですので、アクティブ・ラーニングの考え方も、基本は小・中学校や高等学校の考え方に肢体不自由児であるがゆえに生じる難しさに対する支援を加味することになります。

　アクティブ・ラーニングの考え方における、「主体的・対話的で深い学び」は、2020年改定予定の学習指導要領に盛り込まれることでもある、「主体的な学び」「対話的な学び」「深い学び」の３つの学びにつながっていることは、ご存じの通りです。加えて、肢体不自由児ゆえの配慮を追加します。特に、他の障害とも少し異なる考え方が必要になる部分があります。前項で述べたように「主体的な学び」の「主体的」な部分について、肢体不自由児の場合、主体的な学びをするために「誰かの支援を必要とする」ことが多く、そのために『手伝ってほしい』ことを相手に分かるように伝えることができた時点で、「主体的な学び」が始まっているとすることです。

　また、「対話的な学び」については、肢体不自由児の特性から、いわゆる言葉でのやりとりとは限らないことにも留意しなければなりません。例えば、肢体不自由児への指導では、言葉での意思確認が難しい場面が多く、時には教師が今までの経験や障害特性を加味し、類推して２択や３択の選択肢を準備することがあります。あるいは、教師が思いを予測し、言葉に置き換えた上で再度たずねることもあります。そのような場面において、教師の問いかけが「教師の考える（教師が求める）答えの誘導」にならないようにしなければなりません。つまり、準備した選択肢の中に答え

がない可能性も考慮する必要があります。特に、重複障害児の中には『返事（応答行動）が（見られ）ない』という場合もありますが、質問の意味が分からずに答えないのではなく、答える選択肢がない（答えたくない）という意思表示の可能性も考慮する必要があります。さらに、１対１の活動が多い中で、「友達と一緒に〇〇する」という活動も重要です。自立活動を主とした教育課程で学んでいる肢体不自由児（訪問教育含む）は、特にこの「友達と一緒に〇〇する」体験が不足することが多いと考えられることから、体調や学習環境を考慮しながらも、このような体験の機会を増やすことが必要です。

　これらの視点を組み合わせながら、授業を展開することが大切になります。

３．肢体不自由者へのアクティブ・ラーニングを取り入れた授業構想

　アクティブ・ラーニングを取り入れた授業は前にも述べたように、その名前はなくとも以前から実践されてきた経緯があります。このため、授業は従来と同じ形態となる場合もありますが、構想にあたっては特に前項の１．と２．を踏まえた対応が必要になります。具体的には、

　①できる体験を増やす（「『手伝って』と言うことができる」）
　②初めから「できない」のではなく、「挑戦する」意欲を育む
　③教員との１対１の活動の中で学んだ内容を踏まえて仲間と（集団で）の活動へ移行
　　し、「友達のやり方」を見る（教室が同じだけではなく一緒に活動する）

です。

　その上で、障害特性を考慮し、ＡＡＣを含めた補助機器の活用、ＩＣＴによる視覚的体験あるいは操作体験の拡大を図る必要があると思われます。

　肢体不自由児の指導にあたっては、他の障害領域と比較し、自分でする体験が不足しがちです。それゆえ、アクティブ・ラーニングを取り入れた授業構想として、体験の幅を広げる指導も必要です。

　例えば、車いす使用者（肢体不自由児）が「自動販売機で飲み物を買う」時に、車いす対応の自動販売機でなければ、一人で飲み物を買うことが難しい場合が多いと思われます。しかし、現実的には、対応機器の方が少ない訳です。このような時であっても、「買うことをあきらめる」、にはなりませんから、どのようにすればその自動販売機で飲み物を買うことができるのか、を考えなければなりません。周囲の人に『手伝ってください』と言える（表現する）ことも大切ですし、自分で補助具を駆使して、それぞれの動作（お金を入れる、選んでボタンを押す、商品を取り出す）ができる方法を考えることも必要です。それを常に指導者（教員）と１対１で考えるので

はなく、友達や先輩の経験知を活用したり、情報を自ら調べたりすることが学習活動として大切になります。つまり、自分なりに工夫を重ねる、試行錯誤することです。これが「深い学び」につながると言えます。これは、自立活動における6つの内容のうち、「1　健康の保持　（3）身体各部の状態の理解と養護に関すること。」や「4　環境の把握　（3）感覚の補助及び代行手段の活用に関すること。」にも関連してきます。肢体不自由児の場合、指導者との1対1の時間が長く、指導者も肢体不自由児は失敗体験よりも成功体験が少ないために、『何とか成功体験を積ませたい』という思いが先立ってしまうことがあります。特に、児童生徒の特徴を理解していると、『ここ（これ）は難しい』と先回りしてしまう傾向があります。言い換えれば、『ここは言わずとも手伝ってもらえる』と児童生徒が感じてしまうと、特定の人との間でしか活用できない領域になってしまう可能性があります。これでは本質的な学びにもつながらない可能性も出てくると言えます。上手くいかないときの教師による適切な支援が、「工夫する」力を身に付けることにつながり、上手くいった達成感を感じることができるといえます。つまり、結果だけを求める指導ではなく、それまでの経過プロセスの指導が成功体験には重要です。

　アクティブ・ラーニングと言われると、「新しい考え方」や「新しい方法」と思われがちです。しかしながら、実際には従前から行われてきた、肢体不自由児に対する教員との1対1の指導で培われてきたノウハウが基礎にあると言えます。そのノウハウをグループ学習（場所が同じというグループ学習ではなく）や失敗体験も加味した指導へと向きを少し変えることで、アクティブ・ラーニングとして有効な指導になると考えます。

　障害が多様化し、肢体不自由特別支援学校在籍児の多くが肢体不自由のある重複障害児、かつ医療的ケアが必要な児童生徒も増えてきている現在において、「主体的・対話的で深い学び」とは、自発的行動を促す指導を原点とした、子どもたちが自分の思いを相手に伝え、支援が必要な場面で『手伝ってほしい』と言えること、そして、失敗をすることで工夫し、その結果としての成功体験を重ねることができる指導の構築が最も重要であると考えます。

第5節　病弱教育とアクティブ・ラーニング

1．病弱児の特性

　病弱児と聞いて、どのような人を思い浮かべるでしょうか。人によって異なると思います。学校教育法等では、特別支援学校や特別支援学級の対象となる障害者として「病弱児」及び「身体虚弱者」が示されていて、その具体的なことが法令や教育支援資料等で示されているのですが、そのことを知らない人が多いようです。

　例えば、入院中の子供だけが対象だと考えている人がいますが、知的障害の特別支援学校等には、病弱を併せ有する重複障害者も多いですし、身体虚弱児は病気でないため入院していません。さらに医療の進歩とともに対象疾患や治療方法等の変化、急性期医療から慢性期医療への移行、虐待等による社会的入院の子供の増加など大きく変化しています。そのため、病弱児等への教育（病弱教育）も、大きく変わってきています。

　学校や病院により異なりますが全国的に見ますと、今では病弱の特別支援学校に在籍する子供の1/2以上が通学生で、学校によっては全員が通学生だという所もあります。また、心身症やうつ病等の精神疾患の子供が、病弱の特別支援学校だけでみると今では全体の1/2以上になってきています。また発達障害の診断を受けている子供やいじめや虐待を受けていた子供、不登校を経験した子供も多くなっています。

　2011（平成23）年の障害者基本法の改正と2013（平成25）年からの障害者総合支援法の施行により、障害者福祉施策の対象となる障害者として、新たに「難病者等」が示されました。これにより従来は身体障害者手帳や療育手帳、精神障害者保健福祉手帳の対象とならなかった病弱児でも、難病等に該当する疾患の場合には、福祉サービスを受けることができるようになり、学校での進路指導等においては福祉サービスの活用を視野に入れた指導もできるようなりました（児童福祉法では、小児慢性特定疾病の対象を増やし、自立支援事業を自治体で実施することにもなりました）。

　病気の子供の全てが難病等に該当する訳ではありませんので注意する必要があります。また、難病以外の疾患であっても、病気の状態によっては内部障害として身体障害者手帳を取得している、又はてんかんや高次脳機能障害、発達障害のある子供の中には、精神障害者保健福祉手帳を取得している子供もいます。そのため、進路指導等の際は、福祉サービスの活用も視野に入れて、SSW（スクールソーシャルワーカー）や市町村の福祉担当者などと連携をとりながら進めて行くことが重要です。特に病気

の子供については、市町村ごとに医療費助成の対象となる年齢や助成の割合等が異なりますし、小児慢性特定疾病対策による医療費助成は全国で同じですが、自立支援事業については自治体により異なる点があります。さらに、福祉サービス等が市町村により異なっています。そのため、SSWのような専門的な知識がある人と連携・協力できるようにしておくことが大切です。

　病弱教育の対象疾患は、特に限定されてはいません。学習指導要領の解説や教育支援資料で、複数の病気が示されていますが、それらは例示であって、それら以外の疾患が対象外という訳ではありません。食物アレルギーや喘息等のアレルギー疾患、1型糖尿病、心臓疾患、小児がん、心身症、うつ病など多様な病気があるため、必要な支援も個々に異なります。そのため病弱児の特性を簡潔に述べることはできません。ここでは、入院中の子供の特性、心身症や精神疾患の子供の特性、退院後も配慮を必要とする子供の特性、の3つに整理してみることにします。

　入院中の子供は、学習が遅れることへの不安や治療への不安など精神面にストレスを抱えていることが多く、学習面では学習空白があったり、実験や実技等ができなかったりするため、学習が遅れたり理解できていなかったりすることがあります。

　心身症や精神疾患の子供は、一日の内に病状が大きく変動する（日内変動）ことがありますし、子供によっては他者への物理的な攻撃や言葉による攻撃が激しくなることがあります。

　小児の医療の中心が急性期医療から慢性期医療へと移行する中で、退院後の病気や感染症への不安、薬の副作用への不安などがあります。特に小児がん等の子供の晩期合併症への不安は大きいものがあります。

2．病弱児へのアクティブ・ラーニングの視点

　新しいの学習指導要領の改訂へ向けた審議の中で、小中学校等におけるアクティブ・ラーニングの重要性が取り上げられていました。アクティブという言葉により活動させる、体験させることだけをイメージしている人もいると思います。確かに活動的に取り組むことも大事なのですが、それだけでは体験的な取組を重視してきた今までと変わりません。重要なのは、子供の思考の変革です。思考が活性化し、真剣に課題に立ち向かう状況になることが重要なのです。中央教育審議会では、形式的に対話型を取り入れた授業や特定の指導の型を目指した技術の改善にとどまるものではないことを確認しています。また定義が明確でないことにより誤った理解や取組になる可能性があることや非常に多義的で概念が成熟していないことから、公示された新学習指導要領では、アクティブ・ラーニングという用語は使用せずに、「主体的・対話的

で深い学び」と表現しました。

　ここで、上記のことを確認したのは、病弱児に対してアクティブな活動、活発な活動だけを求めるには様々な課題があるからです。病弱児へのアクティブ・ラーニングを検討する上で重要なのは、治療や病状の変化等により生活や活動が制限されることです。特に入院中の子供の場合は、様々な生活規制（生活管理）がありますので、制限されている中で、どのようにアクティブ・ラーニングを進めていけばよいのでしょうか。「主体的・対話的で深い学び」を目指すことが、その解決の糸口になると思います。

　治療や体調の維持・向上のために医師や看護師からの指示待ち、保護者への甘えや依頼など、病弱児は受け身になりやすく能動的な活動が少ない傾向にあります。また、病気や治療への不安を一人で抱え込んでストレスをためていたり、気軽に話ができる友達が少なかったりするため、対話する人と機会が限定されてしまいます。さらに、治療等のために学校で学習していない箇所がある（学習空白）、活動が制限されている、学習の基礎となる体験が不足している、学習時間が制約されているなどの課題もあります。限られた学習時間の中で効果的に指導するために、指導内容を精選し、各教科等相互の関連を図るよう工夫することは、とても大事な取組です。

　これらの課題に正面から向き合い、取り組んでいくための手法の一つとしてアクティブ・ラーニング（主体的・対話的で深い学び）を取り入れることは、効果的なことだと言えます。

　病弱児の中には、重心病棟に入院している重度・重複障害の子供もいますし、うつ病等のため主体的に取り組むことが難しい子供もいますが、教員が手首を持って作業をさせるのではなく、子供が主体的に取り組むことができるようにする必要があります。その際、コミュニケーション支援や様々な支援機器等を活用することも重要なこ

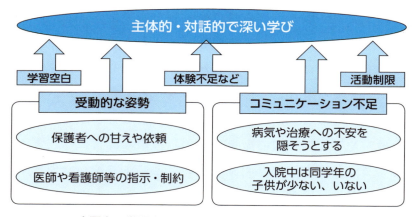

病弱者の学習上の課題とアクティブ・ラーニング

とですので、これを適切に活用して、主体的・対話的な学びを進めていく必要があります。

3．病弱児へのアクティブ・ラーニングを取り入れた授業構想

（1）ICT等の効果的な活用

　病弱教育においては、体験的な活動を伴う学習を行う際は可能な限り実体験ができるように環境を整える必要がありますが、病気の状態や学習する環境によっては実体験ができないこともあります。そのような際は、例えば視聴覚機器やICT、テレビ会議システム等を活用して間接的な体験も取り入れます。また近年は、ロボット等を活用しての間接的な体験や、VR（仮想現実）やAR（拡張現実）などを活用しての疑似体験を行うこともあります。特に、分校や分教室、ベッドサイドでの学習など少人数又は一人だけで学習する場合も、アクティブ・ラーニングを実施する際は、他の友達と一緒に学習できるようにするために、個々の子供の病気や障害の状態、体調、学習環境等に応じて、適宜これらの体験方法を取り入れながら進めることにします。

（2）参加者と進行の形態

　具体的な指導事例を取り上げてみます。参加者は、特別支援学校本校4人、分校1人、ベッドサイド1人です。まず、ペアとなる児童を決めます。本校が2人ずつで2グループ、分校とベッドサイドの児童がペアとなり、計3グループで授業を進めます。本校と分校、ベッドサイドとはテレビ会議システムで接続します。グループ討議のときは本校の音声出力をミュートすることで、他のグループでの討議が聞こえないようにします。

（3）授業の内容

　・図画工作科の授業で、『使いやすい道具をデザインしよう』という課題を設定
　・意見交換、意見の整理、作品制作、プレゼン、コンペなどを実施

（4）授業の展開

　「物と道具の違い」について学習した上で、社会科と関連させながら、「道具の使用と人類の進化」について考えを整理し、その後、ペアで3分間ずつ意見を出し合います。また聞いた意見は5分間で箇条書きにして整理します。時間制限を設けることにより、簡潔に意見をまとめて伝えることを目指します。

　グループでの意見を順次聞きながら、「道具の進化と生産性の向上」について、統計データやグラフ等を活用して学習を進めます。次に、道具のデザインは、生産性向上の観点だけでなく、使いやすさや造形美など多様な観点から考えられていることを学習した上で、総合的な学習の時間で学習したユニバーサルデザインに基づいた道具

についてグループごとに調べ、全体の場で調べたことを発表させます。

　最後に、自分たちが使いたくなる理想の文房具を紙や粘土等を使って制作し、それを写真やビデオにとってコンペ形式でプレゼンを行います。

　コンペの審査員には、授業担当者だけでなく、校長先生や保護者、デザイナー、文房具の販売関係者などにもテレビ会議システム等を使って参加・協力をしてもらい、教室にいなくても審査に参加できるようにします。このようにして、多くの人が分かるようにプレゼンするにはどう工夫すればよいかということを学ぶとともに、社会科や算数科、総合的な学習の時間と関連させながら、より実用的・効果的な学びとなることを目指します。

第6節　発達障害教育とアクティブ・ラーニング

1．発達障害の特性

　発達障害は、脳機能の障害とされており、主に学習障害（LD）・注意欠陥多動性障害（ADHD）・自閉症スペクトラム障害（ASD）に分類されています。その定義は以下の通りです（1999，文部省；2003，文部科学省）。

> 　学習障害（LD）とは、基本的には全般的な知的発達に遅れはないが、聞く、話す、読む、書く、計算する又は推論する能力のうち特定のものの習得と使用に著しい困難を示す様々な状態を指します。学習障害は、その原因として、中枢神経系に何らかの機能障害があると推定されますが、視覚障害、聴覚障害、知的障害、情緒障害などの障害や、環境的な要因が直接の原因となるものではありません。
> 　注意欠陥多動性障害（ADHD）とは、年齢あるいは発達に不釣り合いな注意力、及び／又は衝動性、多動性を特徴とする行動の障害で、社会的な活動や学業の機能に支障をきたすものです。また、7歳以前に現れ、その状態が継続し、中枢神経系に何らかの要因による機能不全があると推定されます。
> 高機能自閉症とは、3歳位までに現れ、他人との社会的関係の形成の困難さ、言葉の発達の遅れ、興味や関心が狭く特定のものにこだわることを特徴とする行動の障害である自閉症のうち、知的発達の遅れを伴わないものを言います。アスペルガー症候群とは、知的発達の遅れを伴わず、かつ、自閉症の特徴のうち言葉の発達の遅れを伴わないものです。なお、高機能自閉症やアスペルガー症候群は、広汎性発達障害に分類されます。現在は、自閉症スペクトラム障害（ASD）の用語に集約されています。

　発達障害児は、学校教育において様々な困難さと生きづらさがあります。例えば、読み書き計算が苦手、席に座っていられない、ルールが守れない、集中できない、場の雰囲気が分からない、集団の中で孤立する、会話が苦手など、学習面や行動面で不適応を起こしてしまいます。この困難性が継続されると、登校しぶり・不登校、いじめに合うといった状況を引き起こすことも少なくありません。また、症状によっては知的障害や精神障害など二次的な障害を併発する場合もあります。一口に発達障害といっても、その特性は行動面や学習面において多種多様に見られますが、発達障害児の多くは、知的発達の遅れを伴わないので、通常学級で学習することとなります。そこで、集団学習の中で適応できるか否かが重要となります。

2．発達障害教育のアクティブ・ラーニングの視点

　発達障害児にとってアクティブ・ラーニングの導入は、難しいのではないかという意見がある一方で、効果的であるという報告もあります（田中，2016）。確かに、教師の話を集中して聞けず座学が困難なADHD児にとっては、グループでの話し合い

活動や調べ学習になると「主体的」に参加し活躍する場面が見られます。また、学習したことが自分にとって興味・関心があり、さらに詳しく調べようとするASD児（アスペルガータイプ）やLD児にとっては、物事をさらに「深く学ぶ」ために、とことん探求・追求して特異的な能力を発揮することになります。

　一方、人と話すことが苦手なASD児にとっては、「対話的な学び」であるディベートやグループディスカッションになると、自分の意見を発表できないのでグループ内でますます孤立してしまうこともあります。また、「学び合い」と称してお互いに教え合う活動の場面においてLD児は、頭の良い級友から一方的に教えられることが多くなると、次第に学習意欲が低下し劣等感が強くなってしまうことがあるでしょう。さらに、教師が様々な機器等を駆使して子供に膨大な情報を提供すると、ADD（不注意タイプ）児は、情報を整理しきれないのでどこがポイントとなるのかが分からなくなってしまいます。

　発達障害児にとって、「主体的・対話的で深い学び」であるアクティブ・ラーニングを実現するためには、周りの子供の理解、間違っても良いのだといった安心感、できたら褒められる肯定感、学習ルールを守る、学習過程（作業手順）の可視化、といった学習環境が学級（グループ）の中で整っていることです。

3．発達障害教育でのアクティブ・ラーニングを取り入れた授業構想

　LD・ADHD・ASDなどの発達障害児は、自分に課されている目標の達成に向けて、自らの認知、感情、動機づけ、行動を活性化させたり維持したりするといった一連の過程である「自己調整学習」が苦手であったり不適切な形で繰り返していることが指摘されています（伊藤，2016）。自己調整学習を促すためには、「メタ記憶」「動機づけ」「自己効力感」が重要な役割を果たします。自己調整学習を活性化させ維持するための支援の手順としては、①背景知識を形成し活性化する、②話し合う、③モデルを示す、④覚える、⑤サポートする、⑥自分の力で行うことが示されています。これらのことを踏まえながら授業改善をしていく必要があります。

　特別支援教育が導入されて以来、発達障害児への指導技法や配慮が通常の子供たちにも分かりやすい授業を目指すという意味で「ユニバーサルデザイン」の授業づくりが注目され広がりつつあります。そして、アクティブ・ラーニングの実現を目指す方法論として、このユニバーサルデザインが取り沙汰されています。両者は連続性のあるものとして考えられていますが、ユニバーサルデザインの主体は教師であるのに対して、アクティブ・ライニングの主体は子供であるといった点に違いがあるといわれています（宇野，2017）。これを踏まえて、教師主体であるユニバーサルデザインの

観点で発達障害児の授業構想を考えてみましょう。

（1）主体的・対話的で深い学びとなる学習環境

<障害理解の土台づくり>

・発達障害児も含めて、クラス全員がそれぞれの特性（認知や気質など）についてお互いに理解し認め合い、全ての子供が楽しく積極的に授業活動に参加できる土台を作っていきます。

<ルールの徹底>

・ADHD児やASD児には、授業中のルール（質問の仕方、意見の伝え方、話し合いの仕方、発表の仕方など）を明確にし、それを教室内に掲示して視覚的に見えやすいようにしたり、ファイル化して常に確認できるようにします。

<構造化（刺激と注意、場所、時間）>

・ADHD児には、刺激量を少なくしてできる限り集中できるようにし、教室の前面には目標や時間割表など最小限に掲示します。また、刺激となる場合には、見えるものを隠すといった工夫をします。

・ASD児には、活動や作業の手順、物や道具の置き場所などを構造化し、子供自身が迷わずに自らが行動できるように、一定の規則を持ち込みます。

・ASD児やADHD児には、授業全体や今何をすればよいかが分かるように、時間的な流れを示します。また、どのくらいの時間をかけて終了するのかといった時間制限も設けます。

（2）主体的・対話的で深い学びとなる授業活動

<目標・めあての精選>

・授業が始まったら、まず最初に、シンプルで明確に設定した目標・めあてを伝えます。そして、終了後には着実に達成できるようにします。

<学習進度の調整>

・クラス全体の学習進度（教科等）を合わせることも重要ですが、特異的能力を持っているASD児やLD児にとっては、「待つ」ことによる不適応が起こらないようにするため、「特別な学習メニュー」を与えることも必要です。

<長所を活かす>

・発達障害児は、認知の偏りが大きいので個別検査（WISC-Ⅳ、KABC-Ⅱ等）を実施する中で認知特性を把握し、長所（視覚、聴覚、継次、同時、ワーキングメモリー、空間などの処理能力）を活かす指導を心掛けます。

<感覚の活用と配慮>
・ASD児は、感覚が優れていたり感覚過敏を持っていますので、直感的・感覚的に理解する子供を認めたり伸ばしていくとともに、温度（暑い）、音（煩い）、におい（くさい）、食べ物（偏食）などに敏感なため様々に配慮します。

<座席の配置とグループの構成>
・ADHD児同士がお互いに刺激し合いトラブルなど不適応を起こさないような座席の配置（お互いの顔が見えないように平行に離す）、内向的なASD児がグループ内で孤立しない編成（同タイプ子供が複数いる）にします。

<聞く・話す活動と共有化>
・ADD児が人の意見を聞いていなかったり、ASD児が多弁で一方的な意見を言ったり、ADHD児が人の意見を遮ってしゃべり続けないように、聞き方や話し方のルールを教え、お互いの意見交換をしながら相手の考えを理解できるようにします。
・国語や算数が苦手なLD児は、協同的な学習で他の子供から教えてもらい、お互いのやり取りの中で理解を進めていくようにします。このときに、LD児が「いつも教えられている」といった劣等感を抱かせないようにします。

<興味・関心をそそる>
・発達障害児の中には、劣等感や自己肯定感が低く、「やりたくない」「どうせやったって分からない」といった動機づけが低い場合には、例えば、「キャラクター」「ゲーム」「乗り物」など、興味・関心のあるものを文章題や活動内容に盛り込むことも必要です。

（3）主体的・対話的で深い学びとなる更なる授業改善

<自己効力感の活性化>
・授業活動の中で学んだ内容について、「何を学んだのか、何が身に付いたのか」をノートにまとめたり発表することで振り返り、何ができるようになるのかといった「自己効力感」を認知していることを明確にします。

<活用・応用する>
・授業活動の中で学んだことを活用・応用して、そのことを実生活で適用したり、さらに探求・追求して別のものに発展させていくことを目指すことができるようにします。例えば、新幹線など乗り物が好きなASD児が社会科（地理）の学習をして、「日本の交通体系の発展」に興味を持ち、日本の鉄道網やその輸送量を調査したり、実際に新幹線や電車に乗って速度や地域を巡るといった姿などです。

第3章
特別支援教育の
アクティブ・ラーニング実践
55
ゴーゴー

本章の読み方、活用の仕方

　第3章では、各教科や領域等の代表的な単元・題材について、「これまでの授業」と「アクティブ・ラーニングの授業」を比較する形で事例を示しました。
　取り上げた55事例は、1事例ごと見開き2ページで示し、「これまでの授業」と「アクティブ・ラーニングの授業」の違いが一目で分かるようにしました。
　左のページは、これまで行われてきた授業計画の概要（指導目標、指導計画、評価の観点、本時の指導）です。「指導目標」は限定的であり、それに対して「評価の観点」が文末表現を替えただけのものです（できる→できるか）。このような授業内容に対して、「実践を振り返っての課題」について取り上げました。
　右のページは、同じ授業計画の概要をアクティブ・ラーニングの視点で授業改善したものです。「資質・能力の三つの柱」と関連させながら、「指導目標」と「評価の観点」は、「知識・技能」「思考・判断・表現」「主体的に学習に取り組む態度」の3観点で示しました。また、資質・能力を身に付けるために必要な学習過程の質的改善を実現するために、アクティブ・ラーニングの視点である「主体的な学び」「対話的な学び」「深い学び」になるための具体的な授業改善のポイントも示しました。さらに、アクティブ・ラーニングの視点で授業改善することで、子供たちにとっての「基礎力」→「思考力」→「実践力」、つまり、「何が身に付いて、何ができるようになったのか」を明確にしました。そして、その授業で身に付いた力が、その後の学年進行や卒業後にわたって「生きる力」となること、また、どのような「自立と社会参加」を目指すのかを示しました。
　紙幅に制限があるため簡潔に記しましたが、「アクティブ・ラーニングの授業」に改善するためのポイントを押さえられるようにしました。

これまでの授業 → アクティブ・ラーニングの授業

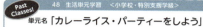

❶ ■評価の観点

評価の観点を
＜知識・技能＞
＜思考・判断・表現＞
＜主体的に学習に取り組む態度＞
の3観点で示しました。

❷ ■「主体的・対話的で深い学び」になるための授業改善の工夫

アクティブ・ラーニングの視点である
「主体的な学び」
「対話的な学び」
「深い学び」
になるための具体的な授業改善のポイントを示しました。

❸ ■生きる力・自立と社会参加に向けて

授業改善によって、子供たちに「何が身に付いて、何ができるようになったか」を【基礎力】【思考力】【実践力】で示しました。

01 国語 ＜特別支援学校・小学部＞

題材名「『おおきなかぶ』の劇をしよう」

■指導目標　・話の内容が分かり、ペープサートの人形劇や劇発表を行うことができる。

■指導計画　10単位時間（45分×10回）

時数	主な学習活動
1～2	・『おおきなかぶ』の絵本に親しむ。
3～5	・『おおきなかぶ』の話の内容をつかむ。

時数	主な学習活動
6～9	・『おおきなかぶ』の劇の練習をする。
10	・『おおきなかぶ』の劇を発表する。

■評価の観点　・絵本の内容や登場人物に関心を持つことができるか。
　　　　　　　・ペープサートを動かしたり、簡単な台詞を言ったりすることができるか。
　　　　　　　・簡単な動きや台詞を覚え、劇発表を行うことができるか。

■本時の指導　（6／10時間目、45分）

時配	学習活動	指導上の留意点	準備物
00	1. 始めの挨拶をする。 2. 本時の活動内容を知る。	・挨拶は、日直に行わせる。 ・『おおきなかぶ』の劇を教員が演じてみせる。	・衣装 ・小道具
15	3. 自分が演じたい登場人物を選ぶ。 4. 『おおきなかぶ』の劇の練習をする。	・児童が選択しやすいように、登場人物は絵カードで提示する。 ・やりたい役が重なった場合には、まずは話し合いで解決するよう促す。 ・物語のシナリオに沿って、一人ずつ台詞と動きの練習をする時間を確保する。	・絵カード ・台詞カード ・衣装 ・小道具
40 45	5. 感想を発表する。 6. 終わりの挨拶をする。	・感想を発表しやすいように、授業の様子をタブレットを用いて振り返りを行う。 ・挨拶は、日直に行わせる。	・タブレット

■実践を振り返っての課題

【指導計画】
・児童が自ら考え判断（選択）し、得意な方法で表現する場面が、指導計画の中に十分に位置づけられていない。

【学習活動】
・様々な実態の児童を対象とし、一斉指導の形態のみで授業を行っているため、一人一人が"ただ待つ"という時間が比較的多くなってしまう。
・劇の練習の過程で、台詞のやり取り等のかかわりが生まれたり、他者を意識して一緒に活動する場面はあるが、他者とのかかわりを通し自分の考えを広げ深める場面がない。

【学習評価】
・児童が自分自身の台詞や動き等を振り返り評価する場面や、児童同士がお互いの台詞や動き等を評価し合う場面が設定されておらず、評価が教師から児童へ一方向のものに留まっている。

アクティブ・ラーニングの授業

01　国語　<特別支援学校・小学部>

題材名「お気に入りの絵本の発表会をしよう」

■指導目標
・絵本の内容を理解し、台詞や動きの一部を覚えることができる。
・絵本の世界を、友達と協力して表現することができる。
・絵本の内容に興味を持ち、友達と活動することができる。

■指導計画　10単位時間（45分×10回）

時数	主な学習活動
1～2	・お気に入りの絵本を選ぶ。
3	・お気に入りの絵本を表現する方法を選ぶ。

時数	主な学習活動
6～8	・絵本を表現する練習をする。（グループ）
9～10	・お気に入りの絵本の発表会をする。（グループ）

■評価の観点
<知識・技能>
・絵本の内容や登場人物が分かり、簡単な台詞や動きを覚えながら表現活動に取り組んでいる。
<思考・判断・表現>
・どうすれば自分たちの発表がよりよくなるのか考えるとともに、自分なりの理由を持ってお気に入りの絵本や表現方法を選ぶことができ、練習や発表会に臨んでいる。
<主体的に学習に取り組む態度>
・絵本の内容や登場人物に関心を持ち、グループの友達と一緒に活動に取り組んでいる。

■本時の指導　（6／10時間目、45分）

時配	学習活動（メインのみ記載）	指導上の留意点	準備物
15	3. グループごとに発表の練習をする。 　①ペープサートグループ 　②劇発表グループ 　③オリジナル絵本作りグループ	・教員がやり方を教え込むだけではなく、児童から出てきた発表に関するアイディアなどを活かしながら進める。 ・児童の練習の様子はタブレットで撮影し、練習後に見て、活動を振り返ることができるようにする。	・ペープサート ・衣装 ・小道具 ・画用紙
40	4. 感想を発表する。	・グループごとにタブレットで写真や動画を見せながら発表できるようにする。	・タブレット

■「主体的・対話的で深い学び」になるための授業改善の工夫

＊主体的な学び＊
・絵本や表現方法を"選ぶ"活動を多く設定することにより、自分で決めることを覚えていく。
・グループ練習の際には、"こうしたい"等の意見を引き出すことにより、意欲的に取り組めるようになる。
＊対話的な学び＊
・発表会では感想を言い合う時間を設けることにより、お気に入りの絵本や表現方法の違いから児童が新たな気づきが得られるようになる。
＊深い学び＊
・自己評価や相互評価など、多様な評価場面を設定することで、これまでの発表を振り返り、さらに表現力の向上を目指していく。

■生きる力・自立と社会参加に向けて
・中学部や高等部で学習発表会等につなげていき、将来、地域で開催される芸術文化祭に参加したり、ミュージカルサークルに入ったりするなど、それぞれに挑戦してみる。
【実践力】・この活動で自信をつけ、さらに他の絵本でも表現活動に取り組める。
【思考力】・発表会を良くするために、友達の意見を受け入れ、どうすればよいか考える。
【基礎力】・物語の内容や登場人物が分かり、自分の役割に応じた台詞や動きを表現する。

02 国語 ＜特別支援学校・中学部＞

題材名「俳句名人になろう」

■指導目標　・俳句を作り、発表することができる。

■指導計画　4単位時間（50分×4回）

時数	主な学習活動
1	・様々な俳句に親しむ。
2	・俳句の決まり（五七五）を知り俳句を作る。

時数	主な学習活動
3	・俳句の決まり（季語）を知り、俳句を作る。
4	・俳句を作り、発表会を行う。

■評価の観点　・決まり（五七五・季語など）に則って俳句を作ることができるか。
　　　　　　　・自分で作った俳句を発表することができるか。

■本時の指導　（4／4時間目、50分）

時配	学習活動	指導上の留意点	準備物
00	1．本時の学習内容を聞く。	・本時が単元の最後であること、まとめとして俳句の発表会を行うことを説明する。	・生徒の俳句
05	2．俳句を作るときの決まりについて振り返る。	・これまで生徒が作った俳句を紹介しながら、五七五や季語について説明する。	・用紙
15	3．俳句のテーマを聞き、俳句を作る。 4．作った俳句の中から一つを選び、短冊に書く。	・「秋の食べ物」など、生徒が取り組みやすいテーマを提示する。 ・生徒の実態に応じて、マス目用紙や季語辞典などを使用させる。	・季語辞典 ・短冊
35	5．俳句を発表し合う。	・一人ずつ俳句を発表し、良かった点を発表し合うように生徒を指名する。 ・教師が司会となり、発表会を進行する。	
45 50	6．俳句の感想発表をする。 7．本時のまとめをする。	・何人かの生徒に授業の感想を聞く。	

■実践を振り返っての課題

【指導計画】
・"俳句を発表する"活動の時間が、第4時（本時）のみであったため、生徒たちが発表会のやり方を十分に理解しておらず、発表が形式的なものになっている。

【学習活動】
・相互に俳句を評価し合う際に、"良かった点"という評価の観点は漠然としすぎていて生徒に分かりづらく、意見の交流が活発になっていない。

【学習評価】
・評価が「俳句を作る」「俳句を発表する」という表面的な段階に留まっているため、生徒が俳句作りや発表会を通し、具体的に何を学ぶのかが不明確である。

アクティブ・ラーニングの授業

02　国語　＜特別支援学校・中学部＞

題材名「俳句名人になろう」

■ 指導目標　・俳句の決まりを理解して俳句を作ることができる。
　　　　　　・俳句の良いところに気づいたり、感想を述べたりすることができる。
　　　　　　・積極的に俳句を作ったり、発表したりすることができる。

■ 指導計画　5単位時間（50分×5回）

時数	主な学習活動
1	・様々な俳句に親しむ。
2	・俳句の決まり（五七五）を知り俳句を作る。

時数	主な学習活動
3	・俳句の決まり（季語）を知り、俳句を作る。
4〜5	・俳句を作り、発表会を行う。

■ 評価の観点
＜知識・技能＞
・俳句には五七五や季語などの決まりがあることが分かり、決まり（五七五や季語など）に則って俳句を作ることができている。
＜思考・判断・表現＞
・俳句チェックリストをもとに自分や友達の良いところなどを考えるとともに、友達の意見を聞いて新しい視点に気づき、それを自分の俳句づくりに活かし、自分の俳句を発表したり友達の俳句に対して感想などを述べている。
＜主体的に学習に取り組む態度＞
・自分から俳句を作ったり、発表会に参加したりしている。

■ 本時の指導　（6／10時間目、45分）

時配	学習活動（メインのみ記載）	指導上の留意点	準備物
25	4.「Myベスト俳句」を選び、発表し合う。 俳句チェックリスト ☑ 五七五　△ ○ 季語　△ ○ おもしろい　1 2 3 きれい　1 2 3 なるほど　1 2 3	・「Myベスト俳句」を選ぶ際は観点を示したチェックリストを示す。 ・発表会は生徒中心で進行できるようにする。 ・チェックリストを活用し1句ずつ評価し、観点を確認してから意見を言い合うようにする。 ・教師は俳句の良し悪しについては言わせず、生徒同士の話し合いが滞った際にヒントを出す等ファシリテーターとしての役割を担う。	・俳句チェックリスト

■「主体的・対話的で深い学び」になるための授業改善の工夫
＊主体的な学び＊
・指導時数を5単位時間とし、発表会を2単位時間扱いにすることで、司会等の役割を生徒自身が担い、生徒が積極的に発表会にかかわれるようになる。
＊対話的な学び＊
・相互に俳句を評価し合う際の観点をチェックリストとして生徒に提示することで、生徒間の意見交流が活発化していく。
＊深い学び＊
・発表会を2単位時間扱いにすることで、生徒の意見を自分の俳句作りに活かせる活動ができるようになる。

■ 生きる力・自立と社会参加に向けて
・さらに高等部でも研鑽を積んで、新聞やテレビ等の「俳句コーナー」に挑戦してみる。
【実践力】　・俳句に関する本や新聞欄、テレビ番組等に関心を示し、閲覧・視聴する。
【思考力】　・自分と他者との俳句の違いを、評価の観点に沿って比較する。
【基礎力】　・俳句の決まり（五七五や季語など）に則って俳句を作ることができるようになる。

03 国語 ＜小学校・特別支援学級＞

題材名「物語 ～ぐりとぐら～」

■指導目標　・物語の内容を理解し、味わうことができる。

■指導計画　10単位時間（45分×10回）

時数	主な学習活動
1	・全文を読む。タイトルを確認する。
2	・どんぐりを拾う場面を学習する。
3	・たまごを見つける場面を学習する。
4	・道具を用意して運ぶ場面を学習する。
5	・料理の場面を学習する。

時数	主な学習活動
6	・カステラが焼ける場面を学習する。
7	・みんなで食べる場面を学習する。
8	・車を作って乗る場面を学習する。
9	・全文を読む。登場人物を確認する。
10	・まとめの学習をする。

■評価の観点　・物語の内容を理解し、味わうことができるか。

■本時の指導　（5／10時間目、45分）

時配	学習活動	指導上の留意点	準備物
00	1. 始めの挨拶をする。 2. 名前を呼び、自分の名前カードを所定の場所に貼る。 3. 参加人数の確認、日付の確認。カレンダーにシールを貼る。 4. 本時の学習内容を聞く。	・カードを貼ったら、全員で人数の確認をする（数を数えていく）。 ・所定の場所にシールを貼ることで、日付・曜日を確認できるようにする。難しい児童には印をつけて貼らせる。	・名札 ・カレンダー ・シール
10 15	5. 絵本『ぐりとぐら』を読む。指導者が読むのを聞く。 6. 本時で学習する場面を児童が音読する。	・児童は絵本を見ながら指導者の読み聞かせを聞くよう指示する。 ・読める児童に読ませる。	・絵本
30 35 40 45	7. その場面について内容を聞いていく。 8. まとめのプリントを行う。 9. パンチで穴をあけ、プリントをファイルする。 10. 次回の話を聞く。 11. 終わりの挨拶をする。	・「誰が出てきた？」「何をしている？」など児童の理解できる質問をしていく。 ・児童によってなぞり書きにするなど、児童の実態に応じて個別にプリントを変える。 ・教師の話に注目するように促す。	・プリント ・パンチ ・ファイル

■実践を振り返っての課題

【指導計画】
・指導者の読み聞かせ活動はどうしても受け身的になってしまい、主体的な学習となりにくい。

【学習活動】
・活動が指導者と児童による1対1での質問―応答に終始してしまい、集団で学習する意味がほとんどない。プリントなども個別的な活動になってしまう。

【学習評価】
・物語の学習が「物語を聞く」レベルで終わってしまい、内容を理解しながら「物語を味わう」という学習になっていかない。
・場面の内容の理解はその都度しているのだが、物語全体の話をしっかりと理解するまでにいたっていない。

アクティブ・ラーニングの授業

Active Learning!

03　国語　＜小学校・特別支援学級＞

題材名「物語 ～ぐりとぐら～」

■ 指導目標
- 言葉の意味、使い方や台詞と説明の違いを理解できる。
- 物語の内容を理解し、役割や気持ちを考えて台詞を言うことができる。
- 自分から友達の発表に注目したり、一緒に活動したりできる。

■ 指導計画　10 単位時間（45 分×10 回）

時数	主な学習活動
1	・全文を読む。タイトルを確認する。
2	・どんぐりを拾う場面を学習する。
3	・たまごを見つける場面を学習する。
4	・道具を用意して運ぶ場面を学習する。
5	・料理の場面を学習する。

時数	主な学習活動
6	・カステラが焼ける場面を学習する。
7	・みんなで食べる場面を学習する。
8	・車を作って乗る場面を学習する。
9	・全文を読む。登場人物を確認する。
10	・まとめの学習をする。

■ 評価の観点

＜知識・技能＞
- 言葉の意味や使い方について知っており、物語を台詞と説明部分に分けて話している。

＜思考・判断・表現＞
- 物語の内容を理解して相手とやり取りをするとともに、役柄（ぐり・ぐら）を自分で決めて、気持ちを考えながら台詞を言うことができている。

＜主体的に学習に取り組む態度＞
- 友達が行っているのをしっかりと見て、一緒にフレーズを言っている。

■ 本時の指導　（5／10 時間目、45 分）

時配	学習活動（メインのみ記載）	指導上の留意点	準備物
10	5. 絵本『ぐりとぐら』を読む。指導者が読むのを聞く。	・児童は絵本を見ながら指導者の読み聞かせを聞く。	・絵本 ・お面（帽子）2つ ・必要に応じてフライパンなどの小道具。
15	6. 児童2人が前に出てきてその場面を劇化する。	・児童の希望でぐり役、ぐら役を決める。 ・「ぼくらのなまえはぐりとぐら　このよで　いちばんすきなのは　おりょうりすること　たべること　ぐり　ぐら　ぐり　ぐら」のフレーズを必ず最初に入れて行うことを確認しておく。 ・「ぐり　ぐら」のところは交互に言うことを確認しておく。 ・一人一人ができるだけ多くの友達とペアが組めるようにする。	

■「主体的・対話的で深い学び」になるための授業改善の工夫

＊主体的な学び＊
- 劇化し登場人物になりきることで、自分から進んで台詞を言ったり掛け合いを楽しむようになる。

＊対話的な学び＊
- 同じフレーズを入れることで、どの児童も前に出て発表できるようになり、それを見ている児童も一緒にフレーズを言うなど、グループ全員で活動を共有できていく。

＊深い学び＊
- 掛け合いをすることにより、登場人物のぐりとぐらのイメージを明確に捉えられるようになる。

■ 生きる力・自立と社会参加に向けて
- 今後、学校生活や社会生活において、また相手との会話において、話すタイミング、間の取り方、TPO などの習得を目指していく。

【実践力】　・学習発表会等で、掛け合いのある台詞に挑戦してみる。
【思考力】　・物語の内容に合ったオリジナルの台詞を考え覚える。
【基礎力】　・台詞を正確に覚えて言ったり、掛け合いをして演技を身に付ける。

04　国語　＜中学校・特別支援学級＞

題材名「古文に親しむ　～竹取物語～」

■指導目標
・歴史的仮名遣いを現代仮名遣いに変えて読むことができる。
・現代語とは意味が違う古文独特の言葉（以下、重要単語）の意味が分かる。

■指導計画　8単位時間（50分×8回）

時数	主な学習活動
1	・ガイダンス（竹取物語の説明）を聞く。
2	・歴史的仮名遣い、古語の音読をする。
3	・場に応じた表現で音読する。
4	・古語に注目しながら大体の意味を掴む。

時数	主な学習活動
5	・古語に注目しながら場面をイメージする。
6	・現代文の解説を読み、内容を理解する　①
7	・現代文の解説を読み、内容を理解する　②
8	・古文で巻末部分を鑑賞する。

■評価の観点
・歴史的仮名遣いの部分に気をつけて読むことができるか。
・現代語とは意味の違う古語に気をつけながら、意味が理解できるか。

■本時の指導　（2／8時間目、50分）

時配	学習活動	指導上の留意点	準備物
00	1．本時の学習内容を聞く。	・生徒を弧の形に配置する。 ・生徒の能力に合わせた3種類のプリントを用意する。 ・本時のめあてをディスプレイに提示する。	・PC ・プロジェクター ・大型テレビ ・プリント3種 ①原文 ②意味ごとに切れ目 ③ふりがなつき
05 15 25 35 40	2．歴史的仮名遣いの説明を聞く。 3．一文ごと、示範後に音読する。 4．ペアで音読する。 5．「うつくし」「ゐる」等、現代とは違う意味の言葉を理解する。 6．全体で音読する。	・歴史的仮名遣いの部分は他と違う色で掲示する。 ・練習がしやすいように、文節単位で線を入れたり、読めない字にふりがなをつけたりさせる。 ・ペアは教員が決める。 ・重要単語として赤線を引かせる。また、ディスプレイにも赤線で表示する。	
50	7．次回の予定を聞く。	・定着のために復習する内容を指示する。	

■実践を振り返っての課題

【指導計画】
・知的能力の個人差が大きいので、習得スピードに差が出てしまい、個々の能力に合わせた指導計画には限界がある。

【学習活動】
・生徒個人の習熟練習が中心となってしまい、集団指導していることの利点が活かされづらい。
・「歴史的仮名遣い」や「古語」を知識として習得できても、全体のイメージとしては結びつきにくい。

【学習評価】
・知識面の評価になりがちになってしまい、理解の上に立った表現力が測りづらい。

アクティブ・ラーニングの授業

Active Learning!

04　国語　＜中学校・特別支援学級＞

題材名「古文に親しむ ～竹取物語～」

■ **指導目標**
- 歴史的仮名遣いの読み方や、古文独特の言葉の意味が分かる。
- 歴史的仮名遣いや古語の覚え方を考え、困っている生徒に気づいて相手を意識した音読ができる。
- 友達とやりとりをしながら、積極的に活動することができる。

■ **指導計画**　8単位時間（50分×8回）

時数	主な学習活動
1	・ガイダンス（竹取物語の説明）を聞く。
2	・歴史的仮名遣い、古語の音読をする。
3	・場に応じた表現で音読する。
4	・古語に注目しながら大体の意味を掴む。

時数	主な学習活動
5	・古語に注目しながら場面をイメージする。
6	・現代文の解説を読み、内容を理解する　①
7	・現代文の解説を読み、内容を理解する　②
8	・古文で巻末部分を鑑賞する。

■ **評価の観点**

＜知識・技能＞
- 歴史的仮名遣いの部分に気をつけて読み、現代語とは違う意味の古語の意味が分かっている。

＜思考・判断・表現＞
- 歴史的仮名遣いや古語の覚え方を見つけるとともに、習得に困っている生徒を見つけてどんな支援が必要かを考えて援助しながら、人に聞かせるような読み方ができている。

＜主体的に学習に取り組む態度＞
- 困ったときに、他の生徒に「困った」、「教えて」と言うことができ、その支援を受けながら活動に取り組んでいる。

■ **本時の指導**　（2／8時間目、50分）

時配	学習活動（メインのみ記載）	指導上の留意点	準備物
05 15	2.　歴史的仮名遣いの説明を聞く。 3.　一文ごと、示範後に音読する。	・4人グループ（2人リーダー）になるように促す。 ・テレビには、歴史的仮名遣いの部分を青色で表示する。	・PC ・プロジェクター ・大型テレビ ・プリント （原文のみ） ・画用紙 ・はさみ ・マジック（3色）
25 35	4.　グループ全員が読めるように教え合う。 5.　「うつくし」、「ゐる」等、現代とは違う意味の言葉を理解する。	・グループで苦戦しているところを見つけ、お互いに教え合うよう声かけする。 ・単語カード（うつくし→かわいらしい、ゐる→座る等）を作る、読む単位に線を入れる等、どんな支援グッズが効果的かを班ごとに考えて作る時間を設定する。	
40	6.　理解できていない部分をグループ全員で話し合い、教え合う。	・リーダーが中心となって話し合いをすることを指示する。理解できないときには、「困った」「教えて」といった言葉を使うように促す。	

■ **「主体的・対話的で深い学び」になるための授業改善の工夫**

＊主体的な学び＊
- 全員が理解できるようにグループの話し合いを設定することで、お互いに「困った」「教えて」等の言葉で支援を求めるようになる。

＊対話的な学び＊
- 個人の習熟練習からグループ活動に変えたことで、自分の意見を出したり、他の生徒の意見を聞くなどして、自分の意見をさらに修正するようになる。

＊深い学び＊
- 苦戦する仲間の「得意な学び方」に合わせた教具を作成することで、その言葉を理解し、それを教えるという行動につなげる。

■ **生きる力・自立と社会参加に向けて**
- 古文を読めるようになることで、社会科の歴史（時代背景、作者など）にも興味や関心を広げていく。

【実践力】　・古文を読めるようになることで、他の歴史物語（枕草子など）にも挑戦するようになる。
【思考力】　・友達一人一人の得意な学び方を知った上で、それに合った教え方や学び合いを考えるようになる。
【基礎力】　・古文学習の基礎である「歴史的仮名遣い」、独特の「古語」が読めるようになる。

これまでの授業

05　国語　＜中学校・特別支援学級＞

題材名「新聞で学ぼう ～『若い世代』を読み、自分の意見を持とう～」

■指導目標　・新聞を正しく読み、様々な意見があることを知ることができる。
　　　　　　・他者の意見と比較しながら、自分の考えを持つことができる。

■指導計画　5単位時間（50分×5回）

時数	主な学習活動
1	・新聞の読み方を知ろう。
2	・新聞スクラップの方法を学ぼう。

時数	主な学習活動
3	・『若い世代』を読み、自分の意見を持とう。
4～5	・新聞に投稿しよう　①②

■評価の観点　・新聞を正しく読み、様々な意見を知ることができるか。
　　　　　　・他者の意見と比較しながら、自分の考えを持つことができるか。

■本時の指導　（3／5時間目、50分）

時配	学習活動	指導上の留意点	準備物
00	1. 始めの挨拶をする。 2. 本時の学習内容を聞く。 3. 新聞の投稿欄のプリントを受け取る。	・生徒に本時の学習内容を正確に伝える。 （4種類の投稿を読んで1つを選択する、投稿に対する意見を学習プリントに書く、自分の意見を発表する）	・新聞の投稿欄 ・プリント
10 20	4. 指名された人から音読する。 5. 教師の範読を聞く。 6. 共感する投稿を1つ選び、感想を考え、プリントに書く。	・読み間違えたところは言い直しをさせる。 ・読めない漢字には、仮名を振らせる。 ・読み終わった後に簡単なあらすじを話して理解を深めさせる。 ・選択できない生徒には、身の回りの出来事や感じていることから選択させるようにする。	
40 50	7. 感想を発表する。 8. 発表について意見を言う。 9. 終わりの挨拶をする。	・一人ずつ指名して発表させる。 ・良かった点や改善すべき点を明確になるようまとめる。	

■実践を振り返っての課題

【指導計画】
・指名された生徒以外は聞くことが中心となるので、自分の誤読に気づきにくい。
・受動的な読みに陥りがちである。

【学習活動】
・表現力の拙い生徒、読み書きに難のある生徒は、自力で学習プリントを進めていくのが困難である。
・挙手して意見を言うことに勇気がいるので、内向的な生徒は自分の意見を皆に伝えづらい。全体的にも活発な授業になりにくい。

【学習評価】
・一人一人の生徒に対する形成評価が偏りがちになり、一人一人の得意不得意が分かりにくい。
・新聞を普段から読む習慣のある生徒や、もともと理解力のある生徒の評価が高くなる傾向にある。

アクティブ・ラーニングの授業

Active Learning!

05 国語 ＜中学校・特別支援学級＞

題材名「新聞で学ぼう ～『若い世代』を読み、自分の意見を持とう～」

■ 指導目標　・新聞を正しく読み、様々な意見のあることを知ることができる。
　　　　　　・意見の違いを考え、自分の意見を選んで発表できる。
　　　　　　・自分の意見を持つことができる。

■ 指導計画　5時間（50分×5回）これまでと同様

時数	主な学習活動
1	・新聞の読み方を知ろう。
2	・新聞スクラップの方法を学ぼう。

時数	主な学習活動
3	・『若い世代』を読み、自分の意見を持とう。
4～5	・新聞に投稿しよう　①②

■ 評価の観点

＜知識・技能＞
・新聞を正しく読み、様々な意見があることを知っている。
＜思考・判断・表現＞
・4種類の意見の違いについて考え、自分が求める考えを採用するとともに、全体の前で自分の意見を述べている。
＜主体的に学習に取り組む態度＞
・他者の意見と比較しながら自分の考えを持ち、意見を述べている。

■ 本時の指導　（3／5時間目、50分）

時配	学習活動（メインのみ記載）	指導上の留意点	準備物
10	3. グループを作り役割分担を決める。 4. グループ内で読む順番を決めて音読する。 5. 教師の範読を聞く。	・4人グループ（進行役、発表役、書記、意見を言う役）を作るよう促す。 ・誤読している時は班員同士で教え合い、全員が読めない場合は挙手して先生に聞くよう予め伝える。 ・誤読がなかったか、鉛筆を持ってチェックしながら聞き、自分が間違えていた語句には仮名を振ることを確認する。	・新聞の投稿欄 ・プリント
20	6. 自分の共感する投稿について感想・意見をプリントに書き、意見を述べ合う。	・感想・意見を学習プリントに書き、班で活発に意見を交わすことができるように机間指導し、アドバイスする。	
40	7. グループで1つの投稿を選び、共感した理由と意見をまとめる。	・進行役や書記役がうまくまとめられるように説明する。 ・共感した点も意見の異なる点も積極的に発言するよう促す。	

■「主体的・対話的で深い学び」になるための授業改善の工夫

＊主体的な学び＊
・グループを作り役割分担をすることで、全員が音読し、考え、意見を述べ合う能動的な学びができるようになる。
＊対話的な学び＊
・少人数のグループ学習をすることで、教え合いや他者への説明ができるようになり、安心感を持って活動するようになる。
＊深い学び＊
・投稿者の考えを知り、クラスメイトとも意見を交わし合う中で、他者は自分と異なる意見を持つことに気づきながらも、グループ内での総意を形作ることができるようになる。

■生きる力・自立と社会参加に向けて
・新聞に興味を持ち、新聞の読み方が身に付き、社会情勢や一般常識を理解するきっかけとなる。
・他者の意見を知る、自分の考えを相手に伝えるなど実社会の中で必要なコミュニケーション能力が身に付く。
【実践力】　・他者の意見と自分の意見を比較しながら考えをまとめようとすることが身に付く。
【思考力】　・賛成・反対の表明だけでなく、自分の意見を具体的に形成できるようになる。
【基礎力】　・新聞の記事について対話することで、社会で必要とされる常識的な語彙力を伸ばすことができる。

06 社会 ＜特別支援学校・高等部＞

単元名「関東地方の特色を考えて発表しよう」

■指導目標　・関東地方の地理を知り、特色を自分の言葉で表現することができる。

■指導計画　4単位時間（50分×4回）

時数	主な学習活動
1	・最寄り駅と通学経路を書き出し、通学方法を確認する。
2	・地図に関心を持ち、地図記号や方位、地図の種類を理解する。
3	・千葉県や学校周辺の地理を調べる。
4	・関東地方の地理を知り、様々な特色を自分の言葉で表現する。

■評価の観点　・関東地方の都道府県の位置や特色を理解できるか。
　　　　　　　・関東地方の特色を自分の言葉で表現することができるか。

■本時の指導　（4／4時間目、50分）

時配	学習活動	指導上の留意点	準備物
00	1．前時の学習を振り返る。 2．本時の内容と活動の流れを確認する。	・授業の流れを確認しながら取り組めるよう、黒板に流れを掲示する。	・ホワイトボード
10 30	3．関東地方を地図で確認し、都道府県名と特色を調べる。 4．関東地方の特色を短文で表現する。	・調べたことを書き込めるワークシートを用意する。 ・時間を意識しながら取り組めるよう、タイマーを準備する。 ・表現について悩んでいる生徒には声をかけてアドバイスをする。	・ワークシート ・タイマー ・スマートフォン ・地図帳
40 50	5．考えた短文を発表する。 6．振り返りシートを記入し、提出する。 7．まとめをする。	・発表する生徒に注目するように促す。 ・自己評価、他者評価に取り組み、学習を振り返れるようにする。	・振り返りシート

■実践を振り返っての課題

【指導計画】
・基本的な事柄を指導する場合は一斉授業の形態が適している場合があるが、生徒が疑問に思っていることを拾い上げにくい。
・一斉指導が多く設定されていたので、グループにして質問や意見を言いやすい雰囲気をつくりあげる必要がある。

【学習活動】
・一斉授業では自分が調べたことだけでは知識、理解に限界があり、他の生徒が調べたことや考えたことを知る時間を十分にとる必要がある。

【学習評価】
・他者評価を行うときに発表した生徒については評価しやすいが、発表の機会を得られなかった生徒のことを評価するのは困難である。

アクティブ・ラーニングの授業

Active Learning!

06 社会 ＜特別支援学校・高等部＞

単元名「関東地方で自分が興味を持った分野を調べて発表しよう」

■ **指導目標**
・関東地方の都道府県の位置や特色が分かる。
・各都道府県の違いに気づき、特徴を選んで発表できる。
・友達と教え合いながら学習を進めることができる。

■ **指導計画** 4単位時間（50分×4回）

時数	主な学習活動
1	・最寄り駅と通学経路を書き出し、通学方法を確認する。
2	・地図に関心を持ち、地図記号や方位、地図の種類を理解する。
3	・千葉県や学校周辺の地理を調べる。
4	・関東地方の地理を知り、様々な特色を自分の言葉で表現する。

■ **評価の観点**

＜知識・技能＞
・関東地方の都道府県の位置を分かっており、関東地方の都道府県の特色を様々な資料を活用しながら調べている。
＜思考・判断・表現＞
・関東地方の特色について項目を考え、その項目が特徴的なものであるかを判断し、みんなの前で発表できている。
＜主体的に学習に取り組む態度＞
・自分が分からないことは、他の生徒に聞いて解決に向けて積極的に取り組んでいる。

■ **本時の指導**（4/4時間目、50分）

時配	学習活動（メインのみ記載）	指導上の留意点	準備物
10	3．グループで関東地方を地図で確認し、都道府県名と特色を調べる。	・2〜3人のグループを作る。 ・調べたことを書き込めるワークシートを用意する。 ・インターネットの情報や知っていることをグループ内で教え合いながら学習を進めるように促す。 ・時間を意識しながら取り組めるよう、タイマーを準備する。	・ホワイトボード ・ワークシート ・タイマー ・スマートフォン ・地図帳
30	4．関東地方の特色をグールプで話し合い、短文で表現する。	・表現について悩んでいるグループには、声をかけてアドバイスをする。	

■ **「主体的・対話的で深い学び」になるための授業改善の工夫**

＊主体的な学び＊
・自分が興味や関心のある分野の学習内容について、積極的にインターネット等を活用しながら調べることにより、これまでの学習から次につなげる学習へと発展していく。

＊対話的な学び＊
・グループ学習にすることで、自分の意見を発表できる機会が増える。
・他者評価を取り入れたことにより、分かりやすく発表できる生徒が増える。

＊深い学び＊
・グループ学習を取り入れたことにより、友達に分からないことを質問して問題を見いだして、解決しようとする態度が見られるようになる。

■ **生きる力・自立と社会参加に向けて**

・テレビの天気予報を見て関東地方の位置が分かり、天候等を把握して生活する。
・地形図を把握することで、千葉県から関東圏内などへ自力で移動できることを目指す。
【実践力】・関東地方以外にも位置を把握したり、特徴を調べることが可能となる。
【思考力】・調べた事柄をもとにして、自分なりの言葉で短文を書く力が身に付く。
【基礎力】・関東地方の位置や特色が分かる。

07　社会　＜特別支援学校・高等部＞

単元名「模擬請願（陳情）を通して社会参加の意識を高めよう」

■指導目標　・学校内の課題について陳情書にまとめ発表することができる。

■指導計画　2単位時間（50分×2回）

時数	主な学習活動
1	・校内を探索し、学校内の課題を見つける。
2	・見つけた課題を陳情書に記入し、発表する。

■評価の観点　・学校内の課題について自分なりに考えたことを、発表することができるか。
　　　　　　　・身近な課題を陳情書にまとめるまでの手順を理解できるか。

■本時の指導　（2／2時間目、50分）

時配	学習活動	指導上の留意点	準備物
00	1. 前時の学習の振り返りをする。 2. 本時の内容と活動の流れを確認する。	・校内探索をした様子の写真を見ながら、前時の学習について振り返ることができるようにする。 ・授業の流れを確認しながら取り組めるよう、黒板に流れを提示する。	・大型テレビ ・黒板、またはホワイトボード
10	3. 前時の校内探索で気づいたことや学校の校則等についての自分の考えを発表する。 4. 友達の意見も参考にした上で自分の考えをまとめ直し、陳情書を作成する前のメモ用ワークシートに記入する。	・ワークシートに自分の考えを書きこむようにする。 ・発言が難しい生徒は、文字での表現でもよい。 ・考えをまとめるポイントを板書で示す。 　（例：①友達の意見も参考にする、②陳情は実現可能なものにする、等） ・時間を意識しながら取り組めるよう、タイマーを大型テレビに表示する。	・ワークシート ・タイマー
30	5. 陳情書を見本のプリントを参考にして完成させる。	・陳情書の見本を用意し、それを見ながら書きこんでいけるようにする。 ・自分の陳情は誰に提出したらよいのかを自分で考える時間を設ける。	・陳情書見本
45 50	6. 振り返りシートを記入する。 7. 振り返りシートを提出する。	・自己評価に取り組み、学習を振り返れるようにする。	・振り返りシート

■実践を振り返っての課題

【指導計画】
・押さえるべきポイントが多く、2時間扱いでは、陳情のしくみや今後の生活にどのように生かすか等についてまで深く踏み込んで指導することができない。

【学習活動】
・ワークシートへの記入が主な活動内容になり、対話的な学びが含まれていない。
・発表は取り入れているが、それを発展させたり議論したりする場面がない。

【学習評価】
・陳情書やワークシートへの記入がきちんとできているかどうかが主な評価になってしまう。

07 社会 ＜特別支援学校・高等部＞

単元名「模擬請願（陳情）を通して社会参加の意識を高めよう」

■指導目標
- 陳情書の意味と書き方が分かる。
- 学校内の課題について考え、解決すべきものを選んで発表できる。
- 友達の意見を聞いたり、自分の意見を言ったりできる。

■指導計画　4単位時間（50分×4回）

時数	主な学習活動
1	・社会参加の仕方について考える。　・請願（陳情）があることを知る。
2	・模擬請願（陳情）を行うために、校内を探索し学校内の課題を見つけ、ワークシートに記入する。
3	・グループで話し合って陳情事項を一つにまとめ、発表する。　・陳情事項を陳情書に記入する。
4	・陳情事項について模擬議会を開いて議論する。　・学校生活においてどのように生かせるかを考える。

■評価の観点

＜知識・技能＞
- 様々な社会参加の仕方について知り、その一つとして請願（陳情）があることが分かり、書き方の見本を見ながら、陳情書を記入している。

＜思考・判断・表現＞
- 学校内を探索し、どのような課題があるのかを考え、友達の意見を聞きながら課題の優先順位を判断するとともに、自分の考えをグループワークの中で分かりやすく伝えている。

＜主体的に学習に取り組む態度＞
- 自分から社会（学校）をよりよくするために働きかけようとしている。

■本時の指導　（3／4時間目、50分）

時配	学習活動（メインのみ記載）	指導上の留意点	準備物
10	3. 前時の校内探索で気づいたことや学校の校則等についての自分の意見をグループ内で出し合い、共有する。	・グループの生徒一人一人の意見を書き込んでいけるようなワークシートを用意する。 ・発言が難しい生徒は、文字での表現でもよいことにする。	・大型テレビ ・ホワイトボード ・ワークシート
15	4. グループとしてどの意見を陳情するか、話し合い、まとめる。 5. グループの意見を発表する。	・話し合いのポイントを板書で示す。 （例：①友達の意見を否定しない、②陳情は実現可能なものにする、等） ・陳情する事項を決めていく際の観点を示す。 （例：①お金、②時間、③必要性、④緊急性、⑤危険性、等） ・時間を意識しながら取り組めるよう、タイマーを大型テレビに表示する。	・タイマー ・陳情書見本
30	6. グループの意見を陳情書に記入する。	・陳情書の見本を用意し、それを見ながら書きこんでいけるようにする。 ・陳情書を「誰に」「どのように」渡すのかを話し合いながら取り組むよう促す。	

■「主体的・対話的で深い学び」になるための授業改善の工夫

＊主体的な学び＊
- 自ら身近な課題を見つけ、それを解決するために自分が何をしたらよいかをグループで相談しながら考えられるようになる。

＊対話的な学び＊
- 自分の考えをグループで共有してまとめたり、陳情事項を議論したりすることで、他者の意見と折り合いをつけながら学べるようになる。

＊深い学び＊
- 社会参加の一つの方法について学び、それを今後の学校生活に活かしたり、生徒会活動の充実等につなげられるようになる。

■生きる力・自立と社会参加に向けて
- 地域や身近な場所で起こっている問題について自分で考え行動することができるようになる。
- 職場等での働く環境について考え、不合理なことを改善するために、様々に要望できるようになる。

【実践力】　・自分の周りにある問題に気づいて、それを文書等でまとめ、行動しようとする。
【思考力】　・様々な意見や考え方を参考に一つにまとめたり、自分の意見を深めていく。
【基礎力】　・書き方の見本を見ながら、陳情書の書類を作成していくことができる。

08 算数 ＜特別支援学校・小学部＞

単元名「身のまわりの物の形（四角、三角）を知ろう」

■指導目標　・四角、三角の名称を答えることができる。
　　　　　　・四角、三角の仲間分けができる。

■指導計画　4単位時間（45分×4回）

時数	主な学習活動
1	・「しかく」の学習
2	・「さんかく」の学習

時数	主な学習活動
3	・形の異なる色板の仲間分け
4	・身近なものの仲間分け

■評価の観点　・図形を提示したときに、その図形の名称を答えることができるか。
　　　　　　　・大きさや色の異なる四角、三角を形ごとに分けることができるか。

■本時の指導　（1/4時間目、45分）

時配	学習活動	指導上の留意点	準備物
00	1. 四角形の色板を触れたり、なぞったりして、「しかく」と形の名称を言う。	・色板は輪郭を意識して触ることができるよう、児童の手の大きさに合わせた厚み、大きさにする。	・様々な大きさの四角形の色板
20	2. 色や形、大きさの異なる四角形の色板が全て「しかく」の仲間であることを知る。 3. 教室の中にある四角形の物を示されて、「しかく」と確認する。 4. 教室の中から、四角形の物を探す。	・児童がそれぞれいくつかの色板を四角と確認してから、教師はそれらが全て四角の仲間であることを伝える。 ・具体物を提示しながら、教師が輪郭をなぞって見せ、四角であることを一緒に確認する。 ・棚などは四角がたくさん隠れているので、別の四角も探すように促す。見つけられたら、ビニールテープなどで囲んで他の児童に分かりやすくする。	・教室にある物の写真 ・ビニールテープ(赤)
35 45	5. 細い四角や、小さい四角も「しかく」の仲間であることを確認する。 6. まとめをする。	・直方体や立方体は全ての面が四角であることを確認する。 ・前単元の「まる」の仲間の数と、三角や四角の仲間の数を比べる発問をすることで、三角や四角は大小以外にも見た目の違う様々な仲間がたくさんあることに気づけるようにする。	・振り返りシート

■実践を振り返っての課題

【指導計画】
・「これらは、四角と言います。」など、教師が図形の名称を教え、それらを児童が見分けられるように指導が計画されている。しかし、児童の気づきから図形の特徴を整理する学習過程がないという課題がある。

【学習活動】
・児童一人一人が輪郭をなぞることで、図形を把握、理解する活動となっている。しかし、型はめなどでは見る機会が少ない細長い四角形や小さい四角形などについては、児童が四角であると判断、理解する「見方」の指導過程がないため、教員から教えられる設定になっている。

【学習評価】
・「仲間あつめ」は、図形を見分ける活動を効率的に繰り返すことができるように設定されている。これらの活動では、児童が三角や四角を集めていることは見取ることができる一方で、三角や四角の特徴の理解に基づいて判断しているかが分かりにくい。

アクティブ・ラーニングの授業

Active Learning!

08 算数 ＜特別支援学校・小学部＞

単元名「身のまわりの物の形（四角、三角）を知ろう」

■ **指導目標**
- 三角、四角の特徴、名称を理解することができる。
- 角の個数を考えて図形を仲間分けし、名称の理由を説明できる。
- 身の回りの物の形について、進んで調べることができる。

■ **指導計画** 5単位時間（45分×5回）

時数	主な学習活動
1	・動物園の動物を柵（直線）で囲み、その動物たちを柵の形で仲間に分ける。
2	・角の数で三角・四角が決まることを知る。
3	・逆さまの三角や細長い四角を見て、その名称を考える。

時数	主な学習活動
4	・三角や四角の色板を仲間分けする。
5	・家庭にある身の回りの物から、三角や四角の物を探す。

■ **評価の観点**

＜知識・技能＞
・角が3つある形を「三角」、4つある形を「四角」と分かり、名称を確かめる際に角の形を数えている。

＜思考・判断・表現＞
・細長い形など見慣れない形に対しても角の個数を考えるとともに図形を判断して仲間分けし、図形の名称決定について角の数で決まる理由を説明している。

＜主体的に学習に取り組む態度＞
・形態片や身の回りの物について、何という形なのか調べようとしている。

■ **本時の指導** （1／4時間目、45分）

時配	学習活動（メインのみ記載）	指導上の留意点	準備物
20	2. 動物園の動物（絵）を柵で囲む。 ・A4サイズのホワイトボードに描かれている動物の絵に、ピンと輪ゴムで囲いをつける。	・動物の絵の大きさを調整し、ピンが3つだけで囲めるものと、4つなければ囲めない物を用意する。 ・児童にピン4つと輪ゴム一つを渡し、「できる限り少ないピンで囲もう」と指示をする。	・ホワイトボード ・ピン ・輪ゴム
25 30	3. 三角で囲まれている動物と、四角で囲まれている動物のボードを比べて、ピンの数の違いに気づく。 4. ピンの数で動物を仲間分けする。	・児童が渡されたピンを全て使おうとしている場合は、2匹目以降ピンの数は教員が調整する。 ・児童が数に気づかない場合は、三角と四角それぞれで囲まれた同じ動物の絵を見せ、「この場合はどうですか？」と発問する。	

■ **「主体的・対話的で深い学び」になるための授業改善の工夫**

＊**主体的な学び**＊
・仲間分けを通して、図形の違いに気づき、三角形や四角形の特徴を理解できるようになる。

＊**対話的な学び**＊
・動物の柵の形について児童同士で違いを見つけ、対話を通して自分の考えを広げたり共有できるようになる。

＊**深い学び**＊
・型はめ学習では見慣れない形について、角を数える調べ方を習得し、形の属性から確かめられるようになる。また、家庭にある身の回りの物から、三角形や四角形の物を探すことができるようになる。

■ **生きる力・自立と社会参加に向けて**
・身近なものを目的、用途及び機能に着目して分類できることを目指す。
【実践力】　・身の回りの物（おにぎり、屋根、ビルなど）に対して図形としての見方が可能となる。
【思考力】　・角を数えて三角か四角かを判断できている。
【基礎力】　・角の数が形の特徴の1つであることが分かる。

これまでの授業

09　算数　＜特別支援学校・小学部＞

単元名「身近な物の長さを比べてみよう」

■指導目標　・「長い」「短い」の言葉の意味が分かる。
　　　　　　・2つの長短を直接比較し、長い方がどちらか分かる。
　　　　　　・長さを別の物で写し取り、間接的に比較して判断することができる。

■指導計画　8単位時間（45分×8回）

時数	主な学習活動
1	・2つの花を同じ花瓶に入れて長短を比べる。
2	・「まっすぐに伸ばして」比べる。
3	・「高さをそろえて」比べる。
4	・身近な物の長さを横に並べて比べる。
5	・4つの物を比べるときには、2つずつ長さを比較して「長い」「短い」の関係を整理する。
6	・4つの物を比べて、比較対象が変わると「長い」「短い」の表現が変わることを知る。
7	・机の縦と横の長さを比べるときに、テープ等で写し取ればよいことを知る。
8	・横に並べて比べられない長さを写し取って比べる。

■評価の観点　・長さの異なる2つの物を正しく比較することができるか（端をそろえ、まっすぐにする）。
　　　　　　・直接並べることができない物の長さを、写し取って比べることができるか。

■本時の指導　（3/8時間目、45分）

時配	学習活動	指導上の留意点	準備物
00	1. 長短差の大きい輪飾りを見て、その長さを比べることを知る。 2. 教師用の輪飾り2本の長さを比べる。	・全て長さの異なる輪飾りを、（児童の人数分と教師用2つ）を用意する。教師用は、長短差を大きくして作っておく。 ・それぞれの輪飾りは一色の折り紙で作っておく。児童が指示語ではなく、色で輪飾りを指定できるようにする。	・それぞれ色が統一された、長さの異なる輪飾り ・「長い」「短い」のシンボル
10	3. 輪飾りの長さを自由に比べる。 4. 端をそろえて長さを比べる。	・児童が輪飾りの途中部分を持って比べているときは、端を持つように促す。 ・長短差が小さい輪飾りを比べている場面では、「これは難しいね」等の声をかけ、もっと良い方法があることが分かるような例を提示する。 ・片方の端がそろっていることを強調する。	・長い棒
40 45	5. 端をそろえて長さを比べるとよいことを知る。 6. まとめをする。	・「出っぱっている方が長い」「足りないから短い」など言葉を添えて確かめながら、輪飾りを比べて長さを捉えられるようにしていく。	・掲示用ホワイトボード等

■実践を振り返っての課題

【指導計画】
・長さを学習することの意義や、生活に活かされる良さが実感できる指導場面が少ない。

【学習活動】
・実際的な活動を通して展開されるなかで、授業の進度や展開が、経験豊かな児童の発言に影響を受けやすく、対話的な学びが設定しにくい課題がある。

【学習評価】
・長さを直接比較する際の「比べ方」について学習を深めていないため、学習後の児童はぱっと見て飛び出ている方を「長い」と判断するなど、直感で物の「長さ」「短さ」を判断していた。

アクティブ・ラーニングの授業

Active Learning!　09　算数　＜特別支援学校・小学部＞

単元名「身近な物の長さを比べてみよう」

■指導目標
- 「長い」「短い」の言葉の意味と、長さの比べ方が分かる。
- 長さを比べる方法を考えて身近な物の長さを比べ、長短の理由を言うことができる。
- 学校、家庭等の身近な物の長さに興味を持つことができる。

■指導計画　10単位時間（45分×10回）

時数	主な学習活動
1	・長さが分かると生活に役立つことを知る。
2	・端に注目する必要があることを知る。
3	・端をそろえなくてはならないことを知る。
4	・向きをそろえなくてはならないことを知る。
5	・まっすぐにしなくてはならないことを知る。

時数	主な学習活動
6	・身近な物の長さを直接比較する。
7	・机の縦横の長さをテープで計りとって比べる。
8	・学校内のもので長い、短いものを探す。
9	・家庭内のもので長い、短いものを探す。
10	・スーパーマーケットで長い、短いものを探す。

■評価の観点

＜知識・技能＞
- 「端をそろえ、向きをそろえ、まっすぐにして」長さを比べることが分かり、机の縁などにそろえて対象物を並べ、長さを比べることができている。

＜思考・判断・表現＞
- 長短差の小さいものについて端をそろえたり横に並べるなど適した方法を考えて比べようとしており、「出っぱっている」「足りない」など、長短を判断し、その理由を言うことができる。

＜主体的に学習に取り組む態度＞
- 様々な学習に興味を持ち、「長い」「短い」を比べようとしている。

■本時の指導　（2／10時間目、45分）

時配	学習活動（メインのみ記載）	指導上の留意点	準備物
00	1. 差の大きい2つのテープのうち、どちらが長いか考える。次に、テープを動かし、位置が変わっても、長い方は変わらないことを知る。	・赤と青のテープは、端をそろえなくても長さが分かるほど差があるものを提示する。 ・直感的な解答を認めて、正解を誉めるようにする。	・黒板 ・赤テープ ・青テープ
15	2. 片方の端が封筒で隠された2本のテープ（緑・黄）を動かして、どちらが長いか考える。	・黄テープを封筒から伸ばしたり、緑テープを伸ばしたりしながら、質問をして長く見えるテープが定まらないことを実感できるようにする。	・緑テープ ・黄テープ ・テープを覆う封筒
25	3. 「長い方」が変わってしまうことをおかしいと気づく。	・赤と青テープの状況を板書で横に並べ、どこが違うか指さしや言葉で答えらえるようにする。	

■「主体的・対話的で深い学び」になるための授業改善の工夫

＊主体的な学び＊
- 身近な物の長い短いなどを意識して、2つの物事の状況を比べることで違いに気づくようになる。

＊対話的な学び＊
- 全児童に発言を促し、一人一人の発言を児童全体で共有することで、お互いに学び合うことができるようになる。

＊深い学び＊
- 「端に注目する」大切さを学習することで、習得した比べ方を活用し、身近な物の長さを比べるようになる。

■生きる力・自立と社会参加に向けて
- 身近な物を長短の観点で見る力を培うとともに、2つの物や状況を比べて考えていく力の習得を目指す。

【実践力】　・長さの比較ができることで、生活場面で役に立つこと（損得、競争、配慮など）が分かる。
【思考力】　・2つの物や出来事を比べて考える大切さに気づく。
【基礎力】　・長さ比較の基本「端をそろえる」「向きをそろえる」「まっすぐにする」技能が身に付く。

10 算数 ＜小学校・特別支援学級＞

単元名「足し算 〜和が5まで〜」

■指導目標　・5までの足し算ができる。

■指導計画　8単位時間（45分×8回）

時数	主な学習活動
1	・「1＋1」「1＋2」「1＋3」の計算
2	・「2＋1」「2＋2」「2＋3」の計算
3	・「3＋1」「3＋2」のの計算
4	・ここまでの復習をする。

時数	主な学習活動
5	・「1＋2」と「2＋1」の計算
6	・「1＋3」と「3＋1」の計算
7	・練習問題を行う。
8	・これまでのまとめをする。

■評価の観点　・足し算の意味が理解できるか。足し算の計算ができるか。

■本時の指導　（2／8時間目、45分）

時配	学習活動	指導上の留意点	準備物
00	1. 挨拶をする。 2. 名前を呼ばれたら、自分の名前カードを所定の場所に貼る。 3. 参加人数の確認、日付の確認。カレンダーにシールを貼る。 4. 本時の学習内容を聞く。	・カードを貼ったら、全員で人数の確認をする（数を数えていく）。 ・所定の場所にシールを貼ることで日付、曜日を確認できるようにする。難しい児童には貼る場所に印をつけて示す。	・名札 ・カレンダー ・シール
10	5. リンゴの模型を使って足し算を行う。 🍎🍎 ＋ 🍎🍎🍎 6. 行った操作活動を式にして表す。 7. まとめのプリントを行う。	・児童に指導者が行っているのを見せる。 ・何人かの児童に操作をさせてみる。 ・児童によってリンゴの数を変えて行う。 ・児童によってなぞり書きにするなど、児童の実態に応じて個別にプリントを変える。	・リンゴの模型 ・プリント
35	8. パンチで穴をあけ、プリントをファイルする。		・パンチ ・ファイル
45	9. 次回の話を聞く。終わりの挨拶をする。		

■実践を振り返っての課題

【指導計画】
・特に大きな変更はないが、児童にとっては機械的な反復練習に陥りやすい。

【学習活動】
・指導者が「リンゴとリンゴ、合わせていくつ？」と活動を児童の前でやってみせるが、すでに分かっている子となかなか分からない子の差が大きい。
・リンゴとリンゴを合わせる操作活動はできるが、その操作と立式が一致しない。他の児童が操作している子の活動に注目してくれない。

【学習評価】
・児童が操作を行っても、結局は指導者が「2＋3は5」等と教えてしまうので、足し算の意味の理解が十分に深まらない。

アクティブ・ラーニングの授業

Active Learning!

10 算数 ＜小学校・特別支援学級＞

単元名「足し算 〜和が5まで〜」

■指導目標
・足し算の意味が分かり、5までの足し算ができる。
・足す順番の違いに気づき、数と量の関係をイメージしながら計算式に表せる。
・自分から足し算の問題に取り組むことができる。

■指導計画　8時間扱い（45分×8回）

時数	主な学習活動
1	・「1＋1」「1＋2」「1＋3」の計算
2	・「2＋1」「2＋2」「2＋3」の計算
3	・「3＋1」「3＋2」のの計算
4	・ここまでの復習をする。

時数	主な学習活動
5	・「1＋2」と「2＋1」の計算
6	・「1＋3」と「3＋1」の計算
7	・練習問題を行う。
8	・これまでのまとめをする。

■評価の観点
＜知識・技能＞
・足し算の意味を理解することができ、和が5までの足し算の計算ができている。
＜思考・判断・表現＞
・足す数、足される数の順番が違っても答えが同じであることが分かるとともに、数の量的な把握ができ、数が多いと量的にも多いというイメージを持ちながら計算式を書いている。
＜主体的に学習に取り組む態度＞
・足し算のイメージを持ち、自分から進んで問題に取り組んでいる。

■本時の指導　（2／8時間目、45分）

時配	学習活動（メインのみ記載）	指導上の留意点	準備物
10	5.「たすマンとうじょう」のお話を聞く。	・児童にテキストを配る。 ・児童の前で紙芝居を読む（テキストと同じ内容）。	・テキスト ・紙芝居 ・「たすマン」 ・リンゴの模型 ・タイル
15	6. 操作活動を行っているのを見る。	・黒板に「たすマン」を貼り、その中で操作を行わせるよう説明する。 ・リンゴをタイルに代えて、数を確認する。	
20	7. 一人ずつ操作を行う。	・児童を指名し、前に出てきて実際に操作をすることで体感できるようにする。 ・児童の実態により数を変えていく。	

■「主体的・対話的で深い学び」になるための授業改善の工夫
＊主体的な学び＊
・物語を入れることで、物語に関心を向け、ストーリーを意識することで自分から進んで操作活動をするようになる。
＊対話的な学び＊
・「♪足し算しようがっちゃんこ」と物語の中に歌をいれることで操作活動をしていない児童も一緒に参加でき、友達の活動もよく見るようになる。
＊深い学び＊
・足し算のイメージ（ものが合わさると多くなる、増える）がはっきりしてきて、足し算の理解が深まる。

■生きる力・自立と社会参加に向けて
・日常生活の中で5までの足し算を使うことができるようになる。
【実践力】　・和が5までの足し算の計算をする。
【思考力】　・足し算の操作と式を結び付けて考える。
【基礎力】　・足し算の操作方法を身に付ける。

11 算数 ＜小学校・特別支援学級＞

単元名「一対一対応 〜10までの数〜」

■**指導目標** ・一対一対応ができる。

■**指導計画** 8単位時間（45分×8回）

時数	主な学習活動
1	・3枚のお皿の上にリンゴをのせる。
2	・4枚のお皿の上にリンゴをのせる。
3	・5枚のお皿の上にリンゴをのせる。
4	・ここまでの復習をする。

時数	主な学習活動
5	・6枚のお皿の上にリンゴをのせる。
6	・お皿の数とリンゴの数を変える　①
7	・お皿の数とリンゴの数を変える　②
8	・学習のまとめをする。

■**評価の観点** ・一対一対応の操作ができたか。一対一対応が理解できたか。

■**本時の指導** （2／8時間目、45分）

時配	学習活動	指導上の留意点	準備物
00	1. 挨拶をする。 2. 名前を呼ばれたら、自分の名前カードを所定の場所に貼る。 3. 参加人数の確認、日付の確認。カレンダーにシールを貼る。 4. 本時の学習内容を聞く。	・カードを貼ったら、全員で人数の確認をする（数を数えていく）。 ・所定の場所にシールを貼ることで日付、曜日を確認できるようにする。 ・難しい児童には貼る場所に印をつけて示す。	・名札 ・カレンダー ・シール
10	5. お皿にリンゴを並べる課題を行う。	・前に出てきてお皿にリンゴを並べるよう促す。 ・他の児童には、行っている様子を見るよう指示する。 ・児童によってリンゴの数を変えて行う。	・お皿 ・リンゴの模型
35	6. まとめのプリントを行う。		・プリント
40	7. パンチで穴をあけ、プリントをファイルする。 8. 次回の話を聞く。	・児童によってなぞり書きにするなど、児童の実態に応じて個別にプリントを変える。	・パンチ ・ファイル
45	9. 終わりの挨拶をする。		

■**実践を振り返っての課題**

【指導計画】
・機械的に覚えるので、ただ単に1対1対応の習熟活動になっている。

【学習活動】
・指導者が「お皿の上にリンゴをのせる」活動を児童の前でやってみせるが、なかなか注目して見ない。声かけしてやっと目を向けてくれるような感じである。
・「お皿の上にリンゴをのせる」操作活動になると、操作をしている児童は意欲的に行うが、他の児童がその子の活動に注目してくれない。

【学習評価】
・児童が操作活動を間違えると、そこで指導者が「そうではなくてこう」と教えてしまうので、理解が深まらない。

アクティブ・ラーニングの授業

11 算数 ＜小学校・特別支援学級＞

単元名「一対一対応 〜10までの数〜」

■ **指導目標**
- 10までの数で、物と物を対応させることができる。
- 「多い」「少ない」を判断し、必要な操作を考えて行うことができる。
- 自分で操作したり、友達と問題を出し合ったりすることができる。

■ **指導計画** 8単位時間（45分×8回）

時数	主な学習活動	時数	主な学習活動
1	・テキストを読み、物語に合わせて操作する ①	5	・ネコの数とジュースの数を変えて行う ②
2	・テキストを読み、物語に合わせて操作する ②	6	・ネコの数とジュースの数を変えて行う ③
3	・テキストを読み、物語に合わせて操作する ③	7	・自分たちでネコの数を決めて行う。
4	・ネコの数とジュースの数を変えて行う ①	8	・学習のまとめをする。

■ **評価の観点**

＜知識・技能＞
・「多い」「少ない」「同じ」を知っており、物と物との対応ができている。

＜技能・思考・判断＞
・ある物に対して別のものを操作し、「多い」「少ない」を判断して調節しながら、同じになるように考えて対応できている。

＜主体的に学習に取り組む態度＞
・ネコの数を変えながら、他の児童と問題を出し合いながら楽しく操作している。

■ **本時の指導** （2／8時間目、45分）

時配	学習活動（メインの活動のみ）	指導上の留意点	準備物
10	5. 「ネコのジュースやさん」のお話を聞く。	・児童にはテキストを配る。 ・児童の前で紙芝居を読む（テキストと同じ内容）。	・テキスト ・紙芝居 ・ペットボトルのネコ（上を切り取ってジュースが入るようにする） ・ジュースのパック
20	6. 一人ずつ操作を行う。	・前に出てきて操作するよう促す。 ・他の児童には、操作に注目するよう声かけする。 ・指導者は「のどがかわいたよ〜」「ジュース欲しいよ〜」とネコの気持ちを表現し、意識を高める。 ・児童の実態に応じてネコの数とジュースの数を変えて「余る（多い）」「足りない（少ない）」「ぴったり（同じ）」を意識して操作できるようにする。	

■ **「主体的・対話的で深い学び」になるための授業改善の工夫**

＊主体的な学び＊
・物語を入れ、ストーリーを意識することで、自分から進んで操作活動をすることができるようになる。

＊対話的な学び＊
・「喉が渇いたよ」「ジュースがないよ」という声かけを他児がすることで友達の活動をよく見ることができる。「足りないよ」等の声かけもするようになる。

＊深い学び＊
・「ぴったり」だけではなく「多い」「少ない」が意識されるようになり、ネコの数に合わせてジュースを持っていこうとするようになる。

■ **生きる力・自立と社会参加に向けて**

・日常生活の「物を配る」等の活動の中で、「ぴったり」「余る」「足りない」の違いが分かり、多少の際には、その後の要求ができることを目指す。

【実践力】・給食の配膳など、学校の生活で「多少」の感覚を生かす。
【思考力】・成功や失敗体験の中から「ぴったり」を考える。
【基礎力】・1から10までの一対一対応の操作方法を身に付ける。

12　数学　＜中学校・特別支援学級＞

単元名「長方形の周りの長さを求めよう」

■指導目標　・長方形の周囲を出す公式を使って、周りの長さを求めることができる。

■指導計画　4単位時間（50分×4回）

時数	主な学習活動
1	・長方形の公式を使って周の長さを求めよう。
2	・長方形の公式をさらに使ってみよう。

時数	主な学習活動
3	・いろいろな形の長方形の周りの長さを求めよう。
4	・長方形の公式は使えるようになったかな？

■評価の観点　・長方形の周囲を出す公式を覚えて、周りの長さを求めることができるか。

■本時の指導　（1／4時間目、50分）

時配	学習活動	指導上の留意点	準備物
00 05	1. 挨拶をする。 2. 本時の学習内容を聞く。 3. 本時の問題を把握する。	・はっきりした声での挨拶を促す。 ・今後の予定と本時の内容を説明する。 ・面積と長さについて、混乱しないようにポイントを説明する。	・問題用紙 長方形の周の長さを求めよう。
10 25 40	4. 長方形の周囲を出す公式、使い方の説明を聞く。 5. 自分で、公式の使い方を練習して、問題に取り組む。 6. ペアの生徒と答え合わせをする。	・注目させてから、説明する。 ・必要に応じて机間指導をして、支援をする。 ・解答を提示する。	
48 50	7. 次回の予定を聞く。 8. 挨拶をする。	・次回は「違う種類の図形」に取り組むことを説明する。 ・はっきりした声での挨拶を促す。	

■実践を振り返っての課題

【指導計画】
・集団指導していることの利点が生かされていない。

【学習活動】
・公式を示し、手本を見せるが、なぜそのような公式になるか考えられない。
・公式や解き方が決められており、自己選択・自己決定の場面がなく、生徒個人の解き方の練習になってしまう。

【学習評価】
・評価が技術面や解き方重視になっているため、正解となる経緯の意味を理解できないまま進みがちとなる。

アクティブ・ラーニングの授業

Active Learning!

12　数学　＜中学校・特別支援学級＞

単元名「長方形の周りの長さを求めよう」

■ **指導目標**
- 長方形の周囲を求める法則の意味を理解して、計測することができる。
- 解き方を考えたり、考え方の違いに気づいたりしながら、計測の工夫をすることができる。
- 身の回りにある物の計測に意欲的に取り組むことができる。

■ **指導計画**　4単位時間（50分×4回）

時数	主な学習活動	時数	主な学習活動
1	・長方形の公式を使って周の長さを求めよう。	3	・いろいろな長方形の周りの長さを求めよう。
2	・長方形の周りの長さについて考えよう。	4	・長方形の周りの求め方のきまりを確認しよう。

■ **評価の観点**

＜知識・技能＞
・公式の計算式の意味を分かっており、実際に計測している。

＜思考・判断・表現＞
・自分で解き方を考え、他の生徒の意見を聞いて自分の考えとの違いに気づいて再考するとともに、さらにいろいろな長方形の周りを測る工夫をしている。

＜主体的に学習に取り組む態度＞
・身の回りにある物に興味を持ち、自分から計測に取り組むことができている。

■ **本時の指導**　（1／4時間目、50分）

時配	学習活動（メインのみ記載）	指導上の留意点	準備物
10	4. 解答を選択肢から選ぶ。見通しを立てる。	・ポイントを引き出せるように質問を工夫する。 ・気がついたことを数多く発表できるような雰囲気を作る。	・問題用紙 2(a + b) 〈問い〉 2(a + b) の意味は？ ア　長方形の面積 イ　長方形の面積の2倍 ウ　長方形の周の長さ エ　長方形の周の長さの2倍
20	5. 実際にひもを使って周りの長さを作成する。＜ペア＞	・生徒の実態（手先の巧緻性等）に配慮したペアにする。 ・ペアで気づいたことを交流するよう促す。 ・生徒同士で話し合いでは、意見が深まるようなアドバイスをする。 ・ペアごとの意見に対して学びが深まるようなコメントをする。	
30	6. 周りの長さと（縦＋横）の長さを比較する。＜ペア＞		
40	7. 意見発表をする。＜ペア＞		
45	8. お互いの意見から公式の意味を確認する。	・問題用紙や板書等を活用して公式に至る経緯を考えられるようにする。	

■ **「主体的・対話的で深い学び」になるための授業改善の工夫**

＊**主体的な学び**＊
・作成する課題を自己選択することにより意欲的に測定し、なぜその公式になったか考えようとする。

＊**対話的な学び**＊
・他の生徒と一緒に活動し意見交換する場を設定することで、自分の疑問が明確になり解決していく。

＊**深い学び**＊
・実際の体験と公式の比較をもとに、さらに大きな長方形を想像しながら長さを求めようとする。

■ **生きる力・自立と社会参加に向けて**
・自分の身の回りにも関心を持って、さらに大きい校庭や田畑等についておおよその周囲を考えたり測定していこうとする。

【実践力】・身の回りにある長方形や四角形の長さを公式で求めることが可能となる。
【思考力】・実際に測る体験による成功や失敗体験から自己解決に導く方法を考える。
【基礎力】・長方形の求め方が分かる。

13　理科　＜中学校・特別支援学級＞

題材名「植物のつくりとはたらき」

■指導目標　・花・葉・茎・根のつくりと働きについて観察などを行い、基本的な特徴が分かる。

■指導計画　9単位時間（50分×9回）

時数	主な学習活動
1	・被子植物の花のつくりの観察をする。
2	・裸子植物の花のつくりの観察をする。
3	・種子のできかたを知る。
4	・根のつくりの観察をする。
5	・茎のつくりの観察をする。

時数	主な学習活動
6	・葉のつくりの観察をする。
7	・葉で蒸散が行われていることを調べる。
8	・葉でデンプンがつくられることを調べる。
9	・植物のからだ全体のつくりとはたらきをまとめる。

■評価の観点　・植物の観察を行い、それぞれのつくりの特徴やはたらきについて気づいたことを発表することができるか。

■本時の指導　（1／9時間目、50分）

時配	学習活動	指導上の留意点	準備物
00	1. 課題を把握する。 『いろいろな花のつくりを調べよう』	・身近にある花を2～3種類用意し、つくりに違いがあるのか調べてみたいという興味を持たせる。	・アブラナ ・エンドウ ・ツツジなど
05 30	2. 観察のしかたについて説明を聞く。 3. 花を分解し、外側から順番に台紙に貼り付ける。 4. 違う種類の花のつくりを比較し、共通した花のつくりについて気づいたことをまとめる。	・実物を見せながら具体的に説明をする。 ・貼る位置を示した台紙を用意する。 ・生徒の実態に応じ、言葉、図等を使った表現の仕方を助言する。	・ピンセット ・セロハンテープ ・台紙 ・ルーペ
40 50	5. 気づいたことについて発表する。 6. みんなの意見をまとめる。	・発表している生徒に注目するよう促す。	

■実践を振り返っての課題

【指導計画】
・実際に植物を扱っているものの、一つの植物の成長過程を追って学習していないので、総合的に捉えにくい。

【学習活動】
・授業者から提示されたものを指示に従って観察し、まとめるだけの活動になるため、知識の習得が主な学習になり、主体的な学習になりにくい。

【学習評価】
・それぞれの観察場面で、気づいたことを図や言葉で表現できたかどうかについて評価することが多くなってしまう。

アクティブ・ラーニングの授業

Active Learning!

13 理科 ＜中学校・特別支援学級＞

題材名「植物のつくりとはたらき」

■**指導目標**
・花・葉・茎・根のつくりが分かり、観察などを行うことができる。
・基本的な特徴を見いだすとともに、状況に応じた世話を考えて、観察したことを表現することができる。
・植物の観察や世話に進んで取り組むことができる。

■**指導計画** 10単位時間（50分×8回＋50分×2コマ連続）

時数	主な学習活動
1	・種子を観察し、植える。
2	・発芽した芽の様子の観察をする。
3	・根のつくりの観察をする。
4	・茎のつくりの観察をする。
5	・葉のつくりの観察をする。

時数	主な学習活動
6	・花のつくりの観察をする。
7	・果実、種子のつくりの観察をする。
8	・植物のからだのつくりとはたらきをまとめる。
9～10	・調理して食べる。

※全ての植物を同時に観察できないので、成長に合わせ随時観察し、写真等を残しておき比較する。
※種子から育てることは難しい場合は、発芽の観察以外は、苗から育てたものを使用する。

■**評価の観点**
＜知識・技能＞
・植物のからだのつくりとはたらきについて理解しており、指示に従って植物の観察に取り組んでいる。
＜思考・判断・態度＞
・2～3種類の植物を比べながら共通点や相違点に気づいているとともに、状況に応じた世話が何かを考えてでき、観察で気づいたことを図や言葉で表している。
＜主体的に学習に取り組む態度＞
・植物が成長していく様子に興味を持ち、大切に育てている。

■**本時の指導** （6／10時間目、50分）

時配	学習活動（メインのみ記載）	指導上の留意点	準備物
10	3. 観察のしかたについて説明を聞く。	・実物を見せながら具体的に説明をする。 ・貼る位置を示した台紙を用意する。	・ピンセット ・セロハンテープ ・台紙 ・ルーペ
15	4. 花を分解し、外側から順番に台紙に貼り付ける。	・1～4をそれぞれの花が咲いたら行う。3については最初のときだけ行う。 ・生徒の実態に応じ、言葉、図等を使った表現の仕方を助言する。	
30	5. これまで観察した花を比較し、共通点や相違点について気づいたことをまとめる。		

■**「主体的・対話的で深い学び」になるための授業改善の工夫**

＊**主体的な学び**＊
・植物を育てながら成長過程に応じて観察することにより、自ら進んで世話や育成に取り組むようになる。

＊**対話的な学び**＊
・植物を毎日観察することにより、成長の様子について気づいたことを記録したり、教師や他の生徒と意見交換したりすることができ、生徒同士の学びにつながる。

＊**深い学び**＊
・植物の世話をしながら観察することで、花、根、茎、葉それぞれのつくりと働きについて、植物が生きるために必要なことと結びつけながら総合的に捉えるようになる。

■**生きる力・自立と社会参加に向けて**
・植物の種類が分かり、家庭の畑（プランター可）で栽培できるようになる。
・家庭菜園など、自分で簡単な植物を育て、調理して食べることができるようになることを目指す。

【実践力】　・普段食べているものに生命があることを知り、命を大切にする心が身に付く。
【思考力】　・植物の成長過程を観察することで変化や違いに気づく。
【基礎力】　・生物の体の各器官には様々な役割があることが分かる。

14 理科 ＜中学校・特別支援学級＞

題材名「地震」

■指導目標　・地震のしくみと、地震に伴う土地の変化について分かる。

■指導計画　4単位時間（50分×4回）

時数	主な学習活動
1	・地震の伝わり方を知る。
2	・震度と地震によって起こる災害を知る。

時数	主な学習活動
3	・日本付近での地震の特徴を理解する。
4	・地震によって起こる土地の変化が分かる。

■評価の観点　・地震が発生するしくみを知り、地震によって起こる土地の変化について知識を身に付けることができるか。

■本時の指導　（1／4時間目、50分）

時配	学習活動	指導上の留意点	準備物
00	1. 課題を把握する。 『どうやって地震が起こるのか。』		・地震波の模型 ・地震の映像テレビ、新聞等の資料
05	2. 地震の映像や地震計の記録から、地震のゆれについて知る。 3. 震源がどのようにして発生するのか知る。 4. 震源からどのように伝わっていくかについて知る。	・模型などを用いて地震の発生のメカニズムや、揺れ方の違いをイメージさせる。 ・地球の火山活動や海底活動によるものであることに気づかせる。 ・地震の伝わり方には、違いがあることに気づかせる。	
40	5. 今日の授業の感想をまとめる。	・日常生活に生かすことができるような授業の振り返りを行う。	
50	6. まとめをする。		

■実践を振り返っての課題

【指導計画】
・資料や映像をもとに学習していくので、身近なこととして捉えにくい。

【学習活動】
・教師主導の現象やしくみについてだけの学習になりやすい。

【学習評価】
・授業内での評価に終わり、学習したことが日常の生活に生かされているかどうかまでつながらない。

14 理科 ＜中学校・特別支援学級＞

題材名「地震」

■**指導目標**
・地震のしくみと、地震に伴う土地の変化について分かる。
・地震発生時に起こる災害について考え、取るべき行動を判断して自分の考えを発表できる。
・地震への備えをして生活することができる。

■**指導計画** 6単位時間（50分×5回＋50分×2コマ連続）

時数	主な学習活動	時数	主な学習活動
1	・地震による災害が分かる。	4	・避難所の生活を知る。
2	・地震の伝わり方と地震が来たときの行動を考える。	5	・地震への備えを考える。
3	・日本付近の地震の特徴と地震による土地の変化を知る。	6	・起震車体験をする。（消防署）

■**評価の観点**
＜知識・技能＞
・地震の発生する仕組みや伝わり方について分かり、震度分布図や地震計の記録から地震の伝わり方を見いだしている。
＜思考・判断・表現＞
・身近な場所で地震が発生したときにどのような危険があるのか気づくとともに、地震が発生したときに取るべき行動について考え判断し、適切な行動について発表している。
＜主体的に学習に取り組む態度＞
・普段から地震に備えようとする態度が身に付いている。

■**本時の指導**　（2／7時間目、50分）

時配	学習活動（メインのみ記載）	指導上の留意点	準備物
05	2. 地震の映像や記録から、地震のゆれ方や伝わり方について知る。 3. 緊急地震速報が鳴ったら、どのような行動をすればよいのか話し合う。	・小さなゆれの後に大きな揺れが起こることや、震源からの距離による違いに気づき、どう行動すべきかを考えられるようにする。 ・学校での避難訓練から、行動についてのイメージをつかめるようにする。	・地震の映像テレビ、新聞等の資料（東日本大震災など）
40	4. 自宅、学校、登下校時での行動について考える。	・具体的な場面での行動の仕方について、話し合いながら、適切な行動を見つけ出せるようにする。	

■**「主体的・対話的で深い学び」になるための授業改善の工夫**
＊**主体的な学び**＊
・地震のメカニズムと実際の資料や映像、体験などを関連させることで、災害の予防について進んで取り組む。
＊**対話的な学び**＊
・地震の仕組みで学んだことをもとに、具体的な場面での行動の仕方や日ごろ心がけなければならないことについて考えさせることで、他の生徒と意見交換したりすることができるようになる。
＊**深い学び**＊
・地震や災害についての知識と地震が発生したときに取るべき行動を関連付けて考えさせることで、防災についての意識を高める。

■**生きる力・自立と社会参加に向けて**
・自然災害はいつでも起こりうるという意識を持ち、防災意識を持って生活することができるようになることを目指す。
【実践力】・地震に備え、日ごろから心がけようとする態度が身に付く。
【思考力】・地震や災害の起こり方を知ることで、地震発生時にとるべき行動について気づく。
【基礎力】・地震のしくみについて知り、自然災害はいつでも起こりうることが分かり、適切に行動しようとする態度が身に付く。

15　音楽　＜特別支援学校・高等部＞

題材名「終業式に第九を歌おう」

■指導目標　・歌詞の内容を感じ取ってきれいな声で斉唱することができる。

■指導計画　4単位時間（50分×4回）

時数	主な学習活動
1	・「歓喜の歌」の歌唱CDを聴き、曲のイメージを持つ。 ・歌詞カードを読んだり、聴いたりした後、歌詞カードを見ながら日本語の歌詞で歌う。
2	・歌詞カードを読んだり、聴いたりした後、「歓喜の歌」のドイツ語歌詞を模倣して前半のみ歌う。
3	・歌詞カードを読んだり、聴いたりした後、「歓喜の歌」のドイツ語歌詞を模倣して前後半ともに歌う。
4	・ピアノの伴奏に合わせ、「歓喜の歌」を、日本語やドイツ語の歌詞で、気持ちを込めて歌う。

■評価の観点　・歌詞の内容を感じ取ってきれいな声で斉唱することができるか。

■本時の指導　（3/4時間目、50分）

時配	学習活動	指導上の留意点	準備物
00	1. 挨拶をする。 2. 発声練習をする。	・身体をほぐし、歌うための姿勢を意識できるように、手本を示したり言葉をかけたりする。 ・口形を示した写真を提示し、腹式呼吸ができるよう必要に応じて身体援助や言葉がけを行う。	・ピアノ ・口の開け方を示した顔写真 ・CDデッキ ・CD ・ベートーベンの肖像画 ・カタカナのドイツ語版歌詞カード ・ポインター
10	3. 今日のめあて「歓喜の歌をドイツ語の歌詞で歌おう」を確認する。 4. 全員で声をそろえ、「歓喜の歌」後半部分の、カタカナのドイツ語歌詞カードを読む。	・実際の発音に近いカタカナで書かれた歌詞カードを用意する。 ・ドイツ語の合唱CDに合わせ、発音のみにこだわらず、雰囲気を大切に楽しく歌えるよう、指導者も生徒と一緒に歌う。	
30	5. 全員でCDに合わせて、「歓喜の歌」の後半部分を小節ごとに数回練習する。	・生徒がどこを歌えばよいかが分かるように、指導者はポインターで歌詞を追って示したり、口頭で歌詞の先出しをしたりする。 ・希望者など、必要に応じて何名かの代表生徒が前で歌い、聴き合う活動も取り入れる。	
45	6. 「歓喜の歌」全体をドイツ語で、歌詞カードを見ながら歌う。	・ピアノ伴奏が聞こえるように音量に配慮する。	
50	7. 次回の練習内容を聞く。		

■実践を振り返っての課題

【指導計画】
・これまでの生活やテレビなどで馴染みのある曲であるが、終業式で歌うための意欲づけが弱い。
・「歓喜の歌」をドイツ語で斉唱する意図が生徒に伝わりにくい。

【学習活動】
・生徒個人の発声や歌唱練習になってしまい、集団指導していることの利点が生かされていない。
・歌唱の練習はスモールステップで組み立てられているが、「歌詞を聴く」、「歌詞を読む」「歌う」という流れであるため、活動内容が単調になりがちで、生徒の意欲が高まりにくい。

【学習評価】
・全ての歌唱指導に共通する目標と評価であり、本題材の独自性がない。

アクティブ・ラーニングの授業

15 音楽 ＜特別支援学校・高等部＞

題材名「終業式に第九を歌おう」

■ 指導目標
・歌詞のおよその意味が分かり、日本語やドイツ語の持つ美しい発音に近づけて歌うことができる。
・歓喜の歌のイメージを表現したり聴いたりして、様々な表現方法に気づくことができる。
・１年のまとめという気持ちを込めて、みんなと声をそろえて歌うことができる。

■ 指導計画　４単位時間（50分×４回）

時数	主な学習活動
1	・「歓喜の歌」の歌唱ＣＤを聴いたりＤＶＤを見たりして、各自のイメージを持つ。 ・ＣＤに合わせてハミングで歌う。
2	・「歓喜の歌」を日本語で歌詞内容を表したイラストからイメージを持って歌う。
3	・「歓喜の歌」を歌詞に合った歌い方でドイツ語の発音に近くなるように工夫する。
4	・「歓喜の歌」を日本語やドイツ語で、友達の声を聴きあいながら気持ちを込めて歌う。

■ 評価の観点
＜知識・技能＞
・200年近く前に作曲された「歓喜の歌」が今も多くの国で歌われていることを知ることができ、メロディーや歌詞を活かす明るい声になるよう、正しい姿勢や口形で歌っている。
＜思考・判断・表現＞
・歌詞の意味を考えて歌ったり聴いたりするとともに、友達の歌唱を聴いて曲の山場やキーワードを見つけ、日本語やドイツ語の発音の違いや特徴を自分なりに表現して歌っている。
＜主体的に学習に取り組む態度＞
・年末や終業式に「歓喜の歌」を歌い、１年間を振り返ろうとしている。

■ 本時の指導　（3／4時間目、50分）

時配	学習活動（メインのみ記載）	指導上の留意点	準備物
10	3．指導者が歌うドイツ語の「歓喜の歌」を聴く。	・メロディーの美しさとともに、ドイツ語に生徒が興味を持てるよう、日本語にない特徴的な発音に気づけるように歌う。	・ピアノ ・ＣＤ ・ＣＤデッキ ・ベートーベンの肖像画やお面 ・イラスト入りドイツ語のミニ単語説明カード ・カタカナによるドイツ語歌詞カード ・タクト
20	4．Freudeなど日本語にない発音を模倣したり、向かい合って聴き合ったり、意味を調べたりする。	・歌詞にある単語は、日本語訳が裏に書かれたカードを準備し、生徒がすぐに確かめられるようにする。 ・指揮や身体表現を入れるなど、曲想を感じられるような、生徒の自由な表現も評価し紹介する。	
30	5．グループごとに指揮役のベートーベンを交代で演じ、ドイツ語で歌う練習をする。	・表現方法が見つからないグループには、ＤＶＤや曲のＣＤを活用することで、模倣できるようにする。	
40	6．グループごとの発表を聴き、曲名に合った表現内容の工夫点やドイツ語に近い発音の工夫などを見つけて伝え合う。	・ドイツ語表現の良さや力強さ面白さなど、曲の山場を感じられるような生徒の工夫点を具体的に評価する。	

■「主体的・対話的で深い学び」になるための授業改善の工夫
＊主体的な学び＊
・世界で歌い続けられている曲に関心を持ち、ドイツ語による斉唱に挑戦できるようになる。
＊対話的な学び＊
・教師主導の指導ではなく、友達の良さを感じながら斉唱を完成させていく過程を重視するようになる。
＊深い学び＊
・曲の山場を意識した斉唱になるような展開をすることで、メロディーや歌詞に注目できるようになる。

■ 生きる力・自立と社会参加に向けて
・卒業後の余暇活動（コンサートに行く、合唱サークルに参加する、年末に第九を歌う会に参加するなど）に生かすことを目指していく。
【実践力】・外国語の歌への興味を喚起し、いろいろな音楽に挑戦していく。
【思考力】・日本語にない発音の仕方や、海外の詩に興味を持ち、見本に近づく工夫をする。
【基礎力】・より美しい発音のための呼吸、口形、発声に近づく。

16 音楽 ＜特別支援学校・高等部＞

題材名「宿泊学習の思い出を歌って踊ろう」

- ■指導目標　・宿泊学習の活動を思い出し、キャンプファイアーなどで歌った曲の替え歌を作り、身体表現を加えて歌うことができる。
- ■指導計画　・1単位時間（50分×1回）　詳細は「本時の指導」を参照
  （本活動は、生活単元学習「宿泊学習」とセットで取り組み、音楽科で時数カウントしている。）
- ■評価の観点　・宿泊学習で歌った曲の替え歌を作り、身体表現を加えて楽しく歌うことができるか。

■本時の指導　（1/1時間目、50分）

時配	学習活動	指導上の留意点	準備物
00 05	1. 宿泊学習中に体験した活動名の振り返りを行い、活動時に歌った歌を再度歌う。 2. 思い出に残った活動やエピソードを発表し合う。	・宿泊学習を思い出せるように、写真などを提示して話題にする。 ・キャンプファイアー、バスレクなどのときに歌った歌の歌詞カードを掲示して生徒が思い出しやすいようにする。	・ピアノ ・写真 ・歌詞カード ・活動名とイラストが書かれたカード
10	3. 宿泊学習時に歌った歌の替え歌を作り、振りを付ける。	・「振付け」と「活動替え歌作り」は生徒の希望を取り入れてグループ分けをする。 ・グループごとにリーダーを中心に曲を決め、話し合ったり、身体表現を用いたりして、踊りや替え歌を作る活動が活発になるように、指導者は具体例を示して助言する。	
45	4. グループの作品発表を聴き合い、宿泊学習を振り返る。	・グループの発表の良かったところが多く出るように、発表モデルを示す。	
50	5. 替え歌や振り付けに込めた移動教室の感想を発表して振り返り、まとめをする。	・「楽しかった」という感想だけでなく、誰とどのような活動のどこがどのように楽しかったのか等、具体的に伝えられるように助言する。	

■実践を振り返っての課題

【指導計画】
・グループの選択、振り付け、替え歌の歌詞など自由度が高いため、一部の生徒は楽しむことができるが、生徒の意欲や主体性、能力に委ねられる部分が多く、一人一人の学びの深まりを保障できない。

【学習活動】
・言語、身体共に、表現力が豊かな生徒中心のグループ活動になってしまうため、集団指導していることの利点が生かされていない。

【学習評価】
・評価が具体的でないため、各自の学びが深まったかどうかを判断する基準が分かりにくい。

アクティブ・ラーニングの授業

Active Learning!

16 音楽 ＜特別支援学校・高等部＞

題材名「宿泊学習の思い出をラップにしYoh！」

■ 指導目標
- 「ラップ」という音楽手法を知り、リズムに合わせて手足や全身を動かすことができる。
- リズムに合うオノマトペを考え、タイミングを合わせながら手足や全身を大きく使って表現できる。
- オノマトペ集めやリズム作りに意欲的に取り組むことができる。

■ 指導計画
- 2単位時間（50分×2コマ連続）　詳細は「本時の指導」を参照

■ 評価の観点

＜知識・技能＞
- 「ラップ」という現代の人気音楽手法の一つを知ることができ、軽快なリズムに合わせて手足や全身を協調的に使って表現している。

＜思考・判断・表現＞
- ラップのリズムに合うエピソードやオノマトペを考え、タイミングを合わせながら相手との掛け合いを引き出しているとともに、手足や全身を大きく使って、ダイナミックな「ラップ風」リズムを表現している。

＜主体的に学習に取り組む態度＞
- 楽しいオノマトペ、リズムを作り出そうとしている。

■ 本時の指導　（1／2～2／2時間目、50分×2コマ連続）

時配	学習活動（メインのみ記載）	指導上の留意点	準備物
00 10	1. 宿泊学習中に歌った歌を歌い、活動を思い出す。 2. ラップのタイトルを決める。 3. グループ（ペア）による思い出ラップ風リズム作りをする。	・思い出に残った活動やエピソードが活発に出るように、写真などを提示する。 ・同じタイトルを選んだ生徒同士が集まるようにする。 ・参考のラップを指導者が行う。 ・エピソードとそれに関連するオノマトペ集めが活発にできるよう、指導者はアイデアをホワイトボードに書いていく。（野外調理、ワクワク、薪を集めて、キョロキョロ、鍋をかけるよ、アッツッツ、材料入れたよ、ザッザッ、鍋が煮立った、グツグツなど）	・宿泊学習中の写真、使用した物 ・ラップ作りワークシート ・ホワイトボード
50 90	4. 作品を鑑賞する。 5. 意見交換をする。 6. 改良したラップ風の作品を一緒に歌ったり、踊ったりする。 7. VTRに録画（又は録音）し、視聴して活動のまとめをする。	・表現の良かったところをラップ風に相手に伝える見本を指導者が示す。 ・強弱や速さ、オノマトペの入れ方など、修正案をラップでやって見せるよう生徒に促す。	・カメラ ・DVDデッキ ・プレーヤー

■「主体的・対話的で深い学び」になるための授業改善の工夫

＊主体的な学び＊
- ラップという躍動的なジャンルの音楽手法に触れ全身で体験することで、生徒の意欲が向上し持続する。

＊対話的な学び＊
- ペアやグループで掛け合いをしながら作品を作っていく過程で、生徒同士の対話的な表現が可能になる。

＊深い学び＊
- 互いの作品を視聴し改善点を身体表現で伝えることで、より豊かな表現を発見する。

■ 生きる力・自立と社会参加に向けて
- 日常の出来事に自分で歌詞とリズムを付けてラップ風の踊りを楽しめるようになる。
- これまで聞いた歌や音楽以外に、ラップなど様々なジャンルの曲を見つけて聴こうとする。

【実践力】　・思い出をラップのリズムにのって表現し、相手に伝える。
【思考力】　・ラップの掛け合いの面白さを引き出すアクションを考える。
【基礎力】　・自分の手足を同時に使い、躍動感のあるリズム表現が身に付く。

17 美術 ＜特別支援学校・中学部、高等部＞

題材名「木版画」

■指導目標　・木版画を制作する体験から、浮世絵など、版画作品を知り、文化の理解を広げる。

■指導計画　8単位時間（50分×8回）

時数	主な学習活動
1	・浮世絵の版画作品の鑑賞と制作工程
2	・原画の作成
3	・彫刻刀の学習から版作り

時数	主な学習活動
4～6	・版作り
7	・色付けと印刷
8	・印刷した木版画作品の鑑賞

■評価の観点　・制作工程を理解して、手順に従って制作に取り組むことができるか。
　　　　　　　・彫刻刀を安全に操作することができ、彫り具合と刷り具合を確かめることができるか。
　　　　　　　・木版画から他の版画に興味を広げることができるか。

■本時の指導　（2／8時間目、50分）

時配	学習活動	指導上の留意点	準備物
00 05	1. 彫刻刀の学習（種類、名前）を知る。 2. 彫刻刀の使い方と注意点を知る。	・彫刻刀の図版で見せる。 ・図版や映像を見せ、視覚的に確認できるようにする。	・彫刻刀セット ・彫刻刀の図版
10 20	3. 彫刻刀の持ち方を知る。 4. 地と図、彫る部分の確認をする。 5. 彫刻刀の試し彫りをする。 　（切出し、三角刀、丸刀）	・板や彫刻刀を支える手に布手袋をはめるさせる。 ・試し彫りする部分に色を付けて確認する。または彫る線を確認する。 ・生徒に応じて、切り出しや三角刀を使わずに、丸刀を使って試し彫りをするよう指導する。	・ベニヤ板 （ハガキ大） ・蛍光ペン ・布手袋
40 50	6. 鑑賞し評価をする。 7. 片付けをする。	・彫ったものをお互い見合い、良し悪しを評価させる。 ・ほうきで切りくずを集める際には教室全体に目を向けるよう促す。	・小ほうき ・ちりとり

■実践を振り返っての課題

【指導計画】
・制作の工程が多いので、知的発達段階を判断して、道具や技法を選択する必要がある。
・文化の理解や体験学習としての授業であるのか、文化の理解を深める授業であるのか、を明確にして授業を行う必要がある。
・自筆の原画を紙に描いて、版木に石鹸水をつけて転写する方法は、絵を反転させ字を鏡文字にすることができるが、墨で地と図を描いて明確にする必要がある。
・一版多色は、版木を着色し色分けして刷る方法で、和紙の裏から彩液で、色付けする方法もある。

【学習活動】
・技術的な結果が分かりやすい反面、自分で意味のパターンを想像することが難しい。
・特定の情報の断片を押しつけたり言われたことだけをただ受け取るような授業は、自主的に情報を収集しまとめることが困難になりやすい。

【学習評価】
・作業工程や手順に従って、製作できたことが評価の中心になってしまう。
・技術的な評価は、具体的に表すことができるが、指導援助の活動が多くなる。

アクティブ・ラーニングの授業
17　美術　＜特別支援学校・中学部、高等部＞

題材名「様々な素材で版をつくり、写し取る」

■指導目標
・版の素材、色の名前が分かり、道具を使うことができる。
・イメージに合う色や形などの構成を考え、自分なりの形象を版に表現できる。
・自分なりに工夫したり、能力を発揮したりして取り組むことができる。

■指導計画　16単位時間（50分×2コマ連続×8回）

時数	主な学習活動
1～8	・リノリューム版画（水性インクの赤黄青白をパレットに並べて色づくりをする。ゴム板にローラーで色面をつくりスポンジ筆と割り箸で描いてすぐに写し取る。）
9～12	・スチレン版画（スチレンボードをニードルで刻み版を作りプレスして印刷する。）
13～16	・コラージュ版画（ビニールテープ、紙、布、ひもなど、切って画面に貼り付けて版をつくり、インクを付けて刷る。）

■評価の観点
＜知識・技能＞
・版の素材や色、混色した色の名前、反転することを分かっており、状況に応じて材料や道具を選択している。
＜思考・判断・表現＞
・下絵を描いて原画を構想したり直に描いて写し取り、縦横、基底線、イメージに合った色と形の配置など版の画面構成を判断しながら、制作工程を意識して取り組むとともに、情報を収集し、記憶した物や具体的な物など、自分なりの形象を版にしている。
＜主体的に学習に取り組む態度＞
・自分の能力を発揮して版作りに取り組み、創意工夫して取り組んでいる。

■本時の指導　（9／16～10／16時間目、50分×2コマ連続）

時配	学習活動（メインのみ記載）	指導上の留意点	準備物
15	2.実演を見る。	・英語を交えて、色の名前や混ぜたら「何色」になるかなどの質問し、強く印象づけながらモチベーションが上がるように導入する。 ・生徒の言葉を拾いながら、物が見えやすいように、分かりやすい順番で説明しながら実演する。	・インク ・トレー ・和紙 ・バレン ・新聞紙
20	3.版を作る。 　・ニードルでスチレンボードを削り刻む。 4.刷る。 　・インクを付けてバレンで擦って印刷する。 5.プレスする。 　・手で刷った後、足で踏みプレスする。	・筆圧が弱い場合は、油性マジックで描き表面を溶かす。 ・刻んだ溝に入ったインクが搾り出され線が浮き出たら完成であることを伝える。	・釘 ・踏み板2枚
60	6.作品の鑑賞	・発表では、刷った中から一番良い作品を自分で選択できるよう助言する。	・磁石

■「主体的・対話的で深い学び」になるための授業改善の工夫
＊主体的な学び＊
・版作りから刷る工程を簡単にすることにより、完成する「わくわく感」を感じながら写し取る。
＊対話的な学び＊
・自分が意図して作り、刷り上げた作品を生徒と批評し合うことで、さらに改善してよりよい作品を目指す。
＊深い学び＊
・様々な素材から版をつくることで、素材の質感を実感したり情動を触発されながら心が解放され、次への版画作りへと向かう。

■生きる力・自立と社会参加に向けて
・余暇活動などで美術館鑑賞したり、趣味の活動として様々な制作活動に取り組むことを目指す。
【実践力】　・写し取る経験を積み重ね成功感を得ることができ、他の技術に挑戦する。
【思考力】　・刷り上げた新しい効果や変化の状態から判断することで、因果関係に気づく。
【基礎力】　・版作りから刷る工程が分かり、版画制作が身に付く。

18 美術 ＜特別支援学校・中学部、高等部＞

題材名「貼り絵 〜みんなの木をつくろう〜」

■指導目標 ・花の色紙と木と葉っぱの色紙を選んで貼り、木や花の植物に興味を広げる。
・モザイク模様をつくることで、色の組み合わせに興味を広げる。
・協同制作で、一人一人の作業を合わせて作品をつくり上げる。

■指導計画　4単位時間（50分×4回）

時数	主な学習活動
1	・木をつくろう。
2	・花と葉っぱで飾ろう。

時数	主な学習活動
3	・モザイク模様の額縁をつくろう。
4	・額縁に木を貼って合わせよう。

■評価の観点 ・花と木と葉っぱの色と形に興味を持って、意欲的に制作することができるか。
・花と葉っぱの位置を理解して台紙に貼ることができるか。流れに合わせて貼ることができるか。
・色紙の色を選び、組み合わせを考え、モザイク模様を作ることができるか。
・貼る位置を理解して、規則正しく、ていねいに貼ることができるか。

■本時の指導 （3／4時間目、50分）

時配	学習活動	指導上の留意点	準備物
05	1. 制作について説明する。 2. 色紙と台紙と糊を配る。	・見本を見せる。	・正方形の色紙 （2.5cm×2.5cm） ・白い台紙 （10cm×30cm） ・模造紙 ・糊 ・紙容器 ・評価カード
10 40	3. 長方形の台紙に色紙を選んで並べて貼る。 4. 大きな額縁用の模造紙にモザイクの台紙を貼る。	・できたら報告をするよう声かけする。 ・角から貼っていくよう指示する。	
45 50	5. 作品を評価する。 6. 片付けをする。	・評価するポイントを示したカードを用意する。	

＊モザイク模様は、色のつながりを体験できる題材で、2枚、3枚つながりや点在した色カードを追視することができる。枚数や位置関係を把握する数学的なセンスを広げる題材である。

■実践を振り返っての課題

【指導計画】
・生活単元学習の内容を含んだ授業で装飾を目的としており、美術教科との区別が分かりづらい。

【学習活動】
・方法が決められ目的がはっきりしているので指導がやりやすい課題であるが、自主的な活動ではなく、決められたことに従ってやらされている受け身の活動になりがちである。
・同じ形のものを貼り続ける行為を中心にした作業的な課題の活動となっている。

【学習評価】
・決められた形を切り指定された位置に貼る学習は、本人の意思や時間と空間ではなく、指導者の代替えの活動になるので、技術的な「できた、できなかった」という二分した評価になりやすい。

アクティブ・ラーニングの授業

Active Learning!

18 美術 ＜特別支援学校・中学部、高等部＞

題材名「色紙の構成とラミネート・アート」

■指導目標
- 色合い、色彩の組み合わせが分かり、道具を使って活動できる。
- 様々な素材の色や形を組み合わせて考え、空間に合う構成を判断し、表現することができる。
- 自分なりの方法や創意を発揮して、積極的に環境を構成することができる。

■指導計画　4単位時間（50分×4回）

時数	主な学習活動
1	・色紙の構成を行う。 （色紙を切って形を創り出し、ホッチキスで組み合わせ構成した物を台紙に貼る。）
2	

時数	主な学習活動
3	・ラミネート・アートをする。
4	・映写スタジオを設置して、プロジェクターで映し出す。

■評価の観点

＜知識・技能＞
- 暖色、寒色の色合い、補色の色彩の組み合わせ、点線面の形を分かっていて、ペンで描くようにハサミで切り、ホッチキスで留め、ラミネートする技術を習得している。

＜思考・判断・表現＞
- 場や環境色と形やモノを並べて空間認識を刺激しながら色を組み合わせたり身体のポーズを決めたりしてその場で直に考え実行するとともに、構成する課題は、気楽に自分のセンスで表現することができている。

＜主体的に学習に取り組む態度＞
- 作品制作を理解して積極的に取り組み、映写スタジオでパフォーマンスに参加している。

■本時の指導　（3／4〜4／4時間目、50分×2コマ連続）

時配	学習活動（メインのみ記載）	指導上の留意点	準備物
5	1. 制作の説明と実演をする。	・授業の説明を図示する。 ・手順を分かりやすく説明する。	・ラミネート機械 ・フィルム（A4） ・カラードタック ・セロハン ・ハサミ
10 20	2. カラーシートの構成をする。 3. ラミネートの焼き付けをする。	・台面のラミネートフィルムの貼り方に注意するよう促す。 ・構成ができた生徒から随時ラミネートする。	
60 70 90	4. 映写スタジオを設置する。 5. パフォーマンスをデジタルカメラで撮影する。 6. デジタルカメラの映像を映し出す。	・スクリーンを見られるような座席配置にする。 ・ポーズができるよう声かけする。 ・印象に残ったことを引き出すような言葉がけをする。	・実物拡大投影機 ・プロジェクター ・デジタルカメラ ・スクリーン

■「主体的・対話的で深い学び」になるための授業改善の工夫

＊主体的な学び＊
- 色紙やカラーシートを自分のアイデアやデザインで加工することで、自分のスタイルを創り出すようになる。

＊対話的な学び＊
- 色と形を見立てたり意味づけたり、イメージを立ち上げる活動を取り入れることにより、言葉がつながる。

＊深い学び＊
- ダイレクトに色と形を組み合わせ、図式を描く劣等感を軽減し、ポーズを取ることで主役を感じ取る。

■生きる力・自立と社会参加に向けて

- 自分の作品を背景に撮影現場でポーズする経験により、自我の確立を目指し周囲の人の理解を得ていく。
- 【実践力】　・色と形をデザインして空間に配置し、環境を構成する力が身に付く。
- 【思考力】　・色と形を組み合わせ、行為をまとめ形成するプロセスから、因果関係の認識に気づく。
- 【基礎力】　・自発的な行為で探索し、点線面を構成することで、自分で立案し活動する自立感が身に付く。

これまでの授業

19 体育 ＜特別支援学校・小学部＞

題材名「サッカーをしよう」

■指導目標　・足でボールを操作したり蹴ったりすることができる。
　　　　　　・ルールを守り、楽しみながらサッカーを行うことができる。

■指導計画　4単位時間（45分×4回）

時数	主な学習活動	時数	主な学習活動
1	・シュート練習、ミニゲーム	3	・パス、ドリブル、シュート練習（ミニゲーム）
2	・シュート練習、ミニゲーム	4	・ゲーム

■評価の観点　・足でボールを操作したり蹴ったりすることができるか。
　　　　　　　・簡単なルールを守ってゲームを行ったり、積極的に参加したりできるか。

■本時の指導　（1／4時間目、45分）

時配	学習活動	指導上の留意点	準備物
00 05	1. 集合してクラスごとに整列する。 2. 挨拶をする。 3. 本時の学習内容を聞く。 　①シュート（蹴る）練習 　②ゲーム 4. 準備体操・ランニングを行う。 ・グラウンドを2周走り、ウォームアップする。	・朝礼台の前、芝生の所にクラスごとに集合する。 ・号令と笛の合図で整列と挨拶を促す。 ・ホワイトボードに記入して説明する。また、必要に応じて個別に説明を加える。 ・大きな動きを行えるよう、両腕を広げた間隔を空けて整列するよう指示する。	・ホイッスル ・ホワイトボード ・ボードマーカー
15 30	5. シュートの手本を見る。 6. シュート（蹴る）練習をする。 　①止まっているボールを蹴る。 　②ゴールにボールを蹴り入れる。 7. ゲームを行う。	・ゴールの前にカラーコーンや目印を置き、そこを目標に蹴るよう促す。 ・順番にゴールへのシュート練習ができるように各クラス1列での整列を指示する。 ・児童の実態に応じて、転がってきたボールを蹴る活動に変えても良い。 ・児童の実態に応じて、パスやドリブルの練習も加えるようにする。 ・5学年 対 6学年で試合を行うため、学年ごとの整列を促す。 ・必要に応じてルールを変更する。	・サッカーボール ・カラーコーンなど ・サッカーゴール
40 45	8. 集合して整列・整理体操をする。 9. 挨拶をして教室へ戻る。	・朝礼台の前にクラスごとに並ぶよう指示する。 ・挨拶後に、教室での手洗い・うがいを促す。	

■実践を振り返っての課題

【指導計画】
・技術の個人指導になりがちになり、ゲームの楽しさや仲間とのやり取りの場面が少ない。

【学習活動】
・シュート練習時の児童の待ち時間が多く、ゲーム時には活動に参加できない児童も多くなる。

【学習評価】
・技術力が高い児童やルールの理解が高い児童の評価が良くなる傾向にある。

アクティブ・ラーニングの授業

Active Learning!

19 体育 ＜特別支援学校・小学部＞

題材名「ボールを使ってゲーム（サッカー）をしよう」

■指導目標
- パスのルールが分かり、足でボールを操作したり蹴ったりすることができる。
- パス、シュートのポイントを考えて、適切なやり方を判断して運動することができる。
- ボールを使った運動に進んで取り組み、楽しみながらゲームを行うことができる。

■指導計画　4単位時間（45分×4回）

時数	主な学習活動
1	・円陣パス練習、シュート練習
2	・円陣パス練習、シュート練習

時数	主な学習活動
3	・トラップ、ドリブル、シュート練習（ミニゲーム）
4	・ゲーム（サッカー他）

■評価の観点

＜知識・技能＞
・うまくパスするためのルールを知り、ボールを友達にパスしたりゴールや目標物に向けてのシュートができている。

＜思考・判断・表現＞
・パスやシュートのポイントやルールについて考え、適切なやり方と不適切なやり方の違いを判断しながら、自力または補助を受けて運動に取り組んでいる。

＜主体的に学習に取り組む態度＞
・ボールを使った運動やゲームに興味や関心を持ち、楽しく積極的に取り組んでいる。

■本時の指導　（1／4時間目、45分）

時配	学習活動（メインのみ記載）	指導上の留意点	準備物
15 20	5. 円陣パスのやり方の説明を聞く。 6. うまくパスするためのルールを話し合って決める。	・クラスごとに円形に広がり、児童同士でパスの出し合いを行うことを説明する。児童同士の間隔にも留意する。 ・円陣パスを行うに当たってのポイント・ルールを、話し合いながら考えられるようにする。 ・引き出したいポイント 　①パスを出す際に、相手の名前を呼ぶ。 　②呼ばれた児童は、返事をするか挙手をする。 　③優しく蹴る。 　④複数の友達にパスを出す。など ・意見を多く引き出せるように発問を工夫する。	・ボール ・ホワイトボード
25	7. 円陣パスの練習を行う。	・決めたルールを守ったり意識したりできるよう声かけする。 ・同じ児童同士にならないよう、パスの方向・強さを助言する。	・サッカーゴール ・ボウリングなど
30	8. シュート練習を行う。 　・ゴールの前に置いた目標物（ピンなど）を倒す。 　・ピンを倒すかゴールに入れば得点とする。	・ゴール前に置いたボールをよく見て、目標物（ピン）を狙うよう声かけする。 ・ゴールを複数準備し、待ち時間を少なくする。	

■「主体的・対話的で深い学び」になるための授業改善の工夫

＊主体的な学び＊
・児童同士でパスを出し合うことにより、パスのポイントやルールを考えて運動できるようになる。

＊対話的な学び＊
・パスをするルールの話し合い活動を設定することで、お互いの意見を取り入れ相手を意識しながらパスを出せるようになる。

＊深い学び＊
・パスをするときと同様に蹴り方やゴールのねらい方を明確にすることで、意識して運動できるようになる。

■生きる力・自立と社会参加に向けて
・中学部や高等部でも継続し、卒業後に余暇活動への参加、体力の保持増進に向けて活かすようにしていく。
・地元のサッカーチームに興味を抱き、テレビ中継の視聴や試合観戦に出かけることを目指す。

【実践力】・休日のレクリエーション活動や得意な運動として自ら進んで実践する。
【思考力】・パスやシュートをする中で、身体の動かし方や自己の不得意などの課題に気づく。
【基礎力】・サッカーを通して、基礎的な運動能力、身体操作力などが身に付く。

20 保健体育 ＜特別支援学校・中学部＞

題材名「持久走をしよう」

■指導目標　・一定時間内に、決められた距離を走ることができる。
　　　　　　・記録の向上について知ったり、目標にしたりできる。

■指導計画　5単位時間（50分×5回）

時数	主な学習活動
1	・タイムトライアルをする。（記録計測）
2	・走り方の指導をする。（グループ練習①）
3	・走り方の確認をする。（グループ練習②）

時数	主な学習活動
4	・走り方の確認をする。（グループ練習③）
5	・タイムトライアルをする。（記録計測）

■評価の観点　・決められた時間や距離を走ったり歩いたりできるか。
　　　　　　　・自分の記録を知り、意識して目標を設定したり運動に取り組んだりできるか。

■本時の指導　（2／5時間目、50分）

時配	学習活動	指導上の留意点	準備物
00 05	1. 学級ごとに整列する。 2. 始めの挨拶をする。 3. 本時の学習内容を聞く。 4. 準備体操をする。	・体育係（生徒会役員）を指名し、号令を促す。 ・本時の内容（走る時間、距離）を口頭で説明する。 ・授業の最後に称賛するポイントを伝える。（記録の伸び、努力など） ・怪我防止のため、大きな動きを促す。特に腹部、膝、足首、アキレス腱などの動きを多く取り入れる。	・ストップウォッチ ・ランニングタイマー ・記録用紙
15	5. 時間内、持久走を行う。	・走る時間と目標の距離（周回数）を再度説明する。 ・必要に応じて伴走したり、励ましを行ったりする。 ・ラスト一周の生徒に襷を渡し、最終周であることを意識できるようにする。 ・走り終えた生徒は、水分補給後に休憩スペースで休むよう促す。	
40 45 50	6. 整理体操をする。 7. 本時の持久走の記録（タイム）を聞く。 8. 終わりの挨拶をする。	・疲労が残らないよう、ストレッチングを中心に行い、リラクゼーションを促す。 ・記録を発表し、特に記録が伸びた生徒や努力が見られた生徒に対して称賛を行う。	

■実践を振り返っての課題

【指導計画】
・走り方やポイントなどを説明するが、生徒の理解度を確認することが難しい。

【学習活動】
・生徒の個人練習になり、集団指導の利点が生かされていない。走るペースが乱れやすい。

【学習評価】
・評価が運動面や走力面重視になっているため、運動が苦手な生徒の評価が低くなりがちである。

アクティブ・ラーニングの授業

Active Learning!

20 体育 ＜特別支援学校・中学部＞

題材名「持久走をしよう」

■ 指導目標
- 適切な走り方を理解し、フォーム、ペース配分、呼吸法を実践することができる。
- 走り方の良い例、悪い例の違いを考えて、望ましい走り方がどちらか判断して運動することができる。
- 興味をもって楽しみながら走ることができる。

■ 指導計画 ・5単位時間（50分×5回）

時数	主な学習活動
1	・タイムトライアルをする。（記録計測）
2	・走り方の指導をする。（グループ練習①）
3	・走り方の確認をする。（グループ練習②）

時数	主な学習活動
4	・走り方の確認をする。（グループ練習③）
5	・タイムトライアルをする。（記録計測）

■ 評価の観点

＜知識・技能＞
- 適切なフォーム、ペース配分、呼吸法について知っており、フォーム、ペース配分、呼吸法を実践して記録を伸ばしている。

＜思考・判断・表現＞
- 走り方の良い例と悪い例の違いについて考え気づき、走り方の良い例と悪い例を比較してどちらが望ましいか判断しながら、実際に運動している。

＜主体的に学習に取り組む態度＞
- 走る活動に興味や関心を持ち、走ることを楽しみにしている。

■ 本時の指導 （2／5時間目、50分）

時配	学習活動（メインのみ記載）	指導上の留意点	準備物
15	5. 持久走の良い走り方、悪い走り方の映像を見る。（10分間）	・大型モニターに、2画面で走り方の良い例、悪い例の映像を映し、違いが分かるようにする。 ・生徒自身が気づいたことを、多く発表できるような雰囲気を作る。 ・①フォーム（腕振り、姿勢、動き、目線）、②ペース配分（一定ペース、ラストスパート）、③呼吸法（リズム、深呼吸）の3視点、8項目のポイントを引き出せるように質問を工夫する。	・タブレット ・大型モニター
25	6. グループごとに集合し、走るポイントを確認したり、目標を考えたりする。（5分間）	・自分の目標や課題について考えるようにする。 ・目標や課題を実践するためには、どうしたらよいかを考えたり、友達の意見を聞いたり、自分の意見を発表するよう促す。	・記録用紙 ・最終周用襷（次回）
30	7. 実際にグラウンドを走る。（10分間） ※（次時から約20分間）	・距離ではなく映像を見て知ったポイントや、決めた目標を意識して走ることを重視する。 ・次時から走る距離を男子2km、女子1.5kmに設定することを予告する。	・ストップウォッチ ・ランニングタイマー

■ 「主体的・対話的で深い学び」になるための授業改善の工夫

＊主体的な学び＊
- 適切な走り方について自分の意見を発表することで、実際に正しいフォームで走ることができるようになっていく。

＊対話的な学び＊
- 他の生徒の話を聞いたり話し合うことにより、自分と同じや違う意見について知り、自分の考えを広げ深めるようになる。

＊深い学び＊
- 自分の走り方を映像により振り返ることで、課題や目標について思考して、さらに走る距離や持久力を伸ばすようになる。

■ 生きる力・自立と社会参加に向けて

- 日頃から歩いたり走ったりすることで体力増進や健康維持を考えていくようになる。
- 将来、地元で開催されるマラソン大会や長距離走大会等への参加を目指していく。
- 【実践力】・練習を積みながら、自己の記録や走力を伸ばしていく。
- 【思考力】・走体験や練習の中で、身体の動かし方や自己の不得意などの課題に気づく。
- 【基礎力】・男子2Km、女子1.5Km走ることができるようになり、身体操作力や持久力などが身に付く。

21 保健体育 ＜特別支援学校・高等部＞

題材名「異性とのかかわり」

■**指導目標**　・男女間の好ましい交際やかかわりについて理解を深めることができる。
　　　　　　　・相手と話すときの好ましい距離について理解することができる。

■**指導計画**　2単位時間（50分×2回）

時数	主な学習活動
1	・異性とのかかわり方の理解、相手と話すときの距離の理解
2	・友達の良いところを考えて発表

■**評価の観点**　・異性とのかかわり方について良い行動・悪い行動を理解し、自分の行動を振り返ることができるか。
　　　　　　　　・相手と話すときに、どの程度の距離を保つとよいか理解することができるか。

■**本時の指導**　（1／2時間目、50分）

時配	学習活動	指導上の留意点	準備物
00	1. 挨拶をする。 2. 本時の説明を聞く。 ・異性への興味と脳の関係 ・異性に対する行動・言動と、相手の気持ちや犯罪との関係	・当番の生徒を指名し、挨拶を促す。 ・本時の学習や流れを説明する。 ・ワークシートを用いて学習を行い、自分の意見を積極的に発表することを確認する。	・ワークシート ※かかわり方・男女交際に関する15程度の質問を設定
05	3. ワークシートを読んで、質問に対する自分の答えを記入する。	・○（良い）、△（相手に嫌な思いをさせる）、×（犯罪になり得る）の3択で解答できるよう声かけする。 ・自分の考えを素直に記入できるよう促す。 ・質問の意図が正しく伝わるよう必要に応じて説明を加える。 ・身体の発達と同じように、異性に対して興味を持ち始める時期にも個人差があることを理解できるようにする。 ・設問に対し、1～2名を指名し、答えを発表できるようにする。	
15	4. 教師の話を聞き、答え合わせをする。 ※不正解の場合には、正解を記入する。	・全ての問題の意味と状況について説明し、教員がロールプレイを行うことで理解が深まるようにする。 ・自分ならばどう考えて、どう行動したらよいか考えさせる。	
35	5. 相手（特に異性）と話すときの適切な距離について考えて、意見を発表する。	・生徒を指名し、どの距離がよいか発表をさせる。 ・離れる距離を理解できるように、適切な距離について、教師が実践して見せる。	
45 50	6. まとめをする。 7. 挨拶をする。	・本時の学習内容とポイントを再度確認して定着を図る。	

■**実践を振り返っての課題**

【指導計画】
・座学を中心に展開しているため、生徒の積極的性や主体性、理解度の把握が難しい。

【学習活動】
・学習が机上のみになり、望ましい行動や適切な距離の実感的な理解が難しい。

【学習評価】
・3択のワークシート中心のため、評価が「できた」「できなかった」のみになる可能性がある。

アクティブ・ラーニングの授業

Active Learning!

題材名「すてきな男性・すてきな女性になろう」

■指導目標
- 男女間の好ましい交際やかかわり方について理解を深めることができる。
- 相手の気持ちを考えて、自分との違いに気づくとともに、適切なかかわり方について考えを発表することができる。
- 進んで発表したりロールプレイに取り組むことができる。

■指導計画　2単位時間（50分×2回）

時数	主な学習活動
1	・異性とのかかわり方の理解、相手と話すときの距離の理解　～異性とのかかわり方やマナー～
2	・友達の良いところを考えて発表　～○○さんってこんな人～

■評価の観点

＜知識・技能＞
- 異性へのかかわり方や話すときの距離等を知り、ロールプレイで体験しながら、適度な距離や個人の差に気がついている。

＜思考・判断・表現＞
- 相手がどう思うかについて、自分の意見を言ったり書いたりでき、また、相手の意見が自分とどう違うのか、または同じなのかについて判断できることにより、適切なかかわり方や話すときの距離について、自ら考えたり発表したりできている。

＜主体的に学習に取り組む態度＞
- 自分の意見を考えたり、ロールプレイに積極的に取り組んだりしている。

■本時の指導　（1／2時間目、50分）

時配	学習活動（メインのみ記載）	指導上の留意点	準備物
05	3. ワークシートを読んで、質問に対する自分の考えを記入する。	・質問事項は、「異性との距離の取り方」、「異性に話しかけるとき」、「異性と話すときの話題」、「異性へのメールの送り方」の4項目とし、それぞれ、自分ならどうするかを考えて意見を書けるようにする。	※参考書籍『性の問題行動をもつ子どものためのワークブック』 ・ワークシート① （書籍を参考に必要な事項を取り入れ作成）
15	4. ペアを組み、ワークシートに記入した自分の意見について意見交換する。	・単なる答え合わせにならないようにする。 ・互いの意見をよく聞き、自分とどこが違うのか、または同じなのかについて話し合えるようにする。	
30	5. ペアを組み、ロールプレイを行う。（近づく役と近づかれる役） ・「ストップ」と言ったポイントの距離を生徒同士で測る。 ・個人の適度な距離について知る。	・嫌だと感じたところ・ちょうどよいと感じたところで「ストップ」と言う。 ※生徒同士があまり近づきすぎないように注意する。 ・人によって、距離に違いがあることに気づけるよう、図などで示す。	

■「主体的・対話的で深い学び」になるための授業改善の工夫

＊主体的な学び＊
- ロールプレイを取り入れたことで、学習したことを振り返ったり状況を想像したりしながら、自分の意見を書けるようになる。

＊対話的な学び＊
- 友達の意見を聞くことにより、自分との考え方の違いを知ったり考えを深めたりできるようになる。

＊深い学び＊
- それぞれの感じ方に違いがあることを理解することで、男女としての適切な行動を実践できるようになる。

■生きる力・自立と社会参加に向けて
- 将来、異性と好ましい交際ができることを目指す。
- 職場、娯楽施設、余暇活動等において、異性と良好な人間関係を築くようになる。
- 【実践力】・友人間や異性間で、TPOに応じた適切なかかわり方が持てる。
- 【思考力】・相手の気持ちを考えながら、判断し行動できるようになる。
- 【基礎力】・異性と接するときのノウハウを身に付ける。

22 職業・家庭 ＜特別支援学校・中学部＞

題材名「手順書にそってボールペンを組み立てよう」

■指導目標　・手順書にそって作業（ボールペン組立）をすることができる。

■指導計画　8単位時間（50分×8回）

時数	主な学習活動
1	・ボールペンの組み立て方について知る。＜学級別＞
2～7	・ボールペンの組み立てを行う①～⑥（一人で全工程を行う）

時数	主な学習活動
8	・まとめをする。

■評価の観点　・手順書にそって作業をすることができるか。

■本時の指導　（4／8時間目、50分）

時配	学習活動	指導上の留意点	準備物
00	1. 学級ごとに作業台に座る。 2. 始めの挨拶をする。	・各作業台に学級名の書かれた名札を立てておく。 ・「声の物差し」を使って、大きな声での挨拶を促す。	・学級名の名札 ・声の物差し表 ・PC ・大型モニター
05	3. 本時の学習内容（ボールペンの組み立て方）を聞く。	・スライドを使って、ボールペンの組み立て方を説明する。（①あとじく②じく③しん④さきじく⑤キャップの順番）	
10	4. 作業台ごとに作業をする。	・全生徒に個別の手順書と部材セットを用意する。 ・学級担任は、生徒の実態に応じた指導をする。 ・10個完成したら報告するよう促す。	・個別の手順書 ・個別の部材セット ・出来高表シール
40	5. 作業台ごとに出来高を確認する。	・個別の出来高表にシールを貼るよう指示する。	
45 50	6. 各作業台の代表者が出来高を報告する。 7. 終わりの挨拶をする。	・報告者を予め決め、生徒に知らせておく。 ・報告者ができない場合には、代わりの生徒がやってもいいことを伝える。	

■実践を振り返っての課題

【指導計画】
・生徒が間違いそうになると教師がサポートしてしまうので、生徒に試行錯誤する機会を失わせ、生徒の考える力が育たない。

【学習活動】
・自己選択や自己決定の場面が含まれていない。
・生徒個人の技術練習になっており、集団指導していることの利点が生かされていない。
・グループ学習では、学級別に分けられているので、他学級の生徒（重度重複学級の生徒と通常学級の生徒等）同士で伝え合ったり（対話）、教え合う場面が持てない。

【学習評価】
・指導評価が、単純に目標の裏返しとなっている。
・評価の観点が、技能面に偏っている。

アクティブ・ラーニングの授業

Active Learning!

22 職業・家庭 ＜特別支援学校・中学部＞

題材名「手順書にそってボールペンを組み立てよう」

■**指導目標**
- 自分の役割が分かり、担当の作業に自分で取り組むことができる。
- 自他の意見を考えてグループを選び、自分の意思を伝えることができる。
- 自分の役割の中で得意な能力を発揮し、仲間と協力して活動することができる。

■**指導計画** 8単位時間（50分×8回）

時数	主な学習活動
1	・ボールペンの組み立て方について知る。
2	・一人で全ての工程を行う。＜学級別＞

時数	主な学習活動
3～7	・グループに分かれてチームで行う①～⑤＜グループ別＞
8	・まとめをする。

■**評価の観点**

＜知識・技能＞
- それぞれの役割を持って協力して作業することの大切さを理解し、部材準備や組み立て作業等を適切に行っている。

＜思考・判断・表現＞
- グループを決める際に自他の意見を踏まえながら柔軟性な考え方でグループを選択するとともに、作業工程の中で自分の意思を言葉や身振り、カードの選択などで伝えようとしている。

＜主体的に学習に取り組む態度＞
- 自分で選択したグループ内で、自分の得意な作業能力を発揮して積極的に活動しようとしている。

■**本時の指導** （4／8時間目、50分）

時配	学習活動（メインのみ記載）	指導上の留意点	準備物
05 10	3. 自分の入りたいグループの所に自分の名札を貼る。 （①部材準備・製品管理、②あとじく・じく、③しん・さきじく、④キャップ） 4. 生徒同士でグループのメンバーを調整し、決定する。	・顔写真に名前の付いたカードをグループごとに分けられたホワイトボードに貼る。 ・個別指導が必要な生徒を支援する。	・名前カード ・ホワイトボード
12 15	5. 作業分担を話し合う。 6. 各グループの作業を始める。 （製品は順番に流していく）	・グループ担当の教師は、ファシリテーターとして生徒の話し合いを支援する。 ・技術的な面や、個別指導が必要な生徒を支援する。	・部材
30 35	7. グループごとにまとめをし、発表者を決める。 8. グループの発表をする。	・個別の課題ではなく、グループとしての課題をまとめるよう支援する。 ・発表用のミニホワイトボードを使用するよう促す。 ・報告者ができない場合には、誰が代わりに行うのかを考えるよう促す。	・ミニホワイトボード

■**「主体的・対話的で深い学び」になるための授業改善の工夫**

＊主体的な学び＊
- 納得してグループを自己選択・自己決定することにより、ボールペン組立を意欲的な活動として取り組める。

＊対話的な学び＊
- 作業分担を話し合いで決めていく中で、やりたいこと、やらなければならないことで葛藤しながら、どのような分担をすれば作業がうまくいくかを考える。

＊深い学び＊
- 自分たちの作業分担について振り返りを行い、生徒同士で評価し合う場面を設けることで、各自が問題を見いだし、次回の活動で解決しようとするようになる。

■**生きる力・自立と社会参加に向けて**

- 産業現場等の実習や就職先等において、自分の役割に責任を持ち、協力して活動できることを目指す。
- 【実践力】 自分が担当する役割を他者と協働しながら着実に実行することが可能となる。
- 【思考力】 他者と対話しながら葛藤する力、柔軟性を持った解決方法が身に付く。
- 【基礎力】 部材の準備や組み立て、製品の管理が分かる。

23 職業・家庭 ＜特別支援学校・中学部＞

題材名「用具を正しく使って校内をきれいにしよう」

■指導目標　・清掃用具（タオル・モップ・自在箒）を正しく扱うことができる。

■指導計画　9単位時間（50分×9回）

時数	主な学習活動
1～3	・タオルの正しい扱い方を知る①～③＜学級別＞
4～6	・モップの正しい扱い方を知る①～③＜学級別＞

時数	主な学習活動
7～9	・自在箒の正しい扱い方を知る①～③＜学級別＞

■評価の観点　・清掃用具を正しく扱うことができるか。

■本時の指導　（7／9時間目、50分）

時配	学習活動	指導上の留意点	準備物
00 03	1. 集合して学級ごとに整列する。 2. 挨拶をする。 3. 本時の学習内容（自在箒の使い方）を聞く。	・学級ごとの先頭の位置に目印のカラーコーンを置く。 ・「声の物差し」を使って、大きな声での挨拶を促す。 ・スライドを使って、自在箒の使い方を説明する。 ①持ち方のポイント（片方の手を柄の先、もう片方の手をおへその位置で持つ） ②はき方のポイント（下の手が伸びる所で箒を床に置き、上の手の足元で止める）	・カラーコーン ・声の物差し表 ・PC ・大型モニター
10 15 45	4. 準備運動をする。 5. 学級グループごとに受け持ちの場所（教室・廊下・昇降口）に移動して清掃する。 6. 集合して、各グループの報告をする。	・手首、足首をよく動かすよう声かけする。 ・各グループの指導者である学級担任は、生徒の実態に応じた指導をする。 ・学級担任は、報告者を予め決め、生徒に知らせておく。	・自在箒
50	7. 次の授業の予告をする。		

■実践を振り返っての課題

【指導計画】
・用具の使い方の指導が単発的（各3回）であり、活動自体に連続性・継続性がない。

【学習活動】
・自己選択や自己決定の場面が含まれていない。
・生徒個人の技術練習になっており、集団指導していることの利点が生かされていない。
・グループ学習では、学級別に分けられているので、他学級の生徒（重度重複学級の生徒と通常学級の生徒等）同士で伝え合ったり（対話）、教え合う場面が持てない。

【学習評価】
・評価が単純に目標の裏返しとなっている。
・評価の観点が、技能面に偏っている。

アクティブ・ラーニングの授業
23 職業・家庭 ＜特別支援学校・中学部＞
題材名「用具を正しく使って校内をきれいにしよう」

■指導目標　・清掃作業の目的が分かり、清掃用具を適切に扱うことができる。
　　　　　　・自他の意見を考慮してグループを選択し、自分の意思を表現することができる。
　　　　　　・自分の役割に責任を持ち、仲間と協力して進んで活動することができる。

■指導計画　9単位時間（50分×9回）

時数	主な学習活動	時数	主な学習活動
1～2	・タオルの正しい扱い方を知る①～②＜希望別＞	5～6	・自在箒の正しい扱い方を知る①～②＜希望別＞
3～4	・モップの正しい扱い方を知る①～②＜希望別＞	7～9	・グループ内で仕事分担をして清掃を行う①～③

■評価の観点
＜知識・技能＞
・勉強や仕事の環境を向上させるという清掃作業の目的が分かり、担当した清掃用具を適切に扱っている。
＜思考・判断・表現＞
・グループを決める際に自他の意見を踏まえながら柔軟な考え方でグループを選択するとともに、清掃作業の中で自分の意思を言葉や身振り、カードの選択などで伝えようとしている。
＜主体的に学習に取り組む態度＞
・自分で選択したグループ内で、自分の得意な清掃作業を通して積極的に活動しようとしている。

■本時の指導　（7／9時間目、50分）

時配	学習活動（メインのみ記載）	指導上の留意点	準備物
05	3. 自分の入りたいグループの所に自分の名札を貼る。	・清掃用具ごとに分けられたホワイトボードに顔写真に名前の付いたカードを貼ることで意欲を高める。	・ホワイトボード
10	4. 生徒同士でグループのメンバーを調整し、決定する。	・グループ担当の教師は、ファシリテーターとして生徒の話し合いを支援する。	・個人の名札カード
15	5. グループで集まり、準備運動をしながら作業分担を話し合う。	・清掃作業の目的を確認するため、板書等を活用する。	
20	6. 各グループに分かれて清掃作業を始める。	・技術的な面や、個別指導が必要な生徒を支援する。	・タオル ・モップ ・自在箒
35	7. 集合して、各グループごとにまとめをし、発表者を決める。	・個別の課題ではなく、グループとしての課題をまとめるよう助言と支援を行う。	
40	8. グループの発表をする。	・発表用のミニホワイトボードを使用するよう促す。 ・報告者が発表できない場合は、誰が代わりに行うのかを考えるよう促す。	

■「主体的・対話的で深い学び」になるための授業改善の工夫
＊主体的な学び＊
・3種類の清掃用具の扱い方を学習した後、後半の3時間ではグループを自己選択・自己決定することにより、本人の意欲的な活動として取り組める。
＊対話的な学び＊
・作業分担についてグループ内で話し合う中で、どのような分担をすれば協働して清掃作業が上手に行えるかを考える。
＊深い学び＊
・自分たちの作業分担について振り返りを行い、生徒同士で評価して課題を見つける場面を設定することで、次回の活動で更にきれいにして働きやすい環境になるよう導く。

■生きる力・自立と社会参加に向けて
・学校、家庭、地域、職場等の中で清掃の必要性を理解し、協力して活動していく。
【実践力】・清掃による環境改善を目指して自主的に取り組める。
【思考力】・他者と対話しながら葛藤する力、柔軟性をもった解決方法が身に付く。
【基礎力】・清掃用具を扱う能力を身に付け、清掃することによる環境改善が分かる。

これまでの授業

24 職業・家庭 ＜中学校・特別支援学級＞

題材名「ミシンを使って袋を作製しよう」

■指導目標　・ミシンを使って、袋を作ることができる。

■指導計画　１０単位時間（50分×10回）

時数	主な学習活動
1	・ミシンの利用について使い方を知る。
2	・手本を見る。直線縫いの練習をする。
3	・袋の作製を計画する。
4	・袋作製の方法・部品の確認をする。

時数	主な学習活動
5～7	・ミシンで袋を縫う①～③
8	・袋の仕上げをする。
9	・出来上がり袋の確認をする。
10	・まとめをする。

■評価の観点　・ミシンの使い方を覚えて、袋を縫うことができるか。

■本時の指導　（５／10時間目、50分）

時配	学習活動	指導上の留意点	準備物
00	1. 挨拶をする。 2. 本時の説明を聞く。	・大きな声で行うように言葉がけをする。	・ミシン ・ボビン ・糸、針、布
10 15	3. 活動準備をする。 　・ミシンの部品を確認して、電源入れる。 4. 作業活動に入る。 　・布の周りがほつれないようにミシンをかける。	・実物を示しながらボビンの扱い方、糸のかけ方を伝える。 ・安全に気をつけて、ミシン操作の方法を一つ一つ順番に教える。	
40 50	5. 振り返りを行う。 6. 挨拶をする。	・本時の反省点を伝える。	

■実践を振り返っての課題

【指導計画】
・ミシンの取り扱いの習得と袋作製の方法の学習のみに終わっている。

【学習活動】
・指示通りのミシン利用による袋作製のため、生徒自身が自己決定する場面が含まれていない。
・生徒個人の技術練習になってしまう。集団指導していることの利点が生かされていない。

【学習評価】
・評価が技術面・丁寧さ等の重視になっているため、手先が不器用な生徒の評価が低くなりがち。

アクティブ・ラーニングの授業

Active Learning!

24 職業・家庭 ＜中学校・特別支援学級＞

題材名「ミシンを使って袋を作製しよう」

■ 指導目標
・ミシンの扱い方を理解して、操作することができる。
・使う人の立場に立って構想し、目的に合う素材等を選びながら、工夫して袋を作ることができる。
・自分から進んで袋作りに取り組むことができる。

■ 指導計画　１０単位時間（50分×10回）

時数	主な学習活動
1	・誰のための袋で何を入れるか考え、絵を描く。
2	・グループの他の意見を共有し、再度絵を描く。
3	・目的(贈り物にする等)、買い物計画を立てる。
4	・型紙・布等の部品を用意して、型紙を作る。

時数	主な学習活動
5～7	・ミシンで袋を縫う①～③
8	・袋の仕上げをする。
9	・袋を活用している場面を写真に撮る。
10	・写真を使い振り返りの発表場面を設定する。

■ 評価の観点
＜知識・技能＞
・ミシンの扱い方が分かり、ミシン操作に取り組んでいる。
＜思考・判断・表現＞
・相手や利用時等を考えながら袋のイメージを構想するとともに、作製の目的に合わせて素材等選択し、よりよいものを作るために工夫している。
＜主体的に学習に取り組む態度＞
・自分から袋作りに積極的に取り組んでいる。

■ 本時の指導　（5／10時間目、50分）

時配	学習活動（メインのみ記載）	指導上の留意点	準備物
10	3. 活動準備 ・ミシンの部品の確認、電源入れて、糸をかける。	・ミシンへの糸のかけ方・ボビンの入れ方等の手順書を示して、ペアで考えられるようにする。 ・手を添える位置を図で示し、縫い目に、チャコで印を入れておく。	・ミシン ・ボビン ・糸、針、布 ・手順書(糸のかけ方・ボビンの入れ方・ミシン操作の方法)
15	4. 作業活動 ・布の周りをほつれないようにミシンをかける。	・ミシン操作の手順書を示す。 ・順番に操作をする指示だけして、後はペアで相談しながら活動できるようにする。	

■「主体的・対話的で深い学び」になるための授業改善の工夫

＊主体的な学び＊
・他者の意見を聞いた上で絵柄を自己選択・自己決定することにより、袋作りに意欲的に取り組めるようになる。
＊対話的な学び＊
・他の意見をもとに考えたり、お互いにヒントを出し合うことで、新たな発想や自己の考えの広がりや深まりにつながる。また、プレゼントすることにより、気持ちの交流が生まれる。
＊深い学び＊
・成功例・失敗例の違いを知り、どういった方法で縫製したら解決できるかを実践的に試行し、その考えをもとに、さらによりよい作品に仕上げようとする。

■ 生きる力・自立と社会参加に向けて
・スーパー等で利用する「買い物マイバック」や、雑巾等を製作して使用することを目指す。
【実践力】　・ミシンを使ってのボタン付けやほつれ修理が可能となる。
【思考力】　・常に使う人のことを考えながら使い勝手が良くなるよう工夫する。
【基礎力】　・ミシンへの糸かけ、縫い方の操作の手順が分かる。

25 外国語（英語）＜特別支援学校・中学部＞

題材名「アルファベットに親しもう」

■指導目標　・26文字のアルファベットを知り、読むことができる。

■指導計画　15単位時間（50分×15回）

時数	主な学習活動	時数	主な学習活動	時数	主な学習活動
1	・「ABCの歌」、A,B,C	6	・「ABCの歌」、P,Q,R	11	・N〜Z復習（カルタ書き練習）
2	・「ABCの歌」、D,E,F	7	・「ABCの歌」、S,T,U	12	・A〜Z復習（読み・書き練習）
3	・「ABCの歌」、G,H,I	8	・「ABCの歌」、V,W,X	13	・自分の名前を覚えよう
4	・「ABCの歌」、J,K,L	9	・「ABCの歌」、Y,Z	14	・カルタの単語を覚えよう①
5	・「ABCの歌」、M,N,O	10	・A〜M復習（カルタ、書き練習）	15	・カルタの単語を覚えよう②

■評価の観点　・26文字のアルファベットに興味を持ち、読むことができるか。

■本時の指導　（2／15時間目、50分）

時配	学習活動	指導上の留意点	準備物
00	1. 始めの挨拶をする。 2. 「ABCの歌」を聞く。 05　3. 前時の振り返りをする。	・ポスターのアルファベットを指さして確認する。 ・身振り手振りでアルファベットの形を表現しながら、一緒に歌う。 ・読みカードや単語カードとマッチングさせながら発音練習する。例「A：アップル」「B：ボール」	・ポスター ・CD ・アルファベットカード ・読みカード ・単語カード
15	4. 「D,E,F」のカード見て、発音を知る。 25　5. 「D,E,F」単語を読む。	・形の違いに気づけるように工夫提示を工夫する。 ・アルファベットカードに、読みカードを付けて提示する。 ・シールを貼ったり、なぞり書きをしながら形を覚えられるようにする。（個別課題） ・「Dog,Dad,Elephant,Egg,Fish,Fire」の絵カードを見ながら発音し、「D,E,F」の形の違いが意識できるようにする。	・アルファベットカード ・読みカード ・シール ・なぞり書き用紙 ・単語カード ・カルタ用カード
40	6. 単語カードでカルタやビンゴをする。 50　7. 終わりの挨拶をする。	・カルタとりや、ビンゴゲームでA〜Fのアルファベットに親しむことができるようにする。 ・発音する回数を確保して、繰り返し練習できるようにする。	・ビンゴ用紙

■実践を振り返っての課題

【指導計画】
・アルファベットは読めても音としてのルールが分からない生徒はそのままになりがちである。また、大文字学習は書き学習につながりにくい。

【学習活動】
・自分自身を振り返る場面がなく、間違った発音、口の形などがそのままになりやすい。
・カルタやビンゴを通して英単語に親しむことはできるが、生徒が自らめあてを持って学習する場面が少ない。

【学習評価】
・アルファベットの形と読みを学ぶだけになってしまい、今後の英語学習に結びつかない。

25 外国語（英語） ＜特別支援学校・中学部＞

題材名「アルファベットに親しもう」

■指導目標　・42音（Jolly Phonics）について、文字と音の対応が分かり、発音することができる。
　　　　　・文字と音の結びつきを判断し、発音を考えて単語の読み書きができる。
　　　　　・文字と音の結びつきを活用した活動に進んで取り組むことができる。

■指導計画　15単位時間（50分×15回）※「フォニックスソング」は各時間共通

時数	主な学習活動	時数	主な学習活動	時数	主な学習活動
1	・s,a,t	6	・l,f,b	11	・y,x,ch
2	・i,p,n	7	・ai,j,oa	12	・sh,th,th
3	・c/k,e,h	8	・ie,ee,or	13	・qu,ou,oi
4	・r,m,d	9	・z,w,ng	14	・ue,er,ar
5	・g,o,u	10	・v,oo,oo	15	・復習（フォニックスソングで）

■評価の観点
＜知識・技能＞
・文字と音の結びつきが分かり、文字と音を結びつけて発音している。
＜思考・判断・表現＞
・文字が持つ音をもとに文字と音の結びつきを判断してどのように発音するのか考えるとともに、フォニックスを活用して、単語の読み書きができている。
＜主体的に学習に取り組む態度＞
・「ストーリ」「アクション」に意欲的に取り組み、文字と音の結びつきをつかもうとしている。

■本時の指導　（2／15時間目、50分）

時配	学習活動（メインのみ記載）	指導上の留意点	準備物
20	4.「i,p,m」の絵本を見て、それぞれの音を発音しアクションをする。	・音を強調して絵本（ストーリー）を作る。 ・口の形やアクションを写真などで提示する。 ・例「e：ママはフライパンのふちで卵を叩いて「e,e,e」と言って割ったよ。」 ・音のアクションを互いに見せ合う。	・紙芝居 ・絵本
35	5. 音を聞いて、カードを机に並べて単語を作ったり、発表したりする。（個別課題）	・これまで学習した音を使った単語の絵カード提示する。 ・学習した音が単語中にあることが分かるように、はっきり発音する。 ・音を聞いて、自分で単語が作れるよう、カードやシールを用いる。 ・始点と終点の位置を確認しながら書くように声かけをする。	・絵カード ・42音のカード ・単語シート
40	6.「i,p,n」のなぞり書きをする。（個別課題）	・4線のプリントで練習することで、位置を覚えることができるようにする。	・なぞりプリント

注）Jolly Phonicsは使う頻度の多い「s」からの学習となる。また、小文字から学習する。文法の学習に入ったときに、文章の頭や名前などに大文字を使うことを指導し、大文字の学習に入る。

■「主体的・対話的で深い学び」になるための授業改善の工夫
＊主体的な学び＊
・映像やストーリーの中の音を聞き、自分でアクションをしながら主体的に学ぶことができる。
＊対話的な学び＊
・アクションを見せ合ったり、発音を聞き合ったりして、互いに教え合いや確認し合うことができる。
＊深い学び＊
・アルファベット読みではなく、音で読むことで、単語の読み書きにつながりやすくなる。

■生きる力・自立と社会参加に向けて
・目にした英単語を、フォニックスを用いて数多く読むことができるようになる。
【実践力】・文字の持つ音を理解し、フォニックスを活用することにより、読める英単語が増える。
【思考力】・英単語を読む際、42音をどのように活用するのかを考える。
【基礎力】・42音を覚えて、発音できる。

これまでの授業

Past Classes!

26　外国語（英語）　＜特別支援学校・高等部＞

単元名「身近にある英語が分かるようになろう」

■指導目標　・店名、社名、車名、テーマパーク関連などの身近で見かける英語表記が分かるようになる。

■指導計画　12単位時間（50分×12回）

時数	主な学習活動
1	・INとOUT、amとpmのような逆の意味を持つ単語
2	・コンビニ、スーパー、携帯会社の名前を覚えよう。（写真）
3	・車の会社名、車種名を覚えよう①（写真）
4	・TDL関係の英語を覚えよう（写真）
5	・校内活動：英語表記探し＜グループ＞
6	・振り返りとまとめ：発表準備＜グループ＞

時数	主な学習活動
7	・発表：学校で見つけたもの＜グループ＞
8	・校外活動の事前学習（確認する名前・場所）※コンビニ、スーパー、携帯会社などの社名中心
9	・校外活動：写真と同じ英語を探そう＜グループ＞
10	・振り返りとまとめ
11	・車の名前を覚えよう！②（駐車場で）
12	・振り返りとまとめ

■評価の観点　・店名、社名、車名、テーマパーク関連などの身近にある英語表記の単語を読むことができるか。

■本時の指導　（2／12時間目、50分）

時配	学習活動	指導上の留意点	準備物
00 05	1. 始めの挨拶をする。 2. 前時の復習をする。	・INとOUT、HOTとCOLD、PULLとPUSH、OPENとCLOSED、amとpmを復習し、スムーズな導入を図る。	・単語カード ・イラストや写真 ・写真
15	3. 本時のめあてを確認する。 「よく見る英語を覚えよう」	・覚えることに目的意識が持てるよう、身近なスーパー、コンビニ、携帯会社の社名の写真を見せて導入する。 ・生徒が知っている場所を見せることで、より日常生活とつながるようにする。	
25	4. 英語の名前を読む。（グループ） ①コンビニの名前 ②スーパーの名前 ③携帯会社の名前	・意味も分かるように写真と日本語カードを使用する。 ・カテゴリごとにまとめて提示し、覚えやすく工夫する。 ・マークやロゴなども活用しながら、関連づけを意識する。 ・教師が繰り返し発音して聞かせることで、耳からも定着を図る。 ・繰り返し練習する時間を確保して、自信を持って読めるようにする。	・写真 ・単語カード ・日本語カード
40 50	5. 次時の予告を聞く。 6. 終わりの挨拶をする。	・次時の予告をして、興味を持てるようにする。	

■実践を振り返っての課題

【指導計画】
・自分で判断する時間が仕組まれておらず、生徒自身による主体的な動きにならない。

【学習活動】
・「確認」「受容」的な学習が主体となっており、「発見」の場面が少ない。

【学習評価】
・評価が「できたか」「できなかったか」ということだけにとどまっており、生徒の意欲に対する面を見とれるものになっていない。

アクティブ・ラーニングの授業

Active Learning!

26　外国語（英語）　＜特別支援学校・高等部＞

単元名「身近にある英単語」

■ 指導目標
・英語表記の単語を読むことができる。
・工夫しながら身近で見かける英語表記を覚え、分かったことをポスターにまとめることができる。
・興味を持って英単語を探し、読もうとすることができる。

■ 指導計画　12単位時間（50分×12回）

時数	主な学習活動
1	・INとOUT、amとpmのような逆の意味を持つ単語
2	・校外学習①：英語を探そう（個人）
3	・振り返りとまとめ（グループ）
4	・校外活動計画作成：建物、施設（グループ）
5	・校外活動②：英語を探そう（グループ）
6	・振り返りとまとめ：発表準備（グループ）

時数	主な学習活動
7	・発表：私たちが見つけてきたもの（グループ）
8	・校内活動：英語を探そう（個人）
9	・振り返りとまとめ（グループ）
10	・【みんなで覚えよう！】をピックアップ（話し合い）
11	・【みんなで覚えよう！】ポスター作り
12	・【みんなで覚えよう！】ポスター作り（完成・掲示）

■ 評価の観点
＜知識・技能＞
・自分が身の回りで見つけた英語表記が表す内容が分かり、単語を読んでいる。
＜思考・判断・表現＞
・校内外にある英語表記に気づき、見つけた単語を覚える方法を考えたり覚え方を工夫するとともに、読めない単語や分からない単語を周りの人や教師に尋ねて確認し、仲間と話し合いながらポスターを制作したり発表している。
＜主体的に学習に取り組む態度＞
・友達に英語表記を見せ合いながら、多くの英単語を探そうとしている。

■ 本時の指導　（2／12時間目、50分）

時配	学習活動（メインのみ記載）	指導上の留意点	準備物
03 05	2. 校外学習の準備をする。 3. 本時の目標を把握する。	・生徒の持ち物（デジカメ・筆記用具・クリップボード）を確認する。 ・まとめの学習で使用することを予告し、「写真を撮るときの約束」を確認する。（社名などの全体を入れる、周囲の安全確認に留意する）	・デジカメ（個人用） ・筆記用具 ・クリップボード
10	4. 探し活動（校外学習）をする。 ・店名、社名、車名などの英語表記をデジカメで撮影	・35分間で探し活動できるような距離や場所を設定する。 ・英語を見つけたときは、自分判断してデジタルカメラで撮影するように指示する。 ・英語なのか分からないでいるときには、仲間や教師に尋ねるよう促す。 ・英語の意味が分かるものは、ノートにメモをとるよう指示する。	
45	5. 振り返りをする。 ・どのくらい見つけたか確認	・撮影した英語をデジカメ操作で確認できるようにする。 ・デジカメを操作できない生徒は、教師が支援する。	

■ 「主体的・対話的で深い学び」になるための授業改善の工夫
＊主体的な学び＊
・英語表記のものを「探し活動」で見つけ出すことにより、教材の発見につながり自分でカテゴリー化できる。
＊対話的な学び＊
・「探し活動」「ポスター制作」では、グループで話し合ったり教え合ったりすることで、互いに学び合える。
＊深い学び＊
・英語表現を実際に目で見ることで、その数の多さを体感し、新たな発見や気づきを持てる。

■ 生きる力・自立と社会参加に向けて
・目的に合った店、メーカー、商品などを自分自身で選択することが可能になる。
【実践力】　・分からないときの調べ方を学び、実際に読める英語を増やしていく。
【思考力】　・自分なりの覚え方を見つけようとしたり、どうやったら分かるようになるかを考える。
【基礎力】　・店名、社名、車名、テーマパーク関連などの、身近で見かける英語表記が分かる。

これまでの授業

27 外国語（英語） ＜中学校・特別支援学級＞

単元名「色を覚えよう」

■指導目標　・色の名前をたくさん覚えて言えるようになる。

■指導計画　8単位時間（50分×8回）

時数	主な学習活動
1	・宇宙戦隊「キュウレンジャー」で色を覚えよう！
2	・車のカタログで色を覚えよう。
3	・洋服のカタログで色を覚えよう。
4	・色の名前を覚えよう。（ワークシート）＜グループ＞

時数	主な学習活動
5	・動物当てクイズ（色を聞いて、何の動物か当てる）
6	・抜けている色の名前を考えよう。（口頭）＜一斉＞
7	・抜けている色の名前を考えよう。（ワークシート）
8	・カラータッチゲーム（教室内にあるもの・自分）

■評価の観点　・身近にある色の名前を英語で言えるようになるか。

■本時の指導　（7／8時間目、50分）

時配	学習活動	指導上の留意点	準備物
00 05	1. 始めの挨拶をする。 2. 前時の復習をする。	・これまで学んできた色の名前を復習し、本時の学習にスムーズに入ることができるようにする。 ・自信を持って言えるように何度か発音練習をする。	・色カード
15 30	3. 本時のめあてを確認する。 「抜けている色の名前は？」 ①やり方の確認・練習 ②ワークシートを書く 4. 答え合わせをする。	・類似の問題をやってみることで、取り組み方が分かるようにする。 ・カタログやイラストとともに提示し、色をイメージしやすくする。 　（例：サクラ＿＿＿） ・書く時間を十分に確保する。 ・グループで答え合わせをすることで、お互いに教え合えるようにする。	・実物投影機 ・ワークシート
45 50	5. 次時の予告 6. 終わりの挨拶をする。	・次時の予告をすることで、興味を持てるようにする。	

■実践を振り返っての課題

【指導計画】
・一斉指導の中で、「覚える」活動が多くなっており、単調になりやすい。

【学習活動】
・教師により指示される活動が多く、生徒自身による主体的な活動がなくなってしまっている。
・生徒同士が相談し合ったり、話し合ったりする場面が少なく、学び合いにつながっていない。

【学習評価】
・色の名前を英語で「言えるようになったか」「言えないか」という「結果」だけを評価するものとなっており、意欲を喚起するようなものになっていない。

アクティブ・ラーニングの授業

Active Learning!

27 外国語（英語） ＜中学校・特別支援学級＞

単元名「色を覚えよう」

■ **指導目標**
- 色の名前を英語で言うことができる。
- 色が持つイメージを考えながら、色の名前を覚えて言うことができる。
- 楽しみながら色の名前を覚えることができる。

■ **指導計画** 8単位時間（50分×8回）

時数	主な学習活動
1	・宇宙戦隊「キュウレンジャー」で色を覚えよう！
2	・先生方の車は何色？（駐車場で）
3	・同じ色を集めよう。（果物、野菜、動物など）
4	・色で遊ぼう①（色鬼）

時数	主な学習活動
5	・色で遊ぼう②（フルーツバスケット）
6	・色に名前を付けよう。＜ペア＞
7	・発表する。（考えた色の名前を伝えよう）＜ペア＞
8	・インターネットやカタログで商品を見てみよう。

■ **評価の観点**

＜知識・技能＞
- 色の名前を英語で何と言うか分かり、色の名前を英語で言えるようになる。

＜思考・判断・表現＞
- 分からない色が何色の系統に入るかを判断し、イメージと関連付けながら考えて覚えようとするとともに、自分の好きな色にオリジナルの名前を付けて仲間に伝えている。

＜主体的に学習に取り組む態度＞
- 「色」に興味を持ち、自分から進んで英語で言おうとしている。

■ **本時の指導** （7／12時間目、50分）

時配	学習活動（メインのみ記載）	指導上の留意点	準備物
05	2.「オリジナルカラー発表」 ①発表練習	・グループごとに発表の時間をとり、一人一人が自信を持って発表できるようにする。 ・ペア、グループ内での役割分担を確認する。	・発表用紙
15	②発表	・「○○みたいな△色なので、…という名前にしました。」という「モデル」を使うことで、自分の思いが伝わる発表になるようにする。	
25	3. 振り返りと感想をまとめる。	・他グループとの相違に気づき、学び合いができるように助言する。 ・工夫した点、苦労した点、仲間の良かったところなどをワークシートにまとめるよう促す。（1行〜2行程度で簡単に） ・書く時間を確保する。	・ワークシート
35	4. 感想発表する。	・自分の思いを話したり、友達の良いところに気づけるようにする。	

■ **「主体的・対話的で深い学び」になるための授業改善の工夫**

＊主体的な学び＊
- 車やアニメで色の名前を学習したり、オリジナルの名前を付けたりすることで、楽しみながら意欲的に取り組める。

＊対話的な学び＊
- 互いの意見を聞き合うことで、自分と他者との相違に気づき、互いに学び合い、自己の考えを広げ深める。

＊深い学び＊
- 自分たちで色の名前を考えることにより、色に思いを込め、色からの推理や創造性を追求していく。

■ **生きる力・自立と社会参加に向けて**
- 服等を購入する際に、英語表記の色を見ながら、自分に似合う色を選択していく。
- 【実践力】 ・分からないことは調べながら、実際に分かる色の名前を増やしていく。
- 【思考力】 ・色の持つイメージや具体物などと関連させながら、自分なりの覚え方を見つける。
- 【基礎力】 ・12色（絵の具セット基準）程度の色の名前が言える。

28 外国語(英語) <中学校・通級指導教室>

題材名「基礎的な英文法を習得しよう」

■指導目標　・基礎的な英文法を知り、書きながら覚えて英文を作ることができる。

■指導計画　2単位時間(50分×2回)

時数	主な学習活動	書いて覚える英文
1	・主語、動詞、副詞、それぞれの意味、英単語を学ぶ。	I run fast.　　　I walk slowly. You work happily.　You swim fast. He runs slowly.　　She walks fast.
2	・主語、動詞、副詞、それぞれの英単語を使って英文を作る。	

■評価の観点　・英文法の決まりを意識し、書いて覚えて英文を作ることができるか。

■本時の指導　(2/2時間目、50分)

時配	学習活動	指導上の留意点	準備物
00	1. 主語、動詞、副詞の英単語の復習をする。	・品詞の意味を再確認する。	・復習テスト
15	2. 主語、動詞、副詞を使って英文を作る。 ①基本的な肯定文の例として、主語・動詞・副詞の順番になることを知る。 ②主語の説明を聞きながら板書をノートに写す。 　(人称・単数形・複数形について) ③動詞の説明を聞きながら板書をノートに写す。 　(主語が三人称単数のとき、「S」がつくこと) ④副詞の説明を聞きながら板書をノートに写す。 　(副詞の意味) ⑤ワークシートの日本語文を見て、ワークシートに英文を書く。 ⑥習った英文を10回通りノートに書いて覚える。	・教師の説明を聞きながら、ノートに書き整理していくように促す。 ・書くことを繰り返すことで覚えることができることを説明する。	・ノート ・ワークシート
45 50	3. 振り返りをする。 4. まとめをする。	・正確に理解し英文を作ることができたか、学んだことや気づきを振り返るように助言する。	・確認テスト

■実践を振り返っての課題

【指導計画】
・説明を聞きながら書くという2つのことを同時にこなすことの授業では、書くことにエネルギーが注がれ、それで精一杯になり、大事な説明が聞き取れず、理解しなければならないことが理解できないまま、ただ書くだけになってしまうことがある。

【学習活動】
・書字に困難さのある生徒では、説明が聞けていないために、ワークシートが白紙になったり、書いたとしても枠からはみ出したり、後から見直しても自分でも何を書いているのか判読できないことがある。また、ノートについても、板書についていけず、書くことにとても時間がかかってしまい記憶や理解に至らない。

【学習評価】
・説明を聞きながら書く作業や、何度も繰り返し書いて覚える方法は、英語の文法を学ぶ上で、負荷が大きく理解に至らないことがある。

アクティブ・ラーニングの授業

Active Learning!

28 外国語（英語）＜中学校・通級指導教室＞

題材名「基礎的な英文法を習得しよう」

■指導目標　・英文法の決まりや品詞の意味が分かる。
　　　　　　・品詞や語順を考えながら、自分で英文を作ることができる。
　　　　　　・自分から進んで英文を書くことができる。

■指導計画　2単位時間（50分×2回）これまでと同様
＜指導内容（Jolly Grammarを参考）＞

基本肯定文	主語（代名詞）	動詞	副詞
単語カードの色	ピンク	レッド	オレンジ
品詞の意味を覚えるためのアクション	対象を指さす	両手を90度に曲げて腕を振る	げんこつを両手で作り重ねる
カードに書かれた英単語	I　We You　You He She It　They	work works　run runs play plays　walk walks swim swims　sleep sleeps	fast slowly happily

■評価の観点
＜知識・技能＞
・英文法の決まりや品詞の意味が分かり、英文法の決まりを意識していろいろな英文を作っている。
＜思考・判断・表現＞
・品詞や語順を判断し、考えながら正確に英文法の並び替えができているとともに、作った英文を相手に伝わるように読んだり書いたりしている。
＜主体的に学習に取り組む態度＞
・英文法の成り立ちに興味を持ち、意欲的に取り組もうとしている。

■本時の指導　（2／2時間目、50分）

時配	学習活動（メインのみ記載）	指導上の留意点	準備物
15	2. 主語、動詞、副詞の英単語を使って英文を作る。 ①一枚のカードに一つの単語を書いておく。（品詞別に色分けをしておく） ②基本的な肯定文の例として、主語・動詞・副詞の順番になることを知る。 ③主語の説明をアクションを交えて聞く。（人称・単数・複数形について） ④動詞の説明をアクションを交えて聞く。（主語が三人称単数時「S」がつく） ⑤副詞の説明をアクションを交えて聞く。（副詞の意味について） ⑥カードを並べ替えて色々な英文を作る。 ⑦作った英文を読んだり訳したり、回数を軽減して書いたりする。	・書くことに困難さがあるので書く作業をできるだけ軽減する。 ・アクションは意味と結び付けてできるだけ大きく行う。	・フラッシュカード

■「主体的・対話的で深い学び」になるための授業改善の工夫

＊主体的な学び＊
・基本的な肯定文の作り方の決まりを知ることで、書く負担を減らしながら意欲的に種々の英文を作るようになる。
＊対話的な学び＊
・英文の日本語訳を生徒同士で交流することで、新たな気づきが生まれ、基本的な英文作りがより定着する。
＊深い学び＊
・他の動詞や副詞の場合にどのような英文が作れるかを構想することにより、さらに発展的・応用的に実践するしようとする。

■生きる力・自立と社会参加に向けて
・今後、基本的な肯定文の定着により否定文や疑問文などへの応用が可能になり、社会生活において実践的なコミュニケーションができることを目指す。
【実践力】　・簡単な英文作りができることにより、英会話につながる英文を作ることが可能となる。
【思考力】　・書く負担を軽減した英文作りについて、自己課題を改善していくことに気づく。
【基礎力】　・主語、動詞、副詞を使った簡単な英文作りが身に付く。

29 外国語（英語） ＜中学校・通級指導教室＞

題材名「フォニックスを学び、英単語の読み書きをしよう」

■指導目標　・フォニックスを学び、英単語を読んだり書いたりすることができる。

■指導計画　7単位時間（50分×7回）

時数	主な学習活動
1	・アルファベットの読みを学ぶ、
2	・アルファベットの書きを学ぶ。（大文字）
3	・アルファベットの書きを学ぶ。（小文字）
4	・フォニックスの文字と音の関係をアルファベット順にカタカナ音で学ぶ。

時数	主な学習活動
5	・4の文字と音の関係を覚える。
6	・フォニックスを使って英単語を読む
7	・フォニックスを使って英単語の読み書きを行う。

■評価の観点　・文字と音の結びつきを知り、読み書きできる英単語を増やすことができるか。

■本時の指導　（7／7時間目、50分）

時配	学習活動	指導上の留意点	準備物
00	1. アルファベットの読みの復習をする。 2. アルファベットの書きの復習をする。	・アルファベット順に読んだり書いたりできる復習テストを準備しておく。	・復習テスト
15 30	3. アルファベット順に文字をフォニックスで読んでいく。 4. 英単語をフォニックスで読んでいく。（dog　bag　map など）	・フォニックスの読みをカタカナ音で示す。 ・文字数の少ない英単語から行う。	・ワークシート
45 50	5. アルファベット順に音をフォニックスで文字に変換して書く。 6. 英単語を聞いてワークシートに書く。	・文字数の少ない英単語から行う。	・ワークシート

＜フォニックスの読みと指導方法＞

a	ア	b	ブ	c	ク	d	ド	e	エ	f	フ	g	グ	h	ハ	i	イ
j	ヂ	k	ク	l	ル	m	ム	n	ヌ	o	オ	p	プ	q	ク	r	ル
s	ス	t	ト	u	ア	v	ブ	w	ウ	x	クス	y	イ	z	ズ		

■実践を振り返っての課題

【指導計画】
・先にアルファベットの読み方を学ぶと、それが定着した後のフォニックスの指導は、文字と音の対応に混乱が生じる可能性がある。
・系統立てた指導になりにくく、読み書きができる英単語が、なかなか増えていかず、達成感が得られない可能性がある。

【学習活動】
・カタカナ音は、「子音＋母音」の音が多く、実際の音と異なった音を覚え、誤学習につながる可能性がある。
・例えば「f」や「v」の音や、「l」と「r」の音や、「a」と「u」の音など、日本語にはない音だったり区別しにくい音だったりし、カタカナ音の指導では限界がある。

【学習評価】
・カタカナ音でのフォニックスの指導は、文字と音の結びつきの正しい理解につながりにくく、英語学習において、基礎の定着が難しくなり、主体的な学びになりにくくなる可能性がある。
・ワーキングメモリの弱い生徒にとっては、覚えることが難しく、繰り返しの指導をしても、なかなか定着しないことがある。

アクティブ・ラーニングの授業

29 外国語（英語） ＜中学校・通級指導教室＞

題材名「フォニックス（Jolly Phonics）を学び、英単語の読み書きをしよう」

■指導目標
・文字と音を結びつけて英単語を書くことができる。
・音と文字のつながりを考え、自分で判断しながら英単語の読み書きができる。
・意欲的に「アクション」や発音練習に取り組むことができる。

■指導計画　7単位時間（50分×7回）

時数	主な学習活動
1	・s a t i p n
2	・c/k e h r m d
3	・g o u l f b
4	・ai j oa ie ee or

時数	主な学習活動
5	・z w ng v oo oo
6	・y x ch sh th th
7	・qu ou oi ue er ar

■評価の観点
＜知識・技能＞
・文字と音の結びつきを「話」「アクション」を支えに理解でき、基礎的な英単語の読み書きができている。
＜思考・判断・表現＞
・知らない英単語について、文字から音へ、音から文字への変換に注目して、どの音、文字になるかを判断するとともに、自力で考えながら英単語を正確に読んだり、聞いた英単語を書いたりできている。
＜主体的に学習に取り組む態度＞
・文字と音の結びつきに興味を持ち、意欲的に学ぼうと取り組んでいる。

■本時の指導　（1／7時間目、50分）

時配	学習活動	指導上の留意点	準備物
00	1. テキストを見ながらお話を聞いて音に慣れる。 例「s」：「野原へ散歩に行ったら、犬が突然吠え出しました。ヘビがいて、「ssss」と言いながら逃げていったよ。」 2. アクション（文字に対し動作をつける） 例「s」：手で「S」の字を描く	・音を強調したり繰り返したりする。 ・動作を大きくして分かりやすくする。	・テキスト
15	3. 綴りの練習（空書きをする） 4. ブレンディング（習った文字・音を使って書かれている単語を読む）at ant pin など 5. 音の聞き取り（単語を聞き、習った音が、どのあたりにあったか聞き取る）	・テキスト上の文字を指先で触れながら行った後、空書きをする。 ・単語の意味も教える。 ・初め・最後・中と大まかに捉えてもよい。	・テキスト
45	6. セグメティング（発音された単語を1音ずつ聞き分けてから書く）	・難しい場合は、ヒントとして音素の数を指で示すようにする。	・ワークシート

■「主体的・対話的で深い学び」になるための授業改善の工夫
＊主体的な学び＊
・文字と音の結びつきを記憶しやすい方法を知ることにより、一人で英単語を読んだり聞いて書いたりする。
＊対話的な学び＊
・指導者と生徒や生徒同士で比較したり指摘することで、新たな気づきが生まれ、フォニックスがより定着する。
＊深い学び＊
・日本人が発音しにくい音や似たような音があることに気づき、より正確な音を出すために修正し実践しようとする。

■生きる力・自立と社会参加に向けて
・将来知らない英単語に出会ったとき、その読み書きを自力で行うことが可能になることを目指す。
【実践力】・日常使用する簡単な英単語の読み書きが可能となる。
【思考力】・文字と音の結びつきについて、自己課題を改善していくことに気づく。
【基礎力】・簡単な英単語の読み書きが身に付く。

30 道徳 ＜特別支援学校・高等部＞

題材名「自分の気持ち・相手の気持ち ～思いやり、相互理解～」

- ■指導目標 ・自分の考えをワークシートに書いたり発表したりする。
- ■指導時数 ・1単位時間（50分×1回）、本時の指導を参照
- ■評価の観点 ・友達とトラブルになったときどうすればよいか考えることができるか。

■本時の指導 （1／1時間目、50分）

時配	学習活動	予想される生徒の反応	指導上の留意点
00	1. 友達とトラブルになっている資料を読んだり、イラストを見たりする。		・資料の不適切な場面に気づくことができるように、資料を読んだりイラストを見せたりする。
15	2. 問題となっている部分についての自分の考えや、解決策についてワークシートに書く。 3. グループで話し合ったり、自分の考えを発表したりする。	「友達をたたくのは悪いことだ。」 「友達の嫌がることをするのはいけない。」 「やめて」と言葉で伝える。 「先生に話す。」 「分からない。」	・自分の意見を持つことができるように、時間を設定する。必要に応じて、資料やイラストの内容ついて補足する。 ・友達の意見が分かるように板書する。
40 50	4. 心に思ったことについてワークシートに書いたり発表したりする。 5. 教師の話を聞く。	「友達の嫌がることをしない。」 「言葉で伝えるようにする。」	・話し合いで出された意見などを板書する。

■実践を振り返っての課題

【指導計画】
・1題材を1時間（50分）で行うことが多い。また、一つ一つの題材は、関連しておらず、各学年で読み取れる内容、起こりうる事例などが題材として用いられることが多い。

【学習活動】
・資料に基づいての話し合いなので、障害のある生徒によっては、話し合いへの参加が難しい場合がある。また、自分の実生活に結びつけて般化することが難しい。
・一般的な問題場面についての自分の考えなので、「自分はどうするか」についてではなく、「教師は（社会は）どういう答えを望んでいるか」について考えたり発表したりする可能性がある。

【学習評価】
・資料を用いての話し合いの場合、「どうすればよいか」の答えがあらかじめ教師の中にある場合が多く、模範的な回答ができているかどうかで評価されやすい。

30 道徳 ＜特別支援学校・高等部＞

題材名「自分の気持ち・相手の気持ち ～思いやり、相互理解～」

■指導目標
・相手の表情や身振りに注目し、思いやる気持ちを持つことができる。
・相手の気持ちを思いやったかかわり方について考えたり、判断したりすることができる。
・自分の気持ちの表現の仕方を考えて発表したり、相手の気持ちを考えて行動したりすることができる。

■指導計画　4単位時間（50分×4回）

時数	主な学習活動
1	○自分の気持ちについて考えよう。
2 3	○気持ちの表し方について考えよう。 ・前時で話になった気持ちのときどういう表現をするか、生徒同士が役割を交代してロールプレイしながら発表し合うことで自分の気持ちの表現の仕方について考えたり、友達の気持ちの表現の仕方について知る。
4	○どうしたらよいか考えよう。 ・相手の気持ちを思いやったかかわり方について考える。前時を受け、友達がイライラしたときや悲しいとき、友達に自分はどうかかわったらよいかロールプレイしながらお互いの気持ちについて発表し合う。

■評価の観点
＜道徳的心情＞
・相手の表情や身振りなどから相手の気持ちを思いやって行動している。
＜道徳的判断力＞
・相手の気持ちを思いやったかかわり方について判断している。
＜道徳的実践意欲・態度＞
・自分の気持ちやそのときの状況について発表したりロールプレイを通して再現するとともに、相手の話を聞いたり自分の気持ちを考えたりして行動をしようとしている。

■本時の指導　（1／4時間目、50分）

時配	学習活動	指導上の留意点
00	1. 自分はどんなときにどんな気持ちになるか考え、発表する。	・気持ちの種類については、生徒に問い、生徒から出てきたものを表に書き込む。 　例：うれしい、楽しい、イライラ、悲しい、つらい、残念など
15	2. 友達はどんなときにどんな気持ちになるのか知る。	・黒板に表を作り、友達の気持ちについても気づくことができるようにする。 ・字が書ける生徒には、自分で表に書き込んでもよいことを伝える。 ・生徒のつぶやきを拾い、板書したり言葉かけをしたりして共有する。 【表の例】 | 気持ち | 生徒A | 生徒B | 生徒C | |---|---|---|---| | うれしい | バスを待っているとき | | 歌を聞いているとき | | 残念 | | ゲームで負けたとき | | | イライラ | お母さんに怒られたとき | 友達が注意してきたとき | 先生から怒られたとき | | 悲しい | 友達と電話がつながらないとき | | 友達が遊んでくれなかったとき |
45	3. まとめをする。	

【表の例】

気持ち	生徒A	生徒B	生徒C
うれしい	バスを待っているとき		歌を聞いているとき
残念		ゲームで負けたとき	
イライラ	お母さんに怒られたとき	友達が注意してきたとき	先生から怒られたとき
悲しい	友達と電話がつながらないとき		友達が遊んでくれなかったとき

■「主体的・対話的で深い学び」になるための授業改善の工夫
＊主体的な学び＊
・最初に自分の気持ちを考えた上で、他者の気持ちを聞くことで自分と他者の違いに気づくようになる。
＊対話的な学び＊
・自分たちが実際に体験した場面を取り上げてロールプレイすることで、そのときの状況を生徒同士が共通理解する。また、話し合いを通して自分と他者との気持ちの違いを確かめて活動する。
＊深い学び＊
・ロールプレイをして状況を共通理解することで自分と他者との気持ちの違いについて考えやすく、さらに、新たな気づきを得て、最善の方法や解決に向かう姿勢を示す。

■生きる力・自立と社会参加に向けて
・身振りや表情から相手の気持ちを推測できることに気づき、相手の気持ちを思いやったかかわり方について考えたり実践したりできるようになることを目指す。
【実践力】　・相手の気持ちを思いやったかかわり方をする。
【思考力】　・相手の状況や気持ちについて推測した上で、自分はどうかかわったらよいか考える。
【基礎力】　・言葉のかけ方、触れ方、視覚的に提示するなど、多様なかかわり方に気づく。

31 総合的な学習の時間　＜特別支援学校・中学部＞

テーマ「龍おどりをしよう」

■**指導目標**　・龍おどりを通して地域の伝統文化に触れ、様々な人とのかかわりや経験を広げる。

■**指導計画**　20単位時間（50分×2コマ×10回）、特別活動1回（全校集会）

時数	小テーマ	主な学習活動	活動形態
1〜2	龍おどりについて知ろう	・長崎くんちのビデオを見る。 ・先輩が演じている龍おどりのビデオを見る。	全体
3〜4	本物の龍おどりを見よう	・長崎大学龍踊部の龍おどりを演じてもらい迫力を感じる。 ・本物の「龍」や楽器に触れる。	全体
5〜6	希望調査をしよう	・玉、龍、楽器、撮影係などの役割から選択する。	全体、学級
7〜14	龍おどりの練習をしよう	・通し練習、部分練習をする。 ・準備、片付けをする。	全体 グループ
特活（集会）	※全校集会での披露	・小学部児童、高等部生徒、教職員、保護者の前で練習の成果を披露する。	全体
15〜16	○○中学校との交流学習で発表しよう	・○○中学校と演技発表交換会を行い、演じる。 ・○○中学校の生徒と龍おどり交流をする。	全体 グループ
17〜18	龍おどりの練習をしよう	・通し練習、部分練習をする。 ・準備、片付けをする。	全体
19〜20	○○市中学校総合文化祭で発表しよう	・市内で行われる中学校文化祭に参加し、龍おどりを披露する。	全体

■**評価の観点**　・地域の文化に関心を持つことができるか。協力して演じることができるか。

■**本時の指導**　（7/20〜8/20時間目、50分×2コマ連続）

時配	学習活動	指導上の留意点	準備物
00	1. 楽器、龍の準備をする。	・安全に気をつけながら楽器や龍を運ぶように声かけする。	・各楽器 ・龍の模型 ・玉
10	2. 通して練習をする。	・楽器の打ち方や龍の動かし方を、一通りやってみて、全体の流れを理解できるようにする。	
40(10)	3. 部分練習をする。 （休憩をする。）	・リズムや動きが上達できるように部分練習を組み入れる。	
50	4. 通して練習をする。 5. 部分練習をする。	・後半の練習のポイントを分かりやすく伝える。 ・教師が率先して元気よく演技したり楽器をリズムよく打ったりして、賑やかな雰囲気を作る。 ・再度部分練習をして流れをつかめるようにする。	・目標カード ・ホワイトボード
80	6. 上手に演技できたところの話を聞く。	・STから上手に演奏や演技ができていた生徒を発表し、みんなの前で称賛する。	
90	7. 楽器や龍の片付けをする。	・楽器や道具を大事に扱うように声かけする。	

■**実践を振り返っての課題**

【指導計画】
・生徒の自己選択場面を設けているが、授業のほとんどが教師主導で進められている。
・体験的な場面や発表の場も設けているが、龍おどりを演じるための知識・技能面の指導に偏っている。

【学習活動】
・龍おどりを繰り返し練習することに終始しており、「対話的な学び」の場面が設定されていない。
・隔週の学習のため、前時までの活動や自己の課題を想起しにくい。

【学習評価】
・評価が目標の裏返しになっている。
・生徒に身に付いた課題解決能力、コミュニケーション力、対人関係形成能力などを評価しにくい。

アクティブ・ラーニングの授業

Active Learning!

31 総合的な学習の時間　＜特別支援学校・中学部＞

テーマ「みんなで龍おどりを創ろう」

■**指導目標**
・楽器演奏のリズムや龍の動きが分かる。
・改善点を考え、工夫を加えながらよりよい演技をすることができる。
・自分の役割や集団を意識しながら意欲的に演技することができる。

■**指導計画**　22 単位時間（50 分×2 コマ連続×11 回）、特別活動 1 回（全校集会）

時数	小テーマ	主な学習活動	活動形態	関連教科等
1～2	龍おどりを見よう	・左ページ 3～4 と同様	全体	国語、社会、音楽
3～6	龍おどりの様々なパートを体験しよう	・玉、龍、楽器、撮影、放送などの役割を体験する。 ・龍おどりファイルに評価を書いてもらう。	全体、学級個人	国語、社会、音楽数学、体育
7～8	メンバーを決めよう	・希望調査と適性をもとにしたメンバーで演技練習を行う。	全体、個人	国語、音楽、体育
9～10	龍おどりの練習①	・通し・グループ練習を行い、メンバーを決定する。	全体	国語、社会、音楽
11～12	龍おどりの練習②	・通し・グループ練習を行う。 ・ビデオを見ながら、よかった点や改善点を話し合う。 ・龍おどりファイルに評価を書いてもらう。	全体グループ個人	国語、音楽、体育
13～14	龍踊部の先生から演技のコツを習おう	・長崎大学龍踊部の方から、アドバイスをもらいながら、一緒に練習をする。	全体グループ	国語、社会、音楽体育、特活
15～16	龍おどりの練習③	・上記 11～12 と同様	全体	国語、音楽、体育
17～18	中学校との交流学習	・左ページ 15～16 と同様　・ポートフォリオの蓄積	全体	音楽、体育、総合
19～20	中学校総合文化祭	・左ページ 19～20 と同様　・ポートフォリオの蓄積	全体	音楽、体育、特活
21～22	振り返りをしよう	・ビデオを見て、ファイルに自己評価を記入する。	全体、個人	国語、音楽、体育

■**評価の観点**

＜知識・技能＞
・龍おどりの楽器演奏のリズムや龍の動きが分かり、みんなに合わせて演技ができている。

＜思考・判断・表現＞
・楽器の鳴らし方や龍の動きの工夫すべき点について考えるとともに、教師や友達の合図を手掛かりにして演技の強弱をつけながら演技している。

＜主体的に学習に取り組む態度＞
・集団で龍おどりを演じることに意欲を持ち、一生懸命演じている。

■**本時の指導**　（11／20 時間目、50 分）

時配	学習活動（メインのみ記載）	指導上の留意点	準備物
10 20	2. 通し練習をする。 3. 演技や演奏の良かった点や改善点を話し合う。	・生徒の演技・演奏を録画しておく。 ・動画を再生しながら生徒の発言をボードに書いたり、評価したりしながら、良かった点や改善点を話し合えるようにする。	・ビデオカメラ ・電子黒板 ・ボード ・ファイル ・シール ・プリンタ
35	4. ファイルに自己評価を記入する。	・評価を書けない生徒は、◎○△の 3 段階のシールを貼ることで評価できるようにする。	

■**「主体的・対話的で深い学び」になるための授業改善の工夫**

＊主体的な学び＊
・自分がしたい役を自己選択・自己決定する場面を設け、さらに活動の様子のポートフォリオを蓄積することで、より上手くなるというめあてを持って取り組むようになる。

＊対話的な学び＊
・練習中のビデオ視聴、自己評価や他者評価の実施、外部講師から助言などにより、双方向の学び合いになる。

＊深い学び＊
・中学校との交流学習や総合文化祭での披露を目指し、課題意識や対人関係能力、コミュニケーション力などに目を向ける。

■**生きる力・自立と社会参加に向けて**
・卒業後の趣味や余暇活動において、地域住民の一人として地域の文化行事に積極的に参加することを目指す。

【実践力】・さらに龍おどりを創作しておどりの幅を広げる。
【思考力】・練習の過程で試行錯誤して、よりダイナミックな演技方法に気づく。
【基礎力】・みんなと協力や協調しながら自分の役割に責任を持って龍おどりができる。

32 総合的な学習の時間 ＜小学校・特別支援学級＞

テーマ「地域の自慢をしよう」

■指導目標　・地域にある施設や環境を調べ、自慢できるものを発表する。

■指導計画　35単位時間（45分×35回、4月～10月実施）

時数	小テーマ	主な学習活動	指導形態
1～4	学区を知ろう	・教師が学区地図を掲示し、店舗や工場等の場所、公園や河川等の位置を知らせ、見学場所とコースを確認する。 ・プリントの項目に従って、見学する店舗や工場で何を聞くのかを書いた後、インタビュアーの分担をする。 ・見学する際のマナーや手順を知る。	全体
5～23	学区の見学をしよう	・学区内の店舗や特徴的な場所の見学をする。（3回） ・それぞれが、あらかじめ用意した質問を、店の人に尋ね、メモをし、見学して分かったことをまとめる。 ・見学の際には写真を撮ったり、絵で描いたりする。 ・1回の見学ごとに、振り返りをしながらまとめていく。	全体 個別
24～35	発表会をしよう	・発表会の準備をする。 　（写真を使って、それぞれが発表ポスターを作成する） 　（発表原稿を考えたり、リハーサルをする） ・学級で発表会をする。 　（作成した発表ポスターをもとに発表する） 　（発表会の反省をする）	個別 全体

■評価の観点　・地域の施設や環境を見聞きし、調べたことを発表することができる。

■本時の指導　（4／35時間目、45分）

時配	学習活動	指導上の留意点	準備物
00 02	1. 挨拶をする。 2. 本時の学習内容を聞く。	・見学に向けての準備内容を説明する。	
05 20 30	3. プリントに記入する。 4. インタビューの練習をする。 5. 写真を撮ることを確認する。	・見学場所やどのようなことを尋ねたり観察したりするのかについての内容を記述できるようなプリントを作る。 ・誰が何を質問するのか確認しながら、インタビュアーが練習できるようにし、みんなで聞くようにさせる。 ・どの場所で写真を撮るのかを確認するために地図を提示し、注目させる。	・学習プリント ・学区地図 ・カメラ
35 45	6. 見学の際の注意事項を知る。 7. 次時の予告を聞き、終わりの挨拶をする。	・マナーや見学のコース、持ち物等を確認する。	・ルールカード ・実際の持ち物

■実践を振り返っての課題

【指導計画】
・見学コースは指導者がある程度決めて活動したため、児童が主体的に活動する場面が少ない。
・調べる活動はあるが、見学したことにとどまっており、発展性がない。

【学習活動】
・自己選択や自己決定の場面が少ない。
・プリントや発表ポスターの作成等、個別の課題が多く、児童同士との対話が少ない。

【学習評価】
・評価は、国語的な内容（読む、聞く、話す）に偏りがちである。
・自ら課題を見つけ、課題を解決するという点の具体的な評価内容が示しにくい。

アクティブ・ラーニングの授業

Active Learning! 32 総合的な学習の時間 ＜小学校・特別支援学級＞

テーマ「地域の自慢をしよう」

■指導目標
- 地域の特徴や自慢できることが分かる。
- 地域にある施設や環境を調べ、自慢できるものを選んで発表することができる。
- 自分から進んで地域の特徴を調べることができる。

■指導計画　35単位時間（45分×35回、4月～10月実施）

時数	小テーマ	主な学習活動	指導形態	関連教科等
1～10	学区の自慢を見つけよう	・学区内を全員で見学し、興味ある施設や場所をそれぞれが見つけ、見学後、発表をする。（学区見学2回） ・共通の場所をもとに、グループ分けをする。	全体	社会、理科、国語、道徳
11～22	グループで調べよう	・グループで、調べたいことやまとめたいことを考える。 ・見学して分かったことだけでなく、深く調べたいことを出し合い、コンピュータや本等を使って、調べる。 ＜課題の内容を発展できるようにする＞ （例）工場の種類、河川の上流、昔の街並み、公園の管理者、同じ店舗や系列の店舗等　⇒ 関連する内容を基に。他の都道府県のことを調べたり、旅行計画を立てたりすることへ発展	グループ 個別	社会、理科、国語、算数、図工
23～33	発表会をしよう	・発表会の準備及び発表会をする。 　写真、文章、絵などを使って、グループで発表するポスターや発表原稿を作成し、リハーサルをする。 ・様々な機会で発表する。 　交流学級、集会、ポスター掲示等	グループ 交流及び 共同学習	国語、図工
34～35	振り返ろう	・活動の感想やお互いの良さを伝え合う。	全体	国語

■評価の観点
＜知識・技能＞
・地域の特徴や自慢できることが分かり、言葉や文字で他者に伝えることができている。
＜思考・判断・態度＞
・見学してきたことやインターネット等で調べたことから、地域の特徴を考え、それが自慢できるものとして選択・判断することができるとともに、文章や絵、写真等を使ってポスター発表している。
＜主体的に学習に取り組む態度＞
・地域の人にインタビューしたりインターネット等の情報機器を活用して、地域の特徴を調べている。

■本時の指導　（10／35時間目、45分）

時配	学習活動	指導上の留意点	準備物
05 25	3. 見学した場所の発表をする。 　（印象に残った場所） 4. グループを作る。	・発表者に対して、質問をするよう促す。 ・同じ場所を発表した児童同士でのグループを作る。	・プロジェクター
30	5. 調べる課題を考える。	・児童の発言を促しながら、グループの課題がまとまるような助言をする。	・プリント

■「主体的・対話的で深い学び」になるための授業改善の工夫
＊主体的な学び＊
・自己選択や自己決定の活動を増やすことで、さらに興味・関心を高め、意欲的に活動するようになる。
＊対話的な学び＊
・自分の思いを伝えたり他者の思いを聞き入れたりしながら、自分の考えや意見を確かなものにしていくようになる。
＊深い学び＊
・地域の自慢で分かったこと、学んだことをもとに、さらに地域の特徴を探求・追求していくようになる。

■生きる力・自立と社会参加に向けて
・地域の人と交流したり活動や行事等に参加することで、地域の一員としての存在感を高めていく。
【実践力】・地域の特徴を知って、地域の様々な活動や行事に進んで参加する。
【思考力】・自分の学習課題をどうするかを考え、選択したり、自分で決定したりする。
【基礎力】・地域の自慢できるものが分かる。

 33 特別活動 ＜特別支援学校・小学部高学年、中学部、高等部＞

活動名「児童生徒会活動」

■指導目標　・自分の役割や様々な活動に取り組もうとする。

■指導計画　21単位時間（50分×21回、年間月2回）
　・小学部委員会には、小学部の高学年が所属し、それ以外の委員会には中学部と高等部の全生徒が所属。

月	主な児童会生徒会活動
4	・第1回　児童生徒総会（委員長の任命式、メンバー紹介、各委員会の活動紹介）
5	・第1回　全校集会（運動会のチーム顔合わせ会） ・運動会（小学部から高等部まで縦割りの3チームで実施）
6	・挨拶運動実施 ・エコキャップの回収呼び掛け開始
7	・挨拶運動実施
9	・第2回　全校集会（運動会のチームをもとにした小グループごとの活動）
12	・文化祭（各委員会が開祭式、閉祭式、進行などの役割を担う）
1	・児童生徒総会役員選挙公示
2	・第3回　全校集会（運動会のチームをもとにした小グループごとの活動）
3	・第2回　児童生徒総会（各委員会の活動報告、新生徒会長、新副会長の任命式、エコキャップ贈呈式）

■児童生徒会の組織図

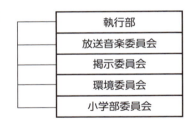

■評価の観点　・委員会内で与えられた役割に取り組むことができる。

■実践を振り返っての課題

【指導計画】
・それぞれの委員会間にまたがる情報交換は、担当教員で行われており、児童生徒同士の情報交換は行われていない。

【学習活動】
・活動内容が担当教員から委員会に伝えられるために、学校行事等に向けた各委員会のつながりや、協力して取り組む意識が持ちにくい。

【学習評価】
・児童生徒同士のかかわり合いや話し合いの機会、自分の役割について考える機会が少ないため、主体的に活動に取り組んでいるかどうかだけが重視されやすい。

アクティブ・ラーニングの授業

Active Learning! 33 特別活動 ＜特別支援学校・小学部高学年、中学部、高等部＞

活動名「児童生徒会活動」

■**指導目標**　・活動の内容や集団の中での自分の役割が分かる。
　　　　　　　・自分たちにできることや相手のことを考え、場に応じた言動をとることができる。
　　　　　　　・友達と協力したり話し合ったりしながら、自分の役割や様々な活動に取り組むことができる。

■**指導計画**　（月2回ペースで年間21単位時間（50分×21回））
・これまでの計画に加え、月1回、昼休みに生徒会長と各委員会の委員長が集まり、活動内容の情報交換をしたり、全校活動や行事の役割分担を決めたりする。

月	主な児童会生徒会活動
4	・第1回　児童生徒総会（委員長の任命式、メンバー紹介、各委員会の活動紹介）
5	・第1回　全校集会（運動会のチーム顔合わせ会）　・運動会（小学部から高等部まで縦割りの3チームで実施）
6	・挨拶運動実施　・エコキャップの回収呼び掛け開始
7	・挨拶運動実施
9	・第2回　全校集会（運動会のチームをもとにした小グループごとの活動）
12	・文化祭（各委員会が開祭式、閉祭式、進行などの役割を担う）
1	・児童生徒総会役員選挙公示
2	・第3回　全校集会（運動会のチームをもとにした小グループごとの活動）
3	・第2回　児童生徒総会（各委員会の活動報告、新生徒会長、新副会長の任命式、エコキャップ贈呈式）

■**児童生徒会の組織図と委員会の連携の例**

＜挨拶運動＞
・委員長との会議の中で、それぞれの担う役割について話し合う。
　　執行部：挨拶の立哨指導、家庭に配布するチラシの作成
　　放送音楽委員会：放送での呼び掛け
　　掲示委員会：ポスターの作成、地域への配布
　　環境委員会：学校周辺の奉仕活動
　　小学部委員会：校門前の花壇の整備　　など

■**評価の観点**
＜知識・理解＞
・活動の内容や集団の中での自分の役割が分かり、様々な活動の中で自分の知っていることを活かして、自分の役割に取り組んだり、話し合いの中で自分の考えを伝えたりしている。
＜思考・判断・実践＞
・学校生活をよりよくするために自分達に何ができるか考えたり、相手に応じた言動について考えながら、話の仕方、異年齢の人とのかかわり方や話し方、場に応じた言動を判断して、実行できている。
＜主体的に活動に取り組む態度＞
・自分から進んで様々な活動に取り組んだり興味を持って相手の話を聞いたりしている。

■**「主体的・対話的で深い学び」になるための授業改善の工夫**
＊**主体的な学び**＊
・話し合いで役割を決めることで、学校運営にかかわっている自覚が高まり、意欲的に活動に取り組める。
＊**対話的な学び**＊
・他委員会の活動内容等を聞いたり役割分担を決める時間を設けたりすることで、自分の委員会における役割について意識を高めることができるようになる。
＊**深い学び**＊
・友達とのかかわりや地域での活動を通して他者や社会との適切なかかわり方を覚えていく。

■**生きる力・自立と社会参加に向けて**
・地域での社会奉仕や職場において、自分の役割に責任を持ち、望ましい人間関係を築いていく。
【実践力】　・他者と話し合いながら委員会の活動を企画、運営したり自分の役割を果たす。
【思考力】　・他者と話し合うことで学校生活をよりよくするために、何ができるか考える。
【基礎力】　・話し合いの進め方、話の聞き方や自分の考えの伝え方などを身に付ける。

34 自立活動 ＜特別支援学校・中学部＞

活動名「体調を把握して体を動かそう」

■指導目標　・体調に合わせてランニングをする。

■指導区分

| ◎ 健康の保持 | ○ 身体の動き | ○ 心理的な安定 | □ 環境の把握 | □ 人間関係 | □ コミュニケーション |

■指導計画　105単位時間（50分×105回、週3回年間）

時数	小活動名	主な学習活動	指導形態
1～20	みんなで走ろう	・学部全体で楽しく走る。	全体
21～25	自分のメニューを作ろう	・自分の体調にあったメニューを作る。	全体、個別
26～105	自分のメニューで走ろう	・自分で決めたメニューで走る。	全体、個別

■評価の観点　・自分で決めた周回数のランニングができる。

■本時の指導　（20／105時間目、25／50分）

時配	学習活動	指導上の留意点	準備物
00	1. 集合・整列・挨拶をする。 2. 体調の確認と周回数を決める。	・項目に従って体調を確認するように促す。各生徒のカードを確認する。	・評価カード
05	3. 軽いストレッチを行う。	・興味関心のあるアップテンポのBGMをかける。 ・顔色や足の運び等に留意して励ます。 ・磁石やお手玉等の数で周回数を確認させ、評価カードにシールを貼らせる。	・CD ・タイムタイマー ・お手玉、磁石等 ・評価カード
10 20 25	4. ランニングをする。 5. 体調の確認とランニングの評価をする。 6. 集合・整列・挨拶をして教室へ戻る。		
25	＊残りの25分は教室で個別課題を行う。		

■実践を振り返っての課題

【指導計画】
・運動種目がランニングのみのため、体調に合わせて考えるのは「時間」と「回数」のみ。体調に合わせた運動内容を考えるには選択の幅が狭く、継続的な意欲の向上につながりにくい。

【学習活動】
・ランニングが苦手な生徒は、教師が「手を引く・身体を支える」など援助が大きいため、主体的な活動になりにくい。
・それぞれが個人の学習活動となるため、生徒同士の対話による学びが少ない。

【学習評価】
・時間内での評価のみため、その日の体調と運動内容が結果として合っていたかどうかが分かりにくい。

アクティブ・ラーニングの授業

Active Learning!

34 自立活動 ＜特別支援学校・中学部＞

活動名「体調を把握して体を動かそう」

■指導目標
・体調と運動メニューの関係性が分かる。
・体調に合わせた運動メニューを考え、選択が合っているかを判断しながら運動することができる。
・自分の身体と健康について関心を持ちながら考えることができる。

■指導区分

◎ 健康の保持	○ 身体の動き	○ 心理的な安定	○ 環境の把握	人間関係	コミュニケーション

■指導計画　105 単位時間（50 分× 105 回、年間週 3 回）

時数	小活動名	主な学習活動	指導形態	関連教科等
1～20	みんなで走ろう	・学部全体で楽しく走る。	全体	体育
21～25	自分のメニューを作ろう	・自分の体調にあった運動種目メニューを作る。	全体、個別	国語、体育
26～105	自分のメニューで走ろう	・自分で決めた運動種目メニューで活動する。 ・体調と照らし合わせて運動種目メニューを再考する。	全体、個別	国語、体育

■評価の観点
＜知識・技能＞
・体調と運動メニュー（種目と内容）が合っている理由が分かり、設定した目標を達成している。
＜思考・判断・表現＞
・体調と運動メニューが合っているどうかを考えながら目標を設定するとともに、常にその運動メニューが適切であるかを判断しながら取り組んでいる。
＜主体的に学習に取り組む態度＞
・月1回「病識理解の学習」をする中で、運動メニューを再検討しながら課題の改善・克服に努めている。

■本時の指導　（20 ／ 100 時間目、50 分）

時配	学習活動（メインのみ記載）	指導上の留意点	準備物
10	2. 体調の確認・決定した運動メニュー（種目と内容）を評価カードに記入し、担当に提出する。	・カードをチェックし、体調に基づくメニュー設定について適切にアドバイスする。	・ストレッチメニュー ・評価カード
15	3. 各自準備をして運動に取り組む。	・運動種目（ウォーキング・カローリング・バドミントン・キャッチボール・筋力トレーニングなど） ・同じ運動種目を選んだ生徒同士でペアを組む。	・各運動に必要なもの
45	4. 体調の確認と運動の評価をする。	・運動の様子についてはペアの生徒にも他己評価を促す。	・評価カード

■「主体的・対話的で深い学び」になるための授業改善の工夫
＊主体的な学び＊
・自分が取り組みたい運動メニュー（種目や内容）を自己選択・決定することで、意欲的に運動していく。
＊対話的な学び＊
・同じ運動種目を選んだ生徒同士で活動を評価させることにより、話し合いながら体調を考慮した休憩の取り方や練習の仕方などについて考えるようになる。
＊深い学び＊
・運動後の状態を振り返り、教師や同じ種目の生徒と意見交換しながら、常に最善の運動メニューを考えるようになる。

■生きる力・自立と社会参加に向けて
・卒業後も自分の体調を考えながら自分の健康状態を維持・管理していく。
【実践力】・ランニングだけでなく、他のスポーツ種目でも自分に合った運動メニューが分かる。
【思考力】・運動前後の体調の変化に気づきながら、自己の健康管理の課題や方法を考える。
【基礎力】・自分に合った運動メニュー（種目や内容）が分かる。

35 自立活動 ＜特別支援学校・中学部＞

活動名「感情をコントロールしよう」

■指導目標　・問題を解決する筋道が分かり、怒りの感情を上手に対処する。

■指導区分

| □ 健康の保持 | ○ 身体の動き | ◎ 心理的な安定 | □ 環境の把握 | ○ 人間関係 | ○ コミュニケーション |

■指導計画　8単位時間（50分×8回）

時数	小活動名	主な学習活動	指導形態
1〜3	自分のいいところ探しをしよう	友達のいいところを書いたり、自分のいいところを友達にインタビューしたりする。それを書いて掲示する。	個別
4〜5	色々な気持ちを知ろう	絵カードを見て表情カードと言葉をマッチングする。	個別
6〜8	気持ちをコントロールしよう	イライラしている場面の絵カードを見て、イライラしたときのことを話し、対処方法を考える。	個別

■評価の観点　・問題を解決する筋道が分かり、考えた解決方法で怒りの感情に上手に対処できる。

■本時の指導　（6／8時間目、50分）

時配	学習活動	指導上の留意点	準備物
00	1. 始めの挨拶をする。 2. 本時の予定を確認する。		・SST 絵カード（男子生徒がゲームで負け、怒って友達をたたいている場面） ・ホワイトボード
05	3. SST 絵カードを見て、どういう場面なのか、人物の行動・言葉・表情・背景情報から、ポイントとなる情報をつかんで話す。	・必要な情報とそうでない情報を分けたり、何がポイントなのかに気づいたりできるように助言する。	
15	4. 3.の絵カードを見て、なぜそうなったのか、経験や既知情報を使って分析して話す。	・教師と対話しながら、状況の分析をホワイトボードで整理する。	
30	5. SST 絵カードを見て、どうすれば良かったのか、経験や既知情報を踏まえ、よりよい解決方法を考えて話す。	・考えた解決方法をホワイトボードに書いてまとめる。	
45 50	6. 振り返りをする。 7. 終わりの挨拶をする。	・学んだことを思い出せるようホワイトボードで確認する。	

■実践を振り返っての課題

【指導計画】
・SST 絵カードを用いることは、問題場面を客観的に捉えることに有効であるが、現実場面では般化しにくい。

【学習活動】
・情報が整理され焦点化した構成になっている SST 絵カードは、問題解決方法をマニュアル化して覚えてしまっている生徒には継続した意欲の向上につながりにくい。

【学習評価】
・行動調節して怒りの感情を対処できるようになるには、長期的な取り組みとより現実的な解決方法の検討が必要である。

アクティブ・ラーニングの授業

Active Learning!

35　自立活動　＜特別支援学校・中学部＞

活動名「感情をコントロールしよう」

■指導目標
- 問題の解決方法が分かる。
- 問題を解決した時の結果を考え、最善の方法を選択し、怒りの感情にうまく対処することができる。
- 問題場面を自己の体験と結びつけ、自分なりの対処方法を見つけることができる。

■指導区分
| ◎健康の保持 | ○身体の動き | ○心理的な安定 | 環境の把握 | 人間関係 | コミュニケーション |

■指導計画　・8単位時間（50分×8回）

時数	小活動名	主な学習活動	指導形態	関連教科等
1～3	自分のいいところ探しをしよう	友達のいいところを書いたり、自分のいいところを友達にインタビューしたりする。それを書いて掲示する。	個別	国語、道徳
4～5	色々な気持ちを知ろう	絵カードを見て表情カードと言葉をマッチングする。	個別	国語、道徳
6～8	気持ちをコントロールしよう	イライラしている場面の絵カードを見て、イライラしたときのことを話し、対処方法を考える。	個別	国語、道徳

■評価の観点

＜知識・技能＞
- 感情の理解や問題の解決方法を理解しながら、実際の問題場面で怒りの感情を上手に対処している。

＜思考・判断・表現＞
- 体験した問題場面における解決方法が自分にとってどんな結果をもたらすかを考えるとともに、そのときの場面の状況を踏まえながら最善の対応の仕方を選択・決定して行動に移している。

＜主体的に学習に取り組む態度＞
- 他の生徒の体験を聞くことで、さらによりよい対処の仕方を見つけ出そうとしている。

■本時の指導　（6／8時間目、50分）

時配	学習活動	指導上の留意点	準備物
05	3. SST 絵カードを見て、どういう場面なのか、人物の行動・言葉・表情・背景情報から、ポイントとなる情報をつかんで話す。	・絵カードと同様の実体験をした場面を想起し、課題として捉えるように促す。 ・場面・状況の理解や分析をホワイトボードで整理する。	・SST 絵カード ・ホワイトボード
20	4. 3.の絵カードを見て、なぜそうなったのか、経験や既知情報を使って分析して話す。	・解決方法とその結果（メリットとデメリット）を比べ、現実的に可能な方法か、自分にとってメリットになるかなどを考えて自己選択・自己決定するように促す。 ・選択結果を書面に残し、振り返りにつなぐようにする。	
40	5. SST 絵カードを見て、どうすれば良かったのか、経験や既知情報を踏まえ、よりよい解決方法を考えて話す。		

（問題解決するための選択肢とその結果例：ゲームに負けて怒りを爆発させてしまいそうなとき）

その場から離れる		先生に声をかける		友達に声をかける		先生に声をかけてもらう	
○冷静になれる	×本当はイヤだ	○仲介してもらえる	×告げ口だと思われる	○助けてもらえる	×勝負だから無理	○冷静になれる	×頼っていると思われる

■「主体的・対話的で深い学び」になるための授業改善の工夫

＊主体的な学び＊
- 体験した場面を想定したり自己選択・決定したりする場面を設けることで、自分の感情をコントロールしていく。

＊対話的な学び＊
- 考えられる解決方法の選択肢とその結果を教師と一緒に考えることで、自分にとってメリットのある現実的な方法に気づきが生まれる。

＊深い学び＊
- 自分にとってのメリットを考えた選択をすることで、より確かな自己解決方法を学んでいく。

■生きる力・自立と社会参加に向けて

- 自分の感情の変化を理解し、生活上での問題を解決して、よりよい対人関係をつくっていく。
- 【実践力】・実際の場面において、怒りの感情をうまく対処する。
- 【思考力】・考えられる解決方法とその結果を踏まえ、より現実的な方法を自己選択する。
- 【基礎力】・自分の感情の変化に気づき、場面状況を分析してよりよい解決方法が分かる。

36 自立活動 ＜特別支援学校・中学部＞

活動名「よく見て確かめて歩こう」

■指導目標　・一人で学校からバス停までの道を安全に歩行することができる。
　　　　　　・バスの行先表示の番号や信号を正確に認知できる。

■指導区分

□ 健康の保持	○ 心理的な安定	□ 人間関係	◎ 環境の把握	○ 身体の動き	○ コミュニケーション

■指導計画　26単位時間（50分×26回、1学期週2回）

時数	小活動名	主な学習活動	指導形態
1～10	「よく見て答えよう」 ※遠用弱視レンズ使用 「○○まで歩こう」	・板書された短文や文章を読んだり、書写したりする。 ・紙芝居やスライドを見ながら指導者の質問に答える。 ・信号を認知して目的地（学校から1km圏内）まで歩行する。	個別
11～16	「よく見て確かめよう」 ※遠用弱視レンズ使用 「バス停まで歩こう」	・瞬間に提示される文字を認知する。 ・バスや電車のスライドを見ながら認知の方法を知る。 ・ランドマークを確認しながら歩行する。 ・バスの行先表示をレンズで認知する。	個別
17～20	「地図を作ろう」	・バス停までのルートマップを作成する。	個別
21～26	「よく見て確かめて歩こう」	・学校からバス停までの道を歩行する。 ・バスの行先表示の番号を認知する。	個別

■評価の観点　・目的地まで安全に歩行することができるか。
　　　　　　　・信号やバスの行先表示の番号を正確に認知することができるか。

■本時の指導　（21／26～22／26時間目、50分×2コマ連続）

時配	学習活動	指導上の留意点	準備物
00 05	1. 始めの挨拶をする。 2. 前時の学習内容を振り返る。 3. 本時の学習の流れを知る。 ・触地図で出発地（学校）から目的地（バス停）までの道順 4. 目標の確認をする。	・話をする人の方に注目させる。 ・分からない場合は、ヒントを出す。 ・順路に従ってランドマークや気をつけることが理解できているか確認する。忘れている場合は気づくことができるような言葉がけをする。	・触地図 ・近用レンズ
20	5. 学校からバス停まで歩く。 　（信号4箇所） 6. バスの行先表示の番号を確認する。 　（バス10台停車） 7. バス停から学校まで歩く。	・歩道の歩き方、信号の認知、横断の仕方等十分に注意するように言葉がけをする。 ・信号や番号が認知しやすい位置か、レンズのピントが合っているかどうか確認するよう言葉がけをする。	・遠用レンズ ・ストップウォッチ ・触地図 ・近用レンズ
90 100	8. 本時の振り返りをする。 　（チェック表に記入） 9. 終わりの挨拶をする。	・順路に従って、良かった点や気をつけること等を振り返り発表させる。 ・話をする人の方に注目させる。	・チェック表

■実践を振り返っての課題

【指導計画】
・学習課題の提示や学習方法が、生徒へ教師から与えられることが多く、生徒自身の主体的な学びの姿勢が得られにくい。

【学習活動】
・教師との1対1での学習活動となるため、多様な意見が得られず、生徒自身の"気づき"が少ない。
・保有視覚に依存することが多く、聴覚や嗅覚等他の保有する感覚を活用することが必要なことに自ら気づき実践する態度に欠ける。
・プロセスを振り返って次の問題発見・解決につなげていくことが難しい。

【学習評価】
・評価基準が、レンズの使い方や歩行技術に偏りがちになり、総合的な評価につながらない。

アクティブ・ラーニングの授業

Active Learning!

36 自立活動 ＜特別支援学校・中学部＞

活動名「よく見て確かめて歩こう」

■ 指導目標
- 遠用弱視レンズのピントを素早く合わせることができる。
- バスの行先表示の番号や信号を認知し、学校からバス停まで歩行することができる。
- 自分のつまずきに対する解決策を考えることができる。

■ 指導区分

○健康の保持	○心理的な安定	人間関係	◎環境の把握	○身体の動き	○コミュニケーション

■ 指導計画　・26単位時間（50分×26回、1学期週2回）

時数	小活動名	主な学習活動	指導形態	関連教科等
1～10	「よく見て答えよう」 ※遠用弱視レンズ使用 「○○まで歩こう」	・板書された短文や文章を読んだり、書写したりする。 ・紙芝居やスライドを見ながら指導者の質問に答える。 ・信号を認知して目的地(学校から1km圏内)まで歩行する。	個別	社会、体育、国語
11～16	「よく見て確かめよう」 ※遠用弱視レンズ使用 「バス停まで歩こう」	・瞬間に提示される文字を認知する。 ・バスや電車のスライドを見ながら認知の方法を知る。 ・ランドマークを確認しながら歩行する。 ・バスの行先表示をレンズで認知する。	個別	社会、体育
17～20	「地図を作ろう」	・バス停までのルートマップを作成する。	個別	社会、体育
21～26	「よく見て確かめて歩こう」	・学校からバス停までの道を歩行する。 ・バスの行先表示の番号を認知する。	個別	社会、体育

■ 評価の観点

＜知識・技能＞
- 既有の知識や情報・技能を活用して、見ようとするものに遠用弱視レンズのピントを素早く合わせている。

＜思考・判断・表現＞
- 歩行中のつまずきやレンズでの認知が難しかったときの解決策を考えながら、正確に信号機の色を見分けて、安全に横断するとともに、気がついたことや考えを発表している。

＜主体的に学習に取り組む態度＞
- 目標を達成しようと意欲的に取り組んでいる。

■ 本時の指導　（21／26～22／26時間目、50分×2コマ連続）

時配	学習活動（メインのみ記載）	指導上の留意点	準備物
10	4. 目標を立てる。 ・自己評価シートに記入する。	・必要に応じ前時の反省点を生かした目標になるように、また、習得した知識・技能の中のどれを活用するのかをアドバイスする。	・近用レンズ ・自己評価シート ・触地図
20	5. 学校からバス停まで歩く。 6. バスの行先表示の番号を確認する。 7. バス停から学校まで歩く。	・歩行等の様子をタブレットで録画する。	
90	8. 本時の振り返りをする。 ・録画を見ながら振り返る。 ・良かったところや気になったところを、自己評価シートに記入する。	・画像からだけでなく、録音されている音声や、触覚や足底による触察などから、そのときの状況を思い出し、新たな"気づき"や"発見"を促していく。 ・反省点について改善策を考えることができるように言葉がけをする。 ・シートに記入する際は、画像を停止して時間をとる。	・白杖 ・遠用レンズ ・タブレット ・自己評価シート

■ 「主体的・対話的で深い学び」になるための授業改善の工夫

＊主体的な学び＊
- 自己評価シートやタブレットを取り入れることにより、生徒自身が学習を振り返ったり新たな知識や情報を得たりするなど、学習課題や解決策を自ら考える。

＊対話的な学び＊
- 帰りの会や集会のときに、他の生徒や教師にも評価してもらうことで、新たな気づきや考えを得られるようになる。

＊深い学び＊
- 保有視覚も大事にしながら、他の保有する様々な感覚を活用し「確かめよう」とする気持ちが強くなり、他の教科でも実践しようとする。

■ 生きる力・自立と社会参加に向けて
- 今後は自宅から学校まで自力通学、将来は自宅から就労先まで交通機関を利用しての移動を目指す。
- 【実践力】　・保有視覚とともに聴覚や触覚等の保有する感覚と弱視レンズ等を総合的に活用する。
- 【思考力】　・安全性の確保や能率性を良くするための方法を考える。
- 【基礎力】　・人や物等を正確に認知し、学校からバス停までの歩行が可能となる。

37 自立活動 ＜特別支援学校・高等部＞

活動名「自分のことを知ろう」

■指導目標　・自分の得意・苦手な行動を理解し、その場に応じた行動を考えることができる。

■指導区分

| □ 健康の保持 | ○ 心理的な安定 | ◎ 人間関係の形成 | □ 環境の把握 | □ 身体の動き | ○ コミュニケーション |

■指導計画　14単位時間（50分×14回、1学期週1回）

時数	小活動名	主な学習活動	指導形態
1～3	得意なこと・苦手なことを考えてみよう	・自分の得意なことや苦手なことを書き出して整理する。 ・友達に、得意なこと苦手なことをことばで伝える。	少人数
4～6	苦手さを改善しよう	・苦手なことを改善するためには、どのような行動をすれば良いか考える。	少人数
7～9	得意なことを伸ばそう	・得意なことをさらに伸ばすためには、どのような行動をしたら良いのか考える。	少人数
10～14	学習したことをやってみよう	・校内で実際に得意なことと苦手なことに取り組む。	少人数

■評価の観点　・自分の得意・苦手な行動を理解し、その場に応じた行動を考えることができたか。

■本時の指導　（4／14時間目、50分）

時配	学習活動	指導上の留意点	準備物
00 05	1. 始めの挨拶をする。 2. 本時の授業予定を確認する。		
10	3. 「人とかかわること」で苦手なことを短冊に記入する。	・「人とかかわること」で苦手なことを記入しているか確認する。また、「人とかかわること」で本時の中で気がついたことには、改めて記入しても良いことを助言する。	・苦手なことを書く短冊
20	4. 「苦手なこと」をお互いに発表し合う。	・友達の話をよく聞くように促す。 ・誰がどのようなことを苦手だと考えているのかを、発表を聞きながら板書し、整理する。	
25	5. 自分で考えた適切な行動を短冊に記入する。	・行動が考えつかない場合には、教師と対話しながら、行動を考えさせる。	・適切な行動を書く短冊
35	6. 自分で考えた適切な行動を発表する。	・苦手なことに対して、適切な行動をどう考えたのかを、発表内容を板書し、整理する。 ・短冊（苦手なこと・行動）を黒板に貼り、視覚的に分かりやすく整理する。	
45 50	7. 本時のまとめと振り返りを行う。 8. 終わりの挨拶をする。		

■実践を振り返っての課題

【指導計画】
・活動内容が座学中心であり、そこで何を学んだのかを深める時間が少ない。
・生徒同士が意見を深め合うやり取りの場がなく、意見の広がりが見られない。

【学習活動】
・少人数の指導形態でありながら、教師と生徒一人のやり取りが中心である。
・生徒同士で考えを出し合ったり、深め合ったりする学び合いの場が設定されていない。
・自分の考えが深まらない可能性があり、学習意欲の向上及び深い学びにつながりにくい。

【学習評価】
・評価は、本時のねらいが疑問形になっただけであり、具体的な評価の観点が記載されていない。
・その場に応じた行動を考え、短冊に記入し、みんなの前で発表するといった個人作業が多く、考えた内容や思考過程の評価が不十分である。

アクティブ・ラーニングの授業

Active Learning!

37 自立活動 ＜特別支援学校・高等部＞

活動名「自分のことを知ろう」

■指導目標
- 自分の得意なことや苦手なことが分かる。
- 自分の得意・苦手な行動特性を考え、その場に応じた行動を判断して実践することができる。
- 自己理解を深め、よりよい行動に結びつけることができる。

■指導区分

□健康の保持	○心理的な安定	◎人間関係の形成	○環境の把握	□身体の動き	○コミュニケーション

■指導計画　14単位時間（50分×14回、1学期週1回）

時数	小活動名	主な学習活動	指導形態	関連教科等
1～3	得意なこと・苦手なことを考えてみよう	・自分の得意なことや苦手なことを書き出して整理する。 ・友達の意見から自分の得意、苦手なことを整理する。	少人数	国語、道徳
4～6	苦手さを改善しよう	・友達の意見を取り入れ、苦手なことの改善のための行動を自己選択、自己決定する。	少人数	国語、道徳
7～9	得意なことを伸ばそう	・友達の意見を取り入れ、得意なことを伸ばすための行動を自己選択、自己決定する。	少人数	国語、道徳
10～14	チャレンジしよう	・校内や地域で実際に得意なことと苦手なことに取り組む。	少人数	国語、道徳

■評価の観点

＜知識・技能＞
- 自分の得意なことや苦手なことを知り、友達の意見を自分の行動改善のために取り入れている。

＜思考・判断・表現＞
- 自分の得意・苦手なことが何かを考え、自分の得意・苦手なことに対して自分で一番取り組みやすい行動を自己選択しながら、自分の得意なことや苦手なことを短冊に書き、発表している。

＜主体的に学習に取り組む態度＞
- 自分の得意なことをさらに伸ばし、苦手なことを改善しようと行動している。

■本時の指導　（4／14時間目、50分）

時配	学習活動	指導上の留意点	準備物
10	3. 人とかかわることで苦手なことを選び、短冊に記入する。	・「人とかかわること」で苦手なことが記入されているか確認する。	・苦手なことを書く短冊
15	4. 短冊を貼り、どのような場面かを発表し分類する。	・具体的な状況を想起できるような発問をして、意見を出しやすくする。 ・課題を一つずつ解決することで、多くの課題を共有できるように工夫する。	・適切な行動を書く短冊
25	5. 適切な行動をみんなで考え、互いに発表する。	・友達の意見や今までの経験や知識を活用して、適切な行動を考えられるよう、板書を工夫する。	
35	6. 自分で考えた適切な行動を短冊に書く。	・短冊（適切な行動）を黒板に貼り、視覚的に分かりやすく整理する。	
40	7. 自分で考えた適切な行動を発表する。		

■「主体的・対話的で深い学び」になるための授業改善の工夫

＊主体的な学び＊
- 自分の苦手なことを課題として扱うことで、自己理解が進み、意欲的に改善しようとする向上心が芽ばえる。

＊対話的な学び＊
- 友達の意見を参考に総合的に考え、自分が最も取り組みやすい行動を自己選択する。

＊深い学び＊
- 友達の意見からより適切な行動に気づき、自分にとって一番取り組みやすい行動を考えることで、より確かな自己解決を図っていく。

■生きる力・自立と社会参加に向けて
- 人とかかわる上での苦手さを理解し、適切な行動を学ぶことで人との良好な関係性を形成しながら日常生活を送ることを目指す。
- 【実践力】・自分の苦手さを理解した上で、人との良好なかかわりを持てる。
- 【思考力】・自分の得意なことを伸ばし、苦手さを改善するには、これから何に取り組むべきなのかを考える。
- 【基礎力】・人とのかかわりで苦手な場面や状況を整理し、適切な行動を理解する。

38 自立活動 ＜特別支援学校・小学部＞

活動名「台車でレッツゴー」

■指導目標　・台車の手すりにつかまって歩行したり、止まったりする。

■指導区分

| ○ 健康の保持 | ◎ 身体の動き | □ 心理的な安定 | □ 環境の把握 | □ 人間関係 | □ コミュニケーション |

■指導計画　35単位時間（45分×35回、年間週1回）

時数	小活動名	主な学習活動	指導形態
1～8	台車で遊ぼう	・台車にのっていろいろなコースを楽しむ。	個別
9～10	台車を飾ろう	・台車に、手形、色紙、キャラクターの飾りを付ける。	個別
11～35	台車を押そう	・いろいろなコースで台車を押したり、止まったりする。	個別

■評価の観点　・安定して歩くことができたり、必要に応じて止まったりできる。

■本時の指導　（17／35時間目、50分）

時配	学習活動	指導上の留意点	準備物
00 05	1. 始めの挨拶をする。 2. 本時のコースの確認をする。	・児童が作ったキャラクターの飾り付けがしてある台車を用意する。 ・装具をしっかり装着する。 ・コース（①平ら→②ガタガタ→③ストップ）を用意する。	・台車 ・装具
10	3. 台車歩行を次の順番で行う。 　①平らなコース 　②ガタガタコース 　③ストップコース	・進行方向をうまく変えることができるように台車の向きをガイドする。 ・不安定な歩行の際は腰を支える。 ・平らなコースは自由に歩行させるようにする。 ・ガタガタコースでは、走行の負荷を助けるために、台車を少し押す。 ・ストップコースでは障害物を置く。 ・各コースに移る途中、休憩をはさむ。	・ガタガタコース（段ボールに薄い角材を貼りつけたもの） ・障害物（コーン）
40 45	4. 振り返りをする。 5. 終わりの挨拶をする。	・装具をはずし、足の状態を確認する。	

■実践を振り返っての課題

【指導計画】
・活動自体を楽しめることはよいが、身体の動きを調整する計画にはなっていない。

【学習活動】
・移動の目的（場所や活動）が明確でないため、継続的な意欲の向上につながりにくい。
・障害物が児童からは見えにくかったり距離感がつかめなかったりするため、危険を察知した教師の声かけで止まることが多い。止まるタイミングを見通して身体の動きの調整をすることが困難である。

【学習評価】
・足を交差しそうになったり、立位のバランスを崩しかけたりすると、教師がしっかりサポートしてしまうため、本人が自分で不安定な歩行を調整することができているか、評価がしにくい。

アクティブ・ラーニングの授業

Active Learning!

38 自立活動 ＜特別支援学校・小学部＞

活動名「台車でレッツゴー」

■指導目標
- 安定した歩行の仕方が分かる。
- 試行しながら改善点を見つけ、よりよい歩行につなげることができる。
- 安定した歩行のコツを、自分で工夫しながら見つけることができる。

■指導区分

健康の保持	身体の動き	心理的な安定	環境の把握	人間関係	コミュニケーション
○	◎				○

■指導計画　35単位時間（45分×35回、年間週1回）

時数	小活動名	主な学習活動	指導形態	関連教科等
1～8	台車で遊ぼう	・台車にのっていろいろなコースを楽しむ。	個別	国語、体育
9～10	台車を飾ろう	・台車に、手形、色紙、キャラクターの飾りを付ける。	個別	図工
11～35	台車を押そう	・いろいろなコースで台車を押したり、止まったりする。	個別	国語、体育

■評価の観点

＜知識・理解＞
- 正しい歩行と誤った歩行の違いが分かり、良い足の運び・立位調整・タイミングよく止まることで安定した歩行をしている。

＜思考・判断・表現＞
- 良い足の運び・立位調整・止まるタイミングを試行しながら考え、改善点を見つけ出しながら最善の方法で歩行しようとしている。

＜主体的に学習に取り組む態度＞
- ビデオ視聴や意見交換する中で、正確で速くなるような歩行に取り組んでいる。

■本時の指導　（17／35時間目、50分）

時配	学習活動	指導上の留意点	準備物
05	2. ビデオで正しい歩行と誤った歩行の違いや止まるタイミングを確認する。	・ポイントはビデオ編集して分かりやすく示す。 ・不安定な歩行場面は、必ず止まって調整するように伝える。 ・必要に応じて腰を支える。 ・実際の歩行場面では、写真カードでポイントを示す。 ・コースと目的を確認する（平らなコース→ゴミ箱を台車に乗せる→教卓のゴミ箱からごみを集める→ガタガタコース→ゴミ箱を片付ける）	・台車 ・装具 ・ビデオ ・写真カード ・ガタガタコース
10	3. 気づいたポイント（足が交差しやすい・立位が不安定になることがある・ゴミ箱の脇まで台車を移動させたら止まる）を練習する。		
15	4. 本時のコースと目的の活動を確認する。		
20	5. 台車歩行を行う。	・進行方向をうまく変えることができるように台車の向きをガイドする。 ・ガタガタコースでは、走行の負荷を助けるために、台車を少し押す。	

■「主体的・対話的で深い学び」になるための授業改善の工夫

＊主体的な学び＊
- 係の仕事として目的的活動（ゴミ集め）を取り入れることにより、必然的・継続的に歩行の意欲が湧くようになる。

＊対話的な学び＊
- 周囲の人に「足がうまく前に出ているね」「体が少し曲がっているよ」と評価してもらうことで、身体の動きを調整するようになる。

＊深い学び＊
- 良い足の運び・立位調整・止まるタイミングのポイントはどこなのかを、ビデオで正しい歩行と誤った歩行を比較する。

■生きる力・自立と社会参加に向けて
- 歩行による移動の際に、可能な限り自力で歩行できることを目指す。
- 【実践力】・傾斜や砂利道など困難な道路でも安定歩行が可能となる。
- 【思考力】・様々な歩行体験から身体の動きの課題を捉えている。
- 【基礎力】・良い足の運び・立位調整・止まるタイミングが分かる。

39 自立活動 ＜小学校・特別支援学級＞

活動名「じょうずなヘルプサインの出し方」

■指導目標　・困ったときに、上手にヘルプサインを出すことができる。

■指導区分

	健康の保持		心理的な安定	○	人間関係		環境の把握		身体の動き	◎	コミュニケーション

■指導計画　（1単位時間、45分）

時数	小活動名	主な学習活動	指導形態
1	じょうずなヘルプサインの出し方	・SST用DVDを視聴し、困ったときの適切な援助の求め方を考えて実践する。	小集団

■評価の観点　・困ったときのヘルプサインの出し方を理解することができる。

■本時の指導　（1／1時間目、45分）

時配	学習活動	指導上の留意点	準備物
00	1. 始めの挨拶をする。 　ウォーミングアップのゲームをする。 2. 本時の予定の確認をする。	・本時の予定を視覚化し、見通しを持って参加できるようにする。	・スケジュール用ホワイトボード
05	3. SST用DVDを視聴し発表する。 　（どういう場面なのかを、人物の行動・言葉・表情・背景情報等から、ポイントとなる情報をつかむ）	・情報を整理し、大切なポイントに気づけるよう助言する。	・SST用DVD（子どもが困った状況にあり、泣いて固まっている場面）
10	4. 発表した内容を考える。 　（過去の経験や既習の知識をもとに分析し、なぜそうなったのか考える）	・教師と対話しながら状況を分析し、コミック会話でホワイトボードに整理してまとめる。	・ホワイトボード
25	5. 解決方法を考え発表する。 　（どうすればよかったのか、過去の経験や既習の知識を踏まえる）	・考えた解決方法をホワイトボードに書く。	・登場人物カード
40 45	6. 振り返りをする。 7. 終わりの挨拶をする。	・学んだことを思い出せるようホワイトボードで確認する。	

■実践を振り返っての課題

【指導計画】
・指導が1回だけで終わってしまい、継続した内容になっていない。
・市販されている図書や教材にある題材は、指導上おおいに参考となるものの、教師の扱い方によっては、児童の実態や体験とかけ離れたものとなる場合もあり、実生活における般化が難しい。

【学習活動】
・市販されているSST用DVDは、対象児によくありがちな問題場面を教材化してはいるものの、全てがどの児童にも当てはまるものではなく、また、題材が限られているため、児童の実態に合わせての使用が難しい場合がある。

【学習評価】
・SST用DVDを、同様の課題をもつ児童に活用することは有効であるが、解決方法が示されている場合、児童はある一つの方法をパターン化して取り込もうとし、現実場面では当てはまらない場合も多く、般化がされにくいという課題がある。

アクティブ・ラーニングの授業

Active Learning!

39 自立活動 ＜小学校・特別支援学級＞

活動名「じょうずなヘルプサインの出し方」

■指導目標
- 自分のタイプに合った問題解決スキルの手順が分かる。
- 問題を解決するプロセスが分かり、考えた方法でヘルプサインを出すことができる。
- 自分から進んで問題場面を解決しようとすることができる。

■指導区分

| □健康の保持 | ○心理的な安定 | ○人間関係 | □環境の把握 | □身体の動き | ◎コミュニケーション |

■指導計画（10単位時間、45分）

時数	小活動名	主な学習活動	指導形態	関連教科等
1〜2	あなたは何タイプ？	・「泣き虫タイプ」「怒りんぼタイプ」「お調子者タイプ」「あっさりタイプ」の4タイプを理解する。	小集団	道徳
3〜6	こんなとき、どうする？	・問題解決スキル（問題理解→解決方法→結果予測→最も良い方法の選択）の手順を理解する。	小集団	道徳
7〜10	問題解決スキルの実践をしよう	・児童に実際に起きた問題場面を取り上げ、スキル活用の実践を通して般化を図る。	小集団	道徳

■評価の観点

＜知識・技能＞
・問題解決の4タイプについて、自分はどのタイプに当てはまるか自己理解し、問題解決スキルの手順を実際の問題場面で活用している。

＜思考・判断・表現＞
・目の前で起きた問題に対し、複数の解決方法を考え、自分の考えた解決方法について結果を予測しながら最も良い方法を選択でき、進んで解決方法を提案することができている。

＜主体的に学習に取り組む態度＞
・問題解決スキルを活用し、積極的に問題場面の解決方法を考えようとしている。

■本時の指導 （3／10時間目、45分）

時配	学習活動（メインのみ記載）	指導上の留意点	準備物
05	3. 問題場面のペープサート劇を見る。	・ヘルプサインが出せずに困った場面をペープサート劇にし、互いの行動を客観視できるようにする。	・問題解決手順カード
10	4. 劇の中で取られた方法のタイプを話し合う。（4つのタイプのうち、どのタイプであったか）	・「問題解決手順カード」や「こんなときどうする？ワークシート」を準備し、児童の話し合いを整理する。①場面や状況を整理し、問題を理解する。②考えられる解決方法の選択肢と、③その結果（メリット・デメリット）を同時に考え予測できるようにする。必要に応じてロールプレイングをして、結果を考える場面を設定する。④結果を比べ、現実的に可能な方法、相互に良い結果が伴う方法を話し合い、自己選択・自己決定できるよう促す。複数あってもよい。	・ワークシート・掲示用拡大ワークシート
20	5. 適切なヘルプサインの出し方を考える。（①問題理解→②解決方法→③結果予測→④最もよい解決方法の選択の順番）		
30	6. ゲームでリハーサルをする。「ヘルプサインで楽しくぬり絵」	・ゲームで、学習したスキルをリハーサルする。	・ゲームのルール説明カード

■「主体的・対話的で深い学び」になるための授業改善の工夫

＊主体的な学び＊
・実際に体験した場面を問題場面として取り上げたり、自己選択や自己決定する場面を設けたりすることにより、活動の意欲が向上していく。

＊対話的な学び＊
・考えられる解決方法の選択肢とその結果を仲間と一緒に考えていくことで、自分にとっても相手にとっても互恵的で現実的な方法に気づくようになる。

＊深い学び＊
・問題解決には様々な対処法があることが分かり、自分や相手にとってメリットのある選択を考える習慣を身に付けることにより、臨機応変な対応が可能となる。

■生きる力・自立と社会参加に向けて
・困難な状況において学習した手順を活用して、適切な行動を選択・実践できることを目指す。
【実践力】・問題解決スキルを活用し、結果についての見通しを持って、適切に行動する。
【思考力】・問題解決スキルを活用し、適切な行動の仕方を考える。
【基礎力】・自分の思考や行動のタイプ、問題を適切に解決する際の手順が分かる。

40 日常生活の指導 ＜特別支援学校・小学部＞

活動名「給食 ～きゅうしょくのじゅんびをしよう～」

■指導目標　・ご飯やおかずを丁寧に盛り付けることができる。

■指導計画　年間毎日（60分＜準備25分、食事25分、後片付け10分＞）

■評価の観点　・ご飯やおかずを丁寧に盛り付けることができるか。

■**本時の指導**　（毎日、準備25分）

時配	学習活動	指導上の留意点	準備物
00 05	1. 身支度（エプロン、マスク、三角巾）を整える。 　・手洗い、消毒 2. 整列して所定の場所に給食ワゴンを取りに行く。 3. 各自事前に決めた役割（ご飯やおかず等）の食缶を持って教室に移動する。	・個に応じた身支度の指導・支援を行う。 　例：エプロンの蝶結びができるように、紐を色分けしたり印を付けたりする。 ・全員が身支度を終えたことを確認し、整列を促す言葉をかける。 ・右側を歩くことができるように、適宜言葉をかける。	・エプロン ・マスク ・三角巾
15 20	4. 各自事前に決めた役割（ご飯やおかず等）の盛り付けを行う。 5. お盆を持って、盛り付けられたおかずやご飯をテーブルに取りに行く。	・安全に配慮し食缶を渡す。 ・丁寧に盛り付けができるように、盛り付け後は一緒に食器を確認する。 ・台拭きやティッシュを準備する。 ・全員の準備ができた報告を受けてから、合図を出す。	
25	＊食事、後片付けをする。		

■**実践を振り返っての課題**

【指導計画】
・その場限りの指導になっているため、児童の振り返りが少ない。

【学習活動】
・単にできる行動や技能の獲得に捉われてしまい、それらを獲得するまでの思考、判断などから課題を解決するために活用できる深い学びとなっていなかったり、主体的行動を引き出したりする力になっていない。
・児童と教師のやり取りが多く、児童同士のかかわりが少ない。

【学習評価】
・盛り付け後の良し悪しが児童にとって分かりにくい。
・活動後は教師の判断で評価されるため、教師の評価待ちとなり受動的になる。

アクティブ・ラーニングの授業

Active Learning!

40 日常生活の指導　＜特別支援学校・小学部＞

活動名「給食 〜みんなのきゅうしょくをじゅんびしよう〜」

■**指導目標**
・食器や道具の正しい使い方が分かる。
・盛り付け方法を考え、イメージと比べながら盛り付けることができる。
・自分から進んで、盛り付けの工夫をすることができる。

■**指導計画**　年間毎日（60分＜準備25分、食事25分、後片付け10分＞）

■**評価の観点**
＜知識・技能＞
・食器が汚れていることやおかずや汁がこぼれていることが分かり、食器や道具を正しく持って盛り付けている。
＜思考・判断・表現＞
・どのようにすると丁寧な盛り付けができるのかを考え、イメージと異なったときにやり直しや助けを求めるかどうかを判断しながら、丁寧な盛り付けを心がけて活動している。
＜主体的に学習に取り組む態度＞
・盛り付けられたものを見て、振り返りながら活動しようとしている。

■**本時の指導**　（毎日、準備25分）

時配	学習活動	指導上の留意点	準備物
15	4. 事前に決めた役割（ご飯やおかずなど）で盛り付けを行う。	・「みんなの給食を準備しましょう。どのように盛り付けをすれば友達が嬉しい気持ちになるのでしょうか。」と児童の気づきを促す声かけをする。 ・表を見ながら活動している姿や丁寧にしようとする姿が見られたときは誉めて、意欲を高める。 ・事前に決めた「丁寧な盛り付け表」を準備する。 ・丁寧な盛り付け表を見て思ったことを伝えるよう促す。 ・伝え方について助言する。	・丁寧な盛り付け表
23	5. 友達同士で盛り付けを確認する。	・盛り付けで気をつけたことや、工夫したことが言えるように、仲立ちしながら進める。	
25	6. お盆を持って盛り付けられたおかずやご飯をテーブルに取りに行く。	・丁寧に盛り付けることが喜んでもらえることだと児童が実感できるように、受け取ったときの気持ちを伝える。	

■**「主体的・対話的で深い学び」になるための授業改善の工夫**

＊主体的な学び＊
・自分で丁寧な盛り付け方とはどのような盛り付けなのかを考え表に示したことで、盛り付けのイメージが持ちやすく、目標が分かりやすい等の理由から意欲的に取り組めるようになる。
＊対話的な学び＊
・友達同士で盛り付けを確認し合う場面を設定したことで、相手の気持ちに気づくようになる。
＊深い学び＊
・盛り付け表に合わない盛り付けが見られたときは「どうしてそのようになったのか」を教師の仲立ちを通して相手に聞いていくことで、相手を良い悪いで評価するのではなく認めようとする心が育つ。

■**生きる力・自立と社会参加に向けて**
・学校生活で毎日の指導の積み重ねることで、外食などのテーブルマナーを覚えていく。
【実践力】・こぼさないように盛り付けたり、こぼれたものを台拭きやティッシュなどで丁寧に拭く。
【思考力】・どのようにすれば丁寧に盛り付けができるのかを考える。
【基礎力】・具体的な盛り付け後のイメージを持ち、丁寧な盛り付けをする。

41 日常生活の指導　＜特別支援学校・小学部＞

活動名「そうじをしよう」

- ■指導目標　・まいた新聞紙をよく見て、ごみを集めたり雑巾掛けをしたりすることができる。
- ■指導計画　毎日 30 分扱い（年間）
- ■評価の観点　・まいた新聞紙や汚れをよく見て、ごみを集めたり雑巾掛けをしたりできるか。

■本時の指導　（1／1 時間目、30 分）

時配	学習活動	指導上の留意点	準備物
00	1．挨拶をする。	・足、手、背中に気をつけて、姿勢を整えてから挨拶をする。	・新聞紙 ・掃除用具
15	2．机といすを教室の端に移動する。 3．ちぎった新聞紙を教室にまく。 4．箒を使って所定の場所に新聞紙を集める。 5．当番がちり取りでごみを取る。 6．教室の雑巾掛けをする。 7．雑巾を洗って片付ける。	・新聞紙はちぎったものを準備しておく。 ・教室全体に新聞紙をまくことができるように、まかれていないところを言葉や指さしで伝える。 ・まいた新聞紙を集めるところに目印を付ける。 ・「手伝ってください。」と伝えられたときは、ちり取りを持ったり新聞紙を入れやすい位置に集めたりするよう促す。 ・教室全体の雑巾掛けができるように、教室の端から端まで拭き終わったら横にずれるなどして教師は手本を示す。 ・絞り終わったら教師が手で触って絞り具合を確かめる。	
30	8．挨拶をして手を洗う。	・足、手、背中に気をつけて、姿勢を整えてから挨拶をする。	

■実践を振り返っての課題

【指導計画】
・掃除が教師主導で行われ、単純な指導の繰り返しとなっている。

【学習活動】
・まかれた新聞紙を見て行っているため、実際のごみを見て集めるときに難しさがある。

【学習評価】
・教師が掃除のスキルに目標をおいてしまいがちである。

アクティブ・ラーニングの授業

41　日常生活の指導　＜特別支援学校・小学部＞

活動名「そうじをしよう」

■指導目標
・掃除場所や掃除用具の使い方が分かる。
・掃除場所に合わせた用具や方法できれいに掃除をすることができる。
・掃除場所や掃除用具を選んで自分から掃除をする。

■指導計画　一斉指導1単位時間（年度始め1回）、年間毎日0.5単位時間（30分）

時数	主な学習活動
1	・どこを、どのように掃除するのかを考える。
2〜年間	・話し合ったことをもとに掃除する。

■評価の観点
＜知識・技能＞
・掃除場所や掃除用具を知っており、大きめのごみは箒で集めたり、細かい汚れは濡らした雑巾で拭き取ったりしている。
＜思考・判断・表現＞
・どこを、どのように、何を使って掃除するのかを考え、場に合った用具や方法を選択するとともに、きれいになるように意識して掃除をしている。
＜主体的に学習に取り組む態度＞
・自分たちで作った見取り図とごみの種類を見ながら進んで掃除しようとしている。

■本時の指導　（1／1時間目、45分）

時配	学習活動（メインのみ記載）	指導上の留意点	準備物
15	3. 教室の汚れている場所を探す。	・活動に見通しを持ち落ち着いて学習したり、期待感を持って学習に参加したりすることができるように、予定を文字とイラストで示す。	・絵カード ・ホワイトボード ・マジック
20	4. 汚れている場所をきれいにするにはどのようにしたらよいか意見を出し合い実際に試す。	・児童が自分の考えを話すことができるように、発表する順番を考慮する。また、一人一人の発言をホワイトボードに書く。 ・教室の見取り図とごみの種類（ほこり、マジックの跡、汚れなど）、掃除用具のイラストを用意する。 ・話し合ったことをすぐに試し、実感を伴った学習となるようにする。	・イラスト
40	5. 自分たちで1年間行う掃除場所と用具を決める。	・学級の人数や実態に応じて、掃除する箇所を変化させる。（二人ペア、一人一箇所等）	

■「主体的・対話的で深い学び」になるための授業改善の工夫
＊**主体的な学び**＊
・児童が意欲を持って掃除をすることができるようにするため、期間を決めて、掃除場所や適した掃除用具を自分で選択できるようになる。
＊**対話的な学び**＊
・掃除後は教師も含め全員で感想を出し合うことで、達成感が持てるようになる。
＊**深い学び**＊
・慣れてきたら「掃除が難しい」と感じた場所をみんなで出し合い、きれいにするための方法を話し合う。

■生きる力・自立と社会参加に向けて
・職場での掃除、地域の清掃活動などにかかわって、それぞれの場所をきれいにしていこうとする実践力と態度を伸ばす。
【実践力】　・日常生活において、汚れたことに気づいたり、自分が使った場所をきれいにする。
【思考力】　・用途に合った掃除用具を選んで周囲をきれいにする。
【基礎力】　・掃除用具を正しく扱い、使用した場所をきれいにする。

42 日常生活の指導 ＜特別支援学校・小学部＞

活動名「手あらいをしよう」

■指導目標　・遊びやトイレ後、給食前に自分から丁寧に手洗いをする。

■指導計画　全体指導（計10分×年度始め1回）、個別指導（毎日30分）

時数	主な学習活動
1	・手洗いの仕方を知る。
2〜	・必要な場面で手洗いを行う。

■評価の観点　・遊びやトイレ後、給食前に自分から手洗いができるか。

■本時の指導　（1／1時間目、10分）

時配	学習活動	指導上の留意点	準備物
00	1．挨拶をする。 2．今日の予定と活動を知る。 ・手洗いの仕方のビデオを見る。 ・絵カードを見て手を洗う。	・足、手、背中に気をつけて姿勢を整えさせる。 ・活動に見通しを持って、落ち着いて学習したり期待感を持って学習に参加したりすることができるように、予定を文字とイラストで表す。	・予定表
03	3．手洗いの動画を見る。	・全員動画が見えるように椅子を移動する。 ・手洗いの順番を楽しく覚えることができるように、歌付きの動画（あわあわ手洗いのうた：Kao ビオレu）を準備する。	・テレビ ・DVD
05	4．手洗いをする。	・動画と同じ手洗いができるように、歌詞とイラストがついた教材を準備する。	
10	5．挨拶をする。	・足、手、背中に気をつけて姿勢を整えさせる。	

■実践を振り返っての課題

【指導計画】
・毎日の中で指導されていくものではあるが、手洗いが教師主導となりやすく、「手洗いはするもの」として理解されやすい。

【学習活動】
・毎日繰り返し行っているため形式的にはするが、「なぜするのか」、「手を洗わないとどうなるのか」などの理由が言葉上でやり取りされることが多く、洗い方が雑であったり、手洗いをせずに教室に戻ったりすることがある。
・言葉がけによる教師の促しを受けることが多い。

【学習評価】
・丁寧に洗えているかの評価が教師の主観になっているため、その子が一生懸命洗っているにもかかわらず、児童の意欲とずれが起こる。

アクティブ・ラーニングの授業

Active Learning!　42　日常生活の指導　特別支援学校・小学部

活動名「手あらいをしよう」

■ **指導目標**　・石鹸を使って、きれいに手洗いができる。
　　　　　　　・きれいになる洗い方を考えて、洗う箇所を判断して実行することができる。
　　　　　　　・予定表に沿って自分で手洗いをすることができる。

■ **指導計画**　全体指導（45分×年度始め1回）　個別指導（毎日5分）

時数	主な学習活動
1	・手洗いはなぜするのかを考える
2	・必要な場面で手洗いを行う

■ **評価の観点**

＜知識・技能＞
・石鹸をつけて手を合わせてこすり、きれいにしている。

＜思考・判断・表現＞
・どのように洗うと汚れが落ちるのかを考えるとともに、いつ洗うのかを考えて、教え合いをしたりしながら手を洗っている。

＜主体的に学習に取り組む態度＞
・自分たちで作った予定表を見ながら手洗いをしようとしている。

■ **本時の指導**　（1／1時間目、45分）

時配	学習活動	指導上の留意点	準備物
05	3. なぜ手洗いをするのか考える。	・児童が自分の考えを話すことができるように、発表する順番を考慮する。また、一人一人の発言をホワイトボードに書く。	・ホワイトボード
10	4. 手のバイ菌を見る。（ペア） ・脱脂綿と皿を準備し、ペアの友達の手を拭いて汚れを取る。 ・友達の汚れを見たり、お互い感想を話したりして手を洗わないときの手の汚れ具合を知る。	・脱脂綿を口に入れないように教師が側に付く。 ・発語の難しい児童が話し合いに参加したり、意見を出せるよう、絵カード（指、手の甲、手首など）を準備する。 ・学校生活各場面の絵カードを準備する。 ・友達の話を聞くことができるように、話の聞き方のマナーを提示する。 ・手順表を水屋に提示する。 ・再度、脱脂綿で確認し振り返りにつなげる。	・脱脂綿 ・絵カード ・画用紙 ・ペン
15	5. どこを洗えばよいのか考える。（ペア） ・絵カードを並べて、手順表を作る。		
30	6. 手洗いをする場面を考える。（ペア） 7. 発表／友達の発表を聞く。 8. 各ペアで考えた手順で手洗いをする。		
40	9. 丁寧に洗えたかを確かめる。（ペア）		

■ **「主体的・対話的で深い学び」になるための授業改善の工夫**

＊主体的な学び＊
・手順表や洗う必要のある場面など児童が自分達で考えたものを作成、実行することで、自分からやろうとする意欲につながる。

＊対話的な学び＊
・ペア活動を定期的に設定することで、児童同士が自然に友達の様子を見聞きしながら手洗いについてのやり方や必要な場面について知識を得るようになる。

＊深い学び＊
・目には見えない手の汚れを視覚的に見えるようにしたことで、課題意識が明確になり汚れを落とすことについて児童が体験的に考える。

■ **生きる力・自立と社会参加に向けて**

・病気や食中毒から自分の体を守り、健康で安全な生活を送ることができる力を目指す。
【実践力】　・家庭や場所を選ばず、自分で判断して手を洗う。
【思考力】　・手洗いの大切さ（意味）や必要な場面を考える。
【基礎力】　・手洗いの仕方が分かり、順番や手順表に沿って手を洗う。

43 遊びの指導 ＜特別支援学校・小学部＞

題材名「遊び大好き ～ボールランドで遊ぼう～」

■**指導目標** ・好きな遊びを見つけて遊ぶことができる。
・教師や友達とかかわり合いながら遊ぶことができる。

■**指導計画** 16単位時間（45分×16回）

時数	小題材	主な学習活動	指導形態
1～8	ボールで遊ぼう	・興味・関心のある遊びや遊び方を見つける。	全体
9～16	ボールランドで遊ぼう	・教師や友達と遊びを共有し、かかわり合いを持ちながら遊ぶ。	個別、全体

■**評価の観点** ・好きな遊びを見つけて遊ぶことができるか。
・教師や友達とかかわり合いながら遊ぶことができるか。

■**本時の指導** （16／16時間目、45分）

時配	学習活動	指導上の留意点	準備物
00	1. ホールに集まる。	・話しことば、身振りなどで働き掛け、ホールへの集合を促す。	・ボールプール ・大玉、中玉 ・的当て ・玉入れ ・すべり台 ・ままごと道具 ・風船 ・ビーチボール ・ドッジボール ・バスケットボール
05	2. 好きなコーナーで遊ぶ。	・児童の実態に応じて、遊具の格納場所と設置場所を決めて、児童が自主的に準備を始められるようにする。 ・ホール全体を使っての小人数での遊びであることを生かし、やりたい遊びを十分な時間をかけて選ばせ、思う存分に遊ぶことができるように、それぞれの遊びのコーナーに余裕のある面積を取り、場を設定する。 ・児童が遊びに飽きてきた様子や、遊びを決めかねている状況が見られたら、話し言葉や身振りなどで、次の遊びを選択できるように促す。 ・ジャンプしたり、滑り降りたりするコーナーには、セーフティマットを敷き、安全面に配慮する。	
40	3. 後片付けをして、各教室に戻る。	・遊び道具や材料などは、児童が自分の遊びに応じて準備や後片付けできるように置き場を固定する。	

■**実践を振り返っての課題**

【指導計画】
・前半の8時間を「個」の活動、後半の8時間を「全体」へのかかわりをねらった活動という構成にしたが、思うように児童同士のかかわりが深まらなかった。

【学習活動】
・児童の興味関心を満たす遊びコーナーを多く用意した結果、遊びが拡散し、児童が次々と遊びを変えていく場面も見られ、遊びそのものが深まらない。
・ボールの感触に執着してしまい、一緒に遊ぶ友達や教師とのかかわりが発展しない。

【学習評価】
・かかわりが広がった際に何が効果的だったのかを評価する方法を明確にしにくい。
・かかわりは観察できてもかかわりの深さまで正確に評価することが難しい。

アクティブ・ラーニングの授業

43 遊びの指導 ＜特別支援学校・小学部＞

題材名「ボールランドで遊ぼう」

■指導目標
- 様々なボールを使って遊ぶことができる。
- 好きな遊びを見つけて遊ぶことができる。
- 教師や友達とかかわり合いながら、自分から積極的に遊ぶことができる。

■指導計画（10単位時間、45分）

時数	小題材	主な学習活動	指導形態	関連教科等
1〜16	ボールランドで遊ぼう	・教師や友達と遊びを共有し、かかわり合いをもちながら遊ぶ。	全体	生活、国語、算数、図工、体育、自活

■評価の観点

＜知識・技能＞
- 様々な色、形、大きさの異なるボールを使っての遊び方が分かっており、ボールを自分で投げたりつかんだりしながら遊んでいる。

＜思考・判断・表現＞
- 自分で楽しい遊び方が分かり、一人で遊ぶか特定の友達や教師と遊ぶかを考えるとともに、ボールで友達と一緒に遊びたいことを自分なりの表出表現で表している。

＜主体的に学習に取り組む態度＞
- 友達や教師と積極的にかかわりながら楽しみながら遊んでいる。

■本時の指導（16／16時間目、45分）

時配	学習活動（メインのみ記載）	指導上の留意点	準備物
05	2. 好きなコーナーで遊ぶ。	・遊ぶだけでなく友達の動きを観察できる時間も確保する。 ・巨大ボールプール、スロープ（傾斜）、セーフティマットなどを連続した状態になるよう場を設定し、遊びが途切れないようにする。 ・教師は遊び方の模範は見せずに、遊びの中で一緒に考えたり動かしたりしながら子どもの思考を支援する。 ・全く新しい遊びや動きに挑戦する様子が見られたときは、児童が納得するまで積極的に支援する。	・ボールプール ・大玉、中玉 ・的当て ・玉入れ ・すべり台 ・ままごと道具 ・風船 ・ビーチボール ・ドッジボール ・バスケットボール

■「主体的・対話的で深い学び」になるための授業改善の工夫

＊主体的な学び＊
- 常に一斉での指導形態を維持することで、周りに複数で遊ぶ友達や教師の様子をいつでも見ることができ、ボールでの遊び方を多角的に見つけ出そうとする。

＊対話的な学び＊
- ボール（物）の動かし方に重点を置くのではなく、かかわり方に着目して支援することで、ボールを媒介として新しいかかわり方を友達や教師と見つける。

＊深い学び＊
- 色、形、大きさの異なるボールで遊ぶ楽しさに加え、友達を誘ったり、友達から誘われたりすることで人とかかわる楽しさを体験する。また、遊ぶ中でボールの弾み方に違いがあることを気づく。

■生きる力・自立と社会参加に向けて
- 自分だけでは体験できない遊びがあることを知り、他者とかかわりながら学校内外、公園等で遊ぶことを目指す。
- 【実践力】 ・自分が好きなボール遊びで人と積極的にかかわってこうと考える。
- 【思考力】 ・友達や教師と一緒にいろいろな楽しい遊びを考えていこうとする力が身に付く。
- 【基礎力】 ・ボールを投げたり動かしたりする楽しさに気づく。

44 遊びの指導 ＜特別支援学校・小学部＞

題材名「乗り物で遊ぼう ～いろいろな乗り物で遊ぼう～」

■指導目標　・自分で好きな乗り物を見つけて遊ぶことができる。
　　　　　　・教師や友達とかかわりながら遊ぶことができる。

■指導計画　12単位時間（45分×12回）

時数	小題材	主な学習活動	指導形態
1～2	いろいろな乗り物で遊ぼう	・いろいろな乗り物に乗って遊ぶ。 ・自分で好きな乗り物を見つけて遊ぶ。	個別
3～10	コースで遊ぼう	・いろいろなコースで遊ぶ。 　ひらひらトンネル、坂道、がたがた道、信号 　高速道路	個別、全体
11～12	コースを回ろう	・好きなコースを選んで乗り物で遊ぶ。	個別、全体

■評価の観点　・好きな乗り物を見つけて遊ぶことができるか。
　　　　　　・友達や教師と一緒に乗り物で遊ぶことができるか。
　　　　　　・乗り物の動きや、スピード感を楽しむことができるか。

■本時の指導　（2／12時間目、45分）

時配	学習活動	指導上の留意点	準備物
00	1．ホールに集合し、「始まり」の挨拶をする。	・乗り物遊びの活動を始めることを、話し言葉で全員に伝える。	・スロープ ・台車（大） ・台車（小） ・ビッグタイヤ ・ゴム台車 ・タイヤ台車 ・平台車 ・ロープ台車 ・BGM
05	2．乗り物で遊ぶ。	・短い距離をスピードを出して乗る、長い距離をゆっくり乗るなど、いろいろな遊び方があることを教師が示し、理解を促す。 ・乗り物同士がぶつからないように教師間で声をかけ合い、安全に遊べるように、十分に距離をとって遊ぶように支援する。	
40	3．終わりの挨拶をする。	・終わりであることを、話し言葉、身振りなどで働き掛け、遊びの区切りをつけるように促す。	

■実践を振り返っての課題

【指導計画】
・全体計画として、あらかじめ「個」から「全体」へと発展させるような流れになっており、指導者が無意識にそれに基づいて活動の組み立てを促してしまう可能性がある。

【学習活動】
・自分の好きな乗り物で遊ぶことに夢中になり、友達や教師とかかわろうとする場面が引き出せない。
・他の乗り物にも興味を示しながらも同じ乗り物、同じ遊び方を繰り返す子どもが多く、教師の働き掛けがないと遊び方が発展しない。

【学習評価】
・児童の主体的なかかわりについての評価の観点を明確にしにくい。
・教科に関連した評価が明確でない。

アクティブ・ラーニングの授業

Active Learning!

44 遊びの指導 ＜特別支援学校・小学部＞

題材名「乗り物で遊ぼう ～いろいろな乗り物で遊ぼう～」

■ **指導目標**
- 乗り物の動きが分かり、自分で動かすことができる。
- 自分で乗りたいものを判断し、動かし方を考えて遊ぶことができる。
- 自分から積極的に乗り物で遊んだり、友達とかかわりを広げていくことができる。

■ **指導計画** ・12単位時間（45分×12回）

時数	小題材	主な学習活動	指導形態	関連教科等
1～2	いろいろな乗り物で遊ぼう	・いろいろな乗り物に乗って遊ぶ。 ・自分で好きな乗り物を見つけて遊ぶ。	個別	生活、国語 算数、図工 体育、自活
3～10	コースで遊ぼう	・いろいろなコースで遊ぶ。 　ひらひらトンネル、坂道、がたがた道、信号、高速道路	個別、全体	
11～12	コースを回ろう	・好きなコースを選んで乗り物で遊ぶ。	個別、全体	

■ **評価の観点**

＜知識・技能＞
- 乗り物の基本的な動きが分かり、コースにある道の傾斜、速度、信号などに気づきながら、自分の体を使って乗り物を動かしている。

＜思考・判断・表現＞
- 自分で乗り物をどのように動かしたいかを考え、乗り物を自分で動かすか友達や教師に動かしてもらうかを決めるとともに、乗り物に一緒に乗りたいことを自分なりの表出表現で表している。

＜主体的に学習に取り組む態度＞
- 友達や教師と積極的にかかわりを広げながら遊んでいる。

■ **本時の指導** （2／12時間目、45分）

時配	学習活動（メインのみ記載）	指導上の留意点	準備物
05 15	2. 乗り物で遊ぶ。 ・教師が乗り物の動かし方を支援しながら、全員で遊ぶ。 ・個別に好きな乗り物で遊ぶ。	・児童が全ての乗り物の動きや音などを体験できるよう、乗り物の名前を教え、動かして見せる。 ・自分の気に入った乗り物を選択する場面が見られ始めたら、それぞれ乗り物遊びをするよう促す。 ・乗り物はあくまで授業への子どもの興味・関心を高めるためだけに使用し、乗り物自体に仕掛けや工夫（音が鳴る、きらきら光るなど）は行わない。 ・巨大スロープ（傾斜）を設置したり、乗り物すべてロープを取り付けたりして、他人の力を借りることで遊びの楽しさが増していくように、場を設定にする。 ・教師が遊びのヒントを与えるのではなく、一緒に考えるスタンスで支援する。	・スロープ ・台車（大） ・台車（小） ・ビッグタイヤ ・ゴム台車 ・タイヤ台車 ・平台車 ・ロープ台車 ・BGM

■ **「主体的・対話的で深い学び」になるための授業改善の工夫**

＊主体的な学び＊
- 始めに全員で遊ぶ場面を設定したことにより、自分で自由な乗り方で遊びたいという気持ちを引き出し、自分なりの楽しい遊び方を見つけ出そうとする意欲を高める。

＊対話的な学び＊
- 乗り物を組み合わせることができる場の設定を提供したことで、新しい遊びの発見のために友達や教師と深くかかわろうとする。

＊深い学び＊
- 人に頼むことで自分だけでは実現できない楽しみの広がりを体験する。

■ **生きる力・自立と社会参加に向けて**
- 他者と積極的にかかわることで遊び方を広げていくことを知り、社会生活上のルールや仕組みにも気づいていく。
- 【実践力】 ・自分ができる方法で他者と積極的にかかわっていく力が身に付く
- 【思考力】 ・どうすればより楽しいことが体験できるか考える力が身に付く。
- 【基礎力】 ・乗り物の名前、動き方や動かし方が分かる。

45 生活単元学習 ＜特別支援学校・小学部＞

単元名「修学旅行に行こう」

■指導目標
・友達や教師と一緒に、体験活動を通して興味や関心を広げることができる。
・選択したことや自分の気持ちを友達や教師に伝えながら活動することができる。
・これまでの経験を生かし、公共交通機関や施設を利用したりすることができる。

■指導計画　32単位時間（45分×2コマ連続×7回、45分×6コマ連続×3回）

時数	小単元名	主な学習活動　（★校外学習）	指導形態
1	修学旅行を知ろう	・昨年の修学旅行の映像を見る。　・学習計画表を作る。	全体、個別
2	しおりを作ろう	・校外学習の写真を見る。　・しおりを作る。	全体、個別
3	決めよう	・お土産で買うものや昼食を決める。　・お金の用意	全体、個別
4	練習しよう	・ロールプレイでバス利用の練習	全体
5	校外学習★	・食品工場見学　・レストランで食事　・路線バス利用	全体
6	荷物を準備しよう	・持ち物を鞄に入れる。	全体、個別
7	決めよう	・楽しみな活動や食事の発表　・宿泊先の部屋割り確認	全体
8～9	修学旅行当日★	・1日目、2日目の行程	全体、個別
10	振り返ろう	・振り返り　・一番の思い出の写真を選び発表	全体

■評価の観点
・学習活動を通し興味や関心を広げることができるか。
・自己選択したことや、自分の気持ちを友達や教師に伝えることができるか。
・利用方法を守って、公共交通機関や施設を利用することができるか。

■本時の指導　（4／10時間目、45分）

時配	学習活動	指導上の留意点	準備物
00	1. 始めの挨拶をする。 2. 今日の学習内容を知る。	・児童が注目しやすいように、半円形の座席配置にする。 ・学習に見通しが持てるように、イラストを添えた予定カードを掲示する。	・予定カード
15	3. 動画でバスの乗り方、降り方を見る。 4. ロールプレイでバスの乗り方、降り方を練習する。	・乗車のポイントが分かるように、動画の後にパワーポイントで「バスに乗るときの約束」スライドを提示する。 ・教室内に椅子を並べ、模型の整理券発行機や降車ボタン、精算機を用意してバスに見立てる。 ・一人一人順番に活動場面を設定し、デジタルカメラで様子を撮影する。	・大型テレビ ・ビデオカメラ ・パワーポイント ・デジタルカメラ
40	5. 振り返りをする。	・4で撮影した写真を見ながら、バスに乗るときの約束ができていたか、一人一人振り返らせる。	・大型テレビ
45	6. 終わりの挨拶をする。		

■実践を振り返っての課題

【指導計画】
・学習計画を予め教師が立てているため、教師主導の授業になりやすい。
・校外学習の計画が入るため、修学旅行という学習のテーマが途切れてしまう。

【学習活動】
・一人一人の場面があるため、待ち時間が多い。
・本番のための練習的な内容が多く、実際的な状況での学習が少ない。

【学習評価】
・活動に対して、時間をおいた事後評価が多い。
・興味や関心の広がりについては、授業の中での評価が曖昧になりやすい。

アクティブ・ラーニングの授業

Active Learning!

45　生活単元学習　＜特別支援学校・小学部＞

単元名「○○に行こう」　＊○○は児童が決めた一番楽しみな場所

■**指導目標**
- 日程に合わせて、交通機関や施設を利用することができる。
- 目的地までの行き方を考え、時間や交通手段を判断して実行することができる。
- 自分で計画を立て、進んで準備に取り組むことができる。

■**指導計画**　44単位時間（45分×2コマ連続×4回、45分×6コマ連続×6回）

時数	小単元名	主な学習活動　（★校外学習）	指導形態	関連教科等
1	先輩に聞こう	・中学部1年生に去年の旅行を紹介してもらう。	全体	生活、国語
2	調べに行こう①★	・旅行代理店の人にインタビューする。　・パンフレット集めをする。	全体、個別	生活、国語、数学
3	調べに行こう②★	・旅行雑誌を買いに書店に行く。	全体、個別	生活、国語、数学
4	計画を立てよう	・パンフレット、雑誌を切り抜く。　・タブレットで経路を調べる。 ・自分たちで旅行計画を作成する。	全体	生活、国語、数学
5	旅行のプロに見てもらおう★	・旅行代理店の人に自分たちの旅行計画を見てもらい、アドバイスを受ける。自分たちで計画を修正する。	全体	生活、国語、数学
6	ご当地の名物さがし★	・物産館、道の駅に行き、売店の食べ物やお土産から名物を考える。 ・タブレットで当日食事できる店を検索する。	全体、個別	生活、国語、数学
7	旅行の準備	・必要と思う荷造りをする。　・下校後に自宅で家族と確認する。	全体	生活
8～9	修学旅行当日★	・旅行中は児童がタブレットで写真を撮り合う。	全体、個別	生活、国語、数学
10	振り返ろう	・当日撮影した写真を選び、スライドショーにする。	全体	生活、国語

■**評価の観点**
＜知識・技能＞
- 行き先と交通手段、食事メニューを答えることができ、利用方法に沿って公共交通機関や施設を利用している。

＜思考・判断・表現＞
- どの場所に行くか、どの店が良いか等を考え、次の予定を判断して自分から行動しているとともに、自分の意見を友達の前で伝えている。

＜主体的に学習に取り組む態度＞
- 旅行の計画や準備に進んで取り組もうとしている。

■**本時の指導**　（4／10時間目、45分）

時配	学習活動（メインのみ記載）	指導上の留意点	準備物
05	2．めあてを確認する。	・計画表（白紙）を教師から受け取り、旅行計画表を埋める（やりたいことを書く、切り抜きを貼る）ことを確認する。	・計画表2枚
15	3．グループに分かれて計画表を作る。	・1日目、2日目で2つのグループに分かれるようにする。 ・もらったパンフレット、買った雑誌、タブレットを生徒が自由に使えるようにする。	・パンフレット ・雑誌 ・タブレット ・のり ・はさみ
35	4．グループの案を発表する。	・重複していたり数が多かったりする場合には、自分たちで話し合いをして、最終案まで決めるよう促す。	

■**「主体的・対話的で深い学び」になるための授業改善の工夫**

＊**主体的な学び**＊
- 児童の活動を中心に設定し、実際的な文脈での活動を通して児童が学べる。

＊**対話的な学び**＊
- 自分の考えを選ぶ場面、友達の考えと調整する場面でパンフレット等の視覚教材を使用し、やり取りや話し合いの結果等が視覚的に分かるようになる。

＊**深い学び**＊
- 先輩、旅行代理店の人、家族等とかかわりながら旅行に関する活動をする中で、旅行へのあこがれを持ったり、よりよい旅行の仕方を考えたり、必要なものを考えたりできるようになる。

■**生きる力・自立と社会参加に向けて**
- 中学部や高等部に進学した際には、日程の一部を自分で計画できるようになる。
- 将来、家族旅行等をする際には、自分で日程や行く場所を選んだり、計画できたりすることを目指す。

【実践力】　・旅行の目的地を決めて、調べたり、準備したりする。
【思考力】　・友達の意見も合わせて、比較したり、優先順位をつけたりして考える。
【基礎力】　・修学旅行で必要な基礎的な事柄（目的地、日程、持ち物等）が分かる。

46 生活単元学習 ＜特別支援学校・中学部＞

単元名「キャンプ事前学習 ～テントを立てよう～」

■指導目標　・主体的にテントを立てる活動に参加することができる。
　　　　　　・テントの立て方を覚え、友達と協力して時間内にテントを立て終えるようになる。

■指導計画　16単位時間（50分×2コマ連続×8回）

時数	小単元名	主な学習内容	指導形態
1～2	テントを立ててみよう	・手順表に沿って説明を聞き、テントを張り立ててみる。	全体、個別
3～6	インナーテントを立てる	・パイプを組んでインナーテントを立てる。	全体、個別
7～10	フライシートを張る	・インナーテントを立て、フライシートを張る。	全体、個別
11～16	ペグを打つ	・フライシートを張ってペグを打つ。	全体、個別

■評価の観点　・手順表（写真と文章）を見てテントを立てることができるか。
　　　　　　・友達と協力してテントを立てることができるか。
　　　　　　・時間内にテントを立てることができるようになるか。

■本時の指導　（7/16～8/16時間目、50分×2コマ連続）

時配	学習活動	指導上の留意点	準備物
00	1. 広場に集合する。　本時の予定を聞く。		
05	2. 2グループに分かれてインナーテントを立てる。	・困っているときや間違っているときは手順表を見せながら教える。	・テント ・手順表
35	3. フライシートの張り方（①～③）を、手順表を見ながら聞き、2グループに分かれて協力してやってみる。 　①フライシートをインナーテントに被せて、向きを整える。 　②フライシートをマジックテープで固定する。 　③入口を巻き上げる。	・手順表が理解できない生徒には、理解できる生徒が教えて活動に誘うように促す。	
80	4. 手順表に沿って正しく張れているかを確かめる。	・手順表をもとに、指さしや声出しで確認させる。	
100	5. 次時の予定を聞く。		

■実践を振り返っての課題

【指導計画】
・文字と写真の手順表だけでは、手順等を理解して活動に移すことができない生徒がいると、生徒同士で協力して活動を進めることが難しく、結果的に時間がかかり、活動意欲が減退していく。

【学習活動】
・言語表現力の低い生徒は、友達に言葉を掛けて協力を求めることが難しく、ポールを支えておく、フックを掛ける、フライシートを被せるといった活動を、手を引いて誘ってさせるようなことが生じ、一人ひとりが主体的に活動し、協力してテントを立てるという目標に到達できない。
・文字が読めない生徒や写真を見て行動に移すことが難しい生徒は、手順表を活用できず、友達に言われるままに行動することになりがち。
・言葉を理解したり、他者の意図を理解したりすることが難しい生徒は、友達の言葉を聞いて行動することや協力活動に参加することが難しく、混乱する。

【学習評価】
・テントを立てることができたかどうかという結果のみの評価となっている。
・テントを立てるためにどうすればよいか、どんな工夫が必要かを考えさせる場面がない。
・仲間との協力が必要なことに、生徒が気づけない。

アクティブ・ラーニングの授業

Active Learning!

46 生活単元学習 ＜特別支援学校・中学部＞

単元名「キャンプ事前学習 ～テントを立てよう～」

■ 指導目標
- テントを立てる手順が分かり、上手にテントを立てることができる。
- 作業手順を考え、張り方のポイントを判断し、協力してテントを立てることができる。
- 自分で手順表を確認し、積極的にテントを立てることができる。

■ 指導計画　計16時間扱い（50分×2コマ連続×8回）

時数	小単元名	主な学習内容	指導形態	関連教科等
1～2	テントを立ててみよう	・手順表に沿って説明を聞き、テントを張り立てる。	全体、グループ	職家、数学、社会
3～6	インナーテントを立てる	・パイプを組んでインナーテントを立てる。	グループ	職家、数学、特活
7～10	フライシートを張る	・インナーテントを立て、フライシートを張る。	グループ	職家、数学、特活
11～16	ペグを打つ	・最初からペグを打つまでの活動を行う。	グループ	職家、数学、特活

■ 評価の観点

＜知識・技能＞
- テントのパーツ（名称・用途）を知り、手順通りにテントを立てたり、テントをピンと張ることを意識して、仲間と声をかけ合って活動している。

＜思考・判断・表現＞
- うまく安全にテントを張るための協力の仕方を考え、声をかけ合って行い、作業手順を思い出したり手順表で確かめたりしながら作業を進めるとともに、仲間に伝わるように言葉や行動で教えたり協力を求めたりしている。

＜主体的に学習に取り組む態度＞
- 積極的に手順表を見に行って、正しい手順でテントを立てようとしている。

■ 本時の指導　（7／16～8／16時間目、50分×2コマ連続）

時配	学習活動（メインのみ記載）	指導上の留意点	準備物
00	1. 広場にテントを持って集合する。本時の予定を聞く。	・手順を忘れたり間違えたりしているときには、手順表を見に行くように促す。	・テント ・手順表
05	2. 3つのグループに分かれて、インナーテントを立てる。	・手順表が読めない友達に読んであげたり、内容が理解できない友達にテントに施した手立てを活用してやり方を伝えてあげたりして、協力するように促す。	
20	3. 手順表を見ながらフライシートの張り方の説明を聞く。		
40	4. 3つのグループに分かれて、手順表を見ながら協力してフライシートを張る。		
80	5. 手順表に沿って正しく張れているかを確かめる。 6. 次時の予定を聞く。		

■ 「主体的・対話的で深い学び」になるための授業改善の工夫

＊主体的な学び＊
- 色テープなどでテントに目印を施し、それを活かした手順表を作成することで、活動の仕方が分かりやすくなり、手立てや手順表を積極的に活用してテントを立てる。

＊対話的な学び＊
- テントに施した手立てによって、活動の仕方などを他の生徒に伝えやすくなり、友達を誘って（友達の誘いに応えて）、協力してテントを立てる。

＊深い学び＊
- 短時間でテントをきれいにピンと張れるようになり、手順を共有し声をかけ合って協力して活動することの意味を学ぶ。

■ 生きる力・自立と社会参加に向けて
- 家庭生活や余暇活動などで様々なキャンプ学習に参加するようになる。
- 【実践力】・手順（ルール）を共有し他者と協力することで、様々なテント張りが可能となる。
- 【思考力】・主と補の協力や息を合わせる協力など、協力の仕方を考えて行動する力が身に付く。
- 【基礎力】・手順表や手立てを活用して、友達と協力してテントを張ることができる。

47 生活単元学習 ＜小学校・特別支援学級＞

単元名「秋祭りをしよう」

■指導目標　・秋の季節に相応しいお店を作ったり、神輿を作ったりして秋祭りを開催することができる。

■指導計画　30単位時間（45分×30回）

時数	小単元名	主な学習内容	指導形態
1～2	秋をたのしもう	・実物や写真を使った「秋」に関するクイズをする。 ・秋祭りのビデオや写真を見る。	全体
3～7	みこしをつくろう	・段ボールに、手形、木の実や葉、色紙等の飾りを付けて、神輿を作る。	全体 個別
8～21	お店の準備をしよう	・店の飾りや看板をつくる。 ・商品をつくる。 ・接客や会計の練習（お店やさんごっこ）をする。	全体 個別
22～27	秋祭りをしよう	・神輿をかついだり、歌をうたったり、踊ったりする。 ・お店やさんごっこをする。	全体
28～30	片付けをしよう	・お祭りの様子撮ったビデオを見て、活動の様子を思い出す。 ・道具や制作したものを片付ける。	全体

■評価の観点　・決められたものを制作できるか。お祭りでの役割を果たすことができるか。

■本時の指導　（4／30時間目、45分）

時配	学習活動	指導上の留意点	準備物
00 02	1. 挨拶をする。 2. 本時の学習内容を知る。	・これまでのお店作りの活動の進捗状況と本時の学習内容を説明する。	・制作途中の作品
05	3. 店の看板や飾りを作る。	・児童が取り組めそうな、輪飾りを作る、看板の文字を書く、立て看板に色を塗るといった活動を設定し、一人一人が活動に参加できるようにする。 ・道具や材料は教師が用意し、完成の見本を見せながら、活動の見通しを持てるようにする。	・色画用紙 ・色紙、はさみ、筆 ・絵具等制作に必要な物 ・完成の見本
30	4. 制作したものを確認する。	・学習カードに制作した物や数を書く。	・学習カード
35 45	5. 後片付けをする。 6. 次時の予告と終わりの挨拶をする。	・道具や材料の残りを決められた場所に片付ける。	

■実践を振り返っての課題

【指導計画】
・制作するものについては、指導者が設定することが多い。
・自己選択・自己決定できる児童が活動の中心となることが多く、一人一人の思いや考えを十分に反映させることが難しい。

【学習活動】
・活動は全員が同じものを制作することが多いが、制作の過程は個別で取り組む作業が多く、対話をするという場面が少ない。

【学習評価】
・活動を楽しんでいるかどうかだけではなく、関連する教科等の目標に照らし合わせ、具体的な評価項目が示されていないといけない。

アクティブ・ラーニングの授業

47 生活単元学習 ＜小学校・特別支援学級＞

単元名「秋祭りをしよう」

■指導目標
- 秋という季節感を生かして、神輿作りをすることができる。
- 秋の季節に相応しいものを判断して、お店や神輿作りに生かすことができる。
- 自分から積極的に活動し、友達と楽しさを共有することができる。

■指導計画　36単位時間（45分×36回）

時数	小単元名	主な学習活動	指導形態	関連教科等
1～6	秋をたのしもう	・秋をみつけにいく。（校外学習） ・実物や写真で「秋」に関するクイズを作り問題を出し合う。 ・秋祭りのビデオや写真を見る。	全体 グループ	生活、国語 算数、理科 社会
7～14	みこしをつくろう	・神輿のデザインをみんなで考える。 ・段ボールに、手形、木の実や葉、色紙等を付けて、神輿を作る。	全体	図工
15～27	お店の準備をしよう	・グループに分かれ、やりたいお店を考える。 ・グループごとに店の準備をする。 ・接客や会計の練習をする。（お店やさんごっこ）	全体 グループ 個別	生活、国語 算数、図工 家庭、道徳
28～33	秋祭りをしよう	・神輿をかついだり、歌をうたったり、踊ったりする。 ・お店やさんごっこをする。 ・小学校1年生又は2年生を招待して一緒に楽しむ。	全体 グループ 交流・共同	生活、国語 算数、音楽 特活
34～36	振り返り	・活動したビデオを見て、活動の様子を振り返り、感想等を発表し合う。	全体 グループ	生活、国語 家庭

■評価の観点

＜知識・技能＞
・秋という季節を表す状況や作物、お祭りの様子を理解し、はさみ、のり、カッター、筆等の道具を使って制作している。

＜思考・判断・表現＞
・自分で作りたい店の商品や神輿のデザインを考え、秋という季節に合うかを判断しながら制作するとともに、店の活動で役割を果たしたり、音楽に合わせて神輿を担いだりしてお祭りの楽しさを表現している。

＜主体的に学習に取り組む態度＞
・活動に進んで参加し、友達に自らかかわっている。

■本時の指導　（18／36時間目、45分）

時配	学習活動（メインのみ記載）	指導上の留意点	準備物
05	3. グループに分かれて制作する。	・作るものは、グループごとに確認できるよう声かけする。 ・仲間と協力して、自分たちで準備できるようワークシートを準備する。 ・進捗状況をグループ内で確認するようにする。	・制作に必要な道具
30	4. 制作したものを発表し、活動を振り返る。	・グループ代表の発表を通し、互いの制作状況を伝え合う場を決定する。	

■「主体的・対話的で深い学び」になるための授業改善の工夫

＊主体的な学び＊
・校外学習等で、秋の様子を体感したり、活動に使う材料等を集めることで意欲を高めていく。

＊対話的な学び＊
・対話する活動を取り入れることにより、他者と協力しながら活動することを意識するようになる。

＊深い学び＊
・振り返りの活動によって本人が活動の様子を確認し、次の活動への見通しが持てるようになる。

■生きる力・自立と社会参加に向けて
・日常の生活とかかわりの深いお店や地域の行事（お祭り）を自分たちで作ることで、学んだことを実生活に生かしていく。

【実践力】・お店での買い物や地域行事へ意欲的に参加ができる。
【思考力】・自分で作りたいものを考え、制作に必要な道具や材料を準備することができる。
【基礎力】・友達や教師とかかわりながら共同制作することで、コミュニケーション力が高まる。

48 生活単元学習　＜小学校・特別支援学級＞

単元名「カレーライス・パーティーをしよう」

■指導目標　・収穫した野菜を調理し、カレーライス・パーティーを開催することができる。

■指導計画　8単位時間（45分×8回）

時数	小単元名	主な学習内容	指導形態
(15)	【別単元】 野菜を育てよう	・野菜を育てる。 ・育てた野菜を収穫する。	全体
1～3	パーティーの準備をしよう	・プログラムを作り、役割を分担する。 ・プログラムに沿ってリハーサルをする。 ・カレーライスの作り方を知る。	全体 個別
4～7	パーティーをしよう	・みんなでカレーライスを作る。 ・プログラムに沿って、パーティーをする。	全体
8	パーティーの片付けをしよう	・パーティーの様子を撮ったビデオを見て、活動を思い出す。 ・道具や製作したものを片付ける。	全体

■評価の観点　・分担された役割を遂行し、収穫祭での役割を果たすことができるか。

■本時の指導　（3／8時間目、45分）

時配	学習活動	指導上の留意点	準備物
00	1. 収穫した野菜を見ながら、農園作業を振り返る。 2. カレーライスを作り、「カレーライス・パーティー」をすることを確認し、めあてをつかむ。	・当日までに収穫した野菜を準備し、野菜作りの過程を想起できるようにする。 ・児童の大好きなメニューを取り上げ、興味をもって活動に取り組めるようにする。	・収穫した野菜 ・野菜日記 ・記録写真
15	3. カレーライスの材料と作り方が分かる。 (1) パネルシアター「カレーライスのうた」を楽しみながら、カレーの材料を知る。 (2) 収穫した野菜とパネルシアターをマッチングさせ、野菜の名前を理解し、ワークシートを記入する。 (3) 野菜の切り方の手順表を見て、野菜の切り方を知る。	・パネルシアターを通して、カレーライスに必要な材料を視覚的に理解できるようにする。 ・具体物とパネル人形、文字をマッチングできるような、ワークシートを準備する。 ・油・肉・カレールーは、教師が準備することを伝える。 ・切り方の手順表を準備し、作業中も視覚的に確認できるようにする。	・パネルシアター ・収穫した野菜 ・ワークシート ・手順表
40	4. 本時を振り返り、学習のまとめをする。	・学習カードにシールを貼って、称賛する。	・生単ファイル ・シール

■実践を振り返っての課題

【指導計画】
・調理するメニューについては、指導者が決定することが多い。
・活動に必要な材料や道具は、指導者によって予め準備されていることが多い。
・自己選択・自己決定できる児童が活動の中心となることが多く、一人一人の思いや願い、考え等を十分に反映させることが難しい。

【学習活動】
・全員が順番で同じ活動を行うため、「個別の指導計画」の個別目標に沿った学習になりにくく、また、待ち時間（何もしない時間）も多い。
・やるべき活動が事前に準備されているため、児童同士の対話的な学びはなく、互いのよさを認め合い、高め合う場面が少ない。

【学習評価】
・全員が一律に同じ活動に取り組むため、一人一人のよさや学びの過程の見取りが難しく、一面的・画一的な評価となりやすい。

48 生活単元学習 ＜小学校・特別支援学級＞

単元名「収穫祭をしよう」

■指導目標
・材料や道具の名前が分かり、自分の目標に合わせて買い物をすることができる。
・収穫祭の開催を通して、栽培・買い物・調理等、将来のより自立的な生活に必要なスキルを獲得することができる。
・自分から進んで収穫祭の内容を考え、必要な材料や道具を判断することができる。

■指導計画　15単位時間（45分×15回）

時数	小単元名	主な学習活動	指導形態	関連教科等
(15)	【別単元】野菜を育てよう	・図鑑や料理本での調べ学習、育てたい野菜の選定 ・野菜の世話、成長の記録の累積、野菜の収穫		
1〜10	収穫祭の準備をしよう	・計画立案、係ごとの準備（招待状．プログラム．会場．発表等） ・調べ学習と話し合い（メニュー・作り方、材料・道具） ・金銭実務等、個別目標に沿った学習→買い物実習 ・リハーサル（収穫祭当日の流れや役割分担の確認）	全体 グループ 個別	生活、国語 算数、音楽 図工、家庭 道徳、自活
11〜14	収穫祭をしよう	・役割分担に沿っての、調理実習 ・お世話になった地域の方や教職員をお招きしての収穫祭	全体、グループ 交流・共同	生活、国語、算数 音楽、家庭、自活
15	振り返りをしよう	・ビデオを視聴しての活動の振り返り ・感想等の発表	個別、全体 グループ	生活、国語 自活

■評価の観点
＜知識・技能＞
・調理に必要な材料や道具の名称が分かっており、各自の金銭実務の個別目標に沿って買い物をしている。
＜思考・判断・表現＞
・タブレットを活用して調理の仕方や必要な材料・道具を調べることができ、必要な材料や道具を判断したり、収穫祭の内容を工夫したりするとともに、感謝の気持ちを伝える方法を考え提案している。
＜主体的に学習に取り組む態度＞
・自分のやりたい役割を決めて、友達と協力しながら、進んで活動に参加している。

■本時の指導　（6／15時間目、45分）

時配	学習活動（メインのみ記載）	指導上の留意点	準備物
05	2. みんなで調べたカレーライスの材料を確認し、本時のめあてを確認する。	・一人一人が買い物を頑張ることで、収穫祭が開催できることを確認し、気持ちを高める。	・収穫野菜 ・パネルシアター ・予定表 ・自立課題 ・ワークシート ・ヒントカード ・商品 ・レジ ・買い物かご ・財布 ・お金
10	「お店やさんごっこ」をしよう。 3. 各自の個別学習コーナーで、各自の個別目標に沿った自立課題（文字・数量・計算・金銭実務・マナー等）に取り組む。	・教室を構造化することにより、目的的・主体的・自立的に学習に取り組めるようにする。 ・各自の個別目標に沿った、国語科・算数科・生活科・自立活動等の自立課題を用意する。	
30	4. みんなで役割を交代しながら、お店やさんごっこをする。	・児童が調べ、話し合った材料を商品として準備し、対話的な学びを生かせるようにする。	

■「主体的・対話的で深い学び」になるための授業改善の工夫
＊主体的な学び＊
・育てる野菜、メニュー、収穫祭の準備、買い物等について、自分たちで計画立案しながら意欲を高めていく。
＊対話的な学び＊
・他者と対話しながら協力して活動する場面を意図的に設定することにより、収穫祭で感謝の気持ちを伝えることを意識する。また、自立課題を意識させることで、主体的に課題解決に向かう。
＊深い学び＊
・授業終末で、個別目標とともに単元全体の目標について振り返ることにより、互いの活動の様子や課題に気づき、次の活動に生かせるようになる。

■生きる力・自立と社会参加に向けて
・自宅で収穫した野菜や地域のスーパー等で購入した食材で調理することにより、食の自立を目指す。
【実践力】・勤労生産・買い物・家事等のスキルを身につけ、食生活を高めていく。
【思考力】・他者と協力して課題解決することによりコミュニケーション能力を高め、また、自然や周囲の人々への感謝の気持ちが伝わるような活動の仕方に気づく。
【基礎力】・自分で野菜を育て、収穫して食べるという基礎的な調理活動が可能になる。

49 生活単元学習 ＜中学校・特別支援学級＞

単元名「レストランを経営しよう」

■指導目標　・昼食メニュー（豚のしょうが焼き定食）を調理、販売できる。

■指導計画　6単位時間（50分×2コマ×2回＋50分×2回）

時数	小単元名	主な学習内容	指導形態
1	レストランで何するの	・提示されたレシピをもとに、材料と量を算定する。 ・与えられた担当を把握し、技能を習得する。	全体
2〜3	レストランの準備をしよう	・買う材料の分担を確認する。買い物をする。	個別、グループ
4〜5	定食を販売しよう	・工程表をもとに調理する。客に配膳する。	個別、グループ
6	売り上げを計算しよう	・食器の回収、後片付け、集金、精算をする。	全体

■評価の観点　・決められたマニュアルに従って行動できるか。
　　　　　　　・与えられた時間内に役割を果たすことができるか。
　　　　　　　・客から見て魅力ある豚のしょうが焼き定食を提供できるか。

■本時の指導　（4／6〜5／6時間目、50分×2コマ連続）

時配	学習活動	指導上の留意点	準備物
00	1. 調理担当の係を確認する。 2. 調理手順を確認する。 　①下ごしらえ（キャベツ千切り、茄子切り、たくわん切り、炊飯）、食器洗い・拭き 　②キャベツの盛り付け、調理（豚の生姜焼き、茄子の味噌汁） 　③ご飯と味噌汁椀に盛る、皿に定量の生姜焼きを盛り付ける。	・作業段階ごとに役割を分担しておく。	・食材 ・調理器具
15	3. 下ごしらえをする。	・工程が終わるごとに教師に報告させる。	
45	4. 野菜の盛り付けと調理をする。	・作業が遅れている生徒がいたら、教員が指示を出し、他の生徒を応援に向かわせる。	
65	5. 主菜、ご飯、味噌汁の盛り付けをする。	・動きが止まっている生徒がいたら、スタッフが支援に入る。	
85	6. 配膳をする。	・誰がどの注文者に配膳するかを教員が指示する。	
95	7. 配膳できたかを確認する。	・生徒に報告させ、教員が注文票にチェックする。	

■実践を振り返っての課題

【指導計画】
・計画の段階で全体像は示すが、買い物以降は小グループ単位で行動するので、全体像が見えづらく、生徒間同士の交流が起こりづらい。
・生徒が困った際に、その都度教員が支援するため、生徒がどこまでできていたか、また、課題解決をどうするかが分かりにくい。

【学習活動】
・買い物場面、調理場面とも、生徒の能力に応じて担当を決め、それぞれの能力の少し上の課題を設定しているが、それぞれが困った場面で「どうしたら解決できるか」を考えなくなり、動かない状態になってしまい、誰かに支援してもらうことにつながり、対話的な学びが生じにくい。
・想定外のこと（家庭と学校の調理器具や道具の違い）があると、自分からその場に適応していこうとしない。

【学習評価】
・生徒が間違えそうになると教員が先回りして「支援」してしまうため、生徒の能力が測りづらい。

49 生活単元学習 ＜中学校・特別支援学級＞

単元名「レストランを経営しよう」

■ 指導目標
・材料の準備に必要な知識をもとに、調理することができる。
・人数に合わせて材料の分量を判断し、時間内に調理することができる。
・友達に声をかけながら、協力して調理することができる。

■ 指導計画　7単位時間（50分×2コマ×2回＋50分×3回）

時数	小単元名	主な学習活動	指導形態	関連教科等
1～2	レストランで何するの	・津ぎょうざを考案した方から作り方を教わる。 ・必要な技能を練習し、習得する。	全体	国語、技家
3	レストランの準備をしよう①	・材料と量を考えて買い物する。 ・販売チラシを作る。	個別 グループ	国語、数学 技家、美術
4	レストランの準備をしよう②	・技能の習熟とスピードアップをはかる。 ・技能だけ習得しても失敗するのはなぜか話し合う。	個別 グループ	国語、数学
5～6	定食を販売しよう	・調理（下ごしらえ、食器洗い、拭き、炊飯、炒め、揚げ） ・盛り付け、配膳	交流・共同 グループ	国語、数学 美術、技家
7	売り上げを計算しよう	・注文者からお金を受け取る。 ・収支を計算する。	全体指導	国語、数学

■ 評価の観点
＜知識・技能＞
・調理に必要な重さの単位、時間、四則計算、漢字の読み書きが分かり、調理（千切り、半月切り、炒める、揚げる、煮る、盛る）をしている。
＜思考・判断・表現＞
・教えられたレシピにある量について注文人数を考えて、予定の時間内に与えられた工程ができるかどうかを見極めながら調理をしている。
＜主体的に学習に取り組む態度＞
・作業開始時、終了時、困ったとき、教えに行くときに自分から周囲に声をかけて学んでいる。

■ 本時の指導　（5／7～6／7時間目、50分×2コマ連続）

時配	学習活動（メインのみ記載）	指導上の留意点	準備物
00 05	1. 津ぎょうざ定食を作ることを確認する。 2. リーダーが担当の係と手順を確認する。	・最初の品目確認、態度目標の確認は教師が行うが、それ以降は生徒中心で進めるよう声かけする。	・食材、調理器具
10 45 65 85	3. 下ごしらえ（キャベツ千切り、茄子切り、たくわん切り、炊飯）、食器洗い・拭き 4. キャベツの盛り付け、調理（豚の生姜焼き、茄子の味噌汁） 5. ご飯、味噌汁椀に盛る、皿に定量の生姜焼きを盛り付ける。主菜、ご飯、味噌汁を盛り付ける。 6. 配膳	・13人の生徒を全体のリーダー1人と4人班3つに分け、班ごとに班長を1人ずつ置き、それぞれが任された工程に責任を持つことができるようにする。 ・工程が終わるごとにそれぞれの班で確認したうえでリーダーが報告するよう促す。 ・作業が遅れている生徒を班でカバーし合い、無理なときはリーダーの指示で他の生徒が応援に向かうよう声かけする。 ・調理中に怪我をした場合には教員が介入する。	・工程一覧表 （貼り出し用：ポスター大、個人用：A4プリント）
95	7. 配膳できたかを確認する。	・リーダーが中心になって動けるよう見守る。	・注文票

■ 「主体的・対話的で深い学び」になるための授業改善の工夫
＊主体的な学び＊
・地域の定番メニューを考案者から教えてもらうことで、生徒たちの積極的な参加意欲が高まる。
＊対話的な学び＊
・小集団ごとで、責任を持たせながら助け合わせることで、技能を伝え合わせる場が見られるようになる。
＊深い学び＊
・自分の技能だけでなく、仲間の技能全般を向上させることが成功に繋がることを実感していく。

■ 生きる力・自立と社会参加に向けて
・自分から周囲に働きかけ、課題を解決していくようになることを目指していく。
【実践力】・得意不得意を認識できるようになり、適材適所を考えた役割分担ができるようになる。
【思考力】・自分ができる援助について考えたり、自分ができないときは自分から援助を頼めるようになる。
【基礎力】・生徒によって課題は違うが、今までできなかった四則計算、概数が理解できるようになり、だいたい○○だからと△△くらいに分ける等の見通しを持てるようになる。

50 作業学習 ＜特別支援学校・中学部＞

単元名「小鉢作り（陶工班）」

■指導目標 ・仲間と協力して、バザーで販売する小鉢を作ることができる。

■指導計画　26単位時間（50分×2コマ連続×13回）

時数	小単元名	主な学習内容	指導形態
1	バザーで販売しよう	・バザーで販売することを知る。	全体
2〜4	小鉢の作り方を知ろう	・小鉢作りの手順を知る。	全体
5〜20	小鉢をたくさん作ろう	・分業をしながら、小鉢をたくさん作る。	個別
21〜26	販売の準備と練習をしよう	・販売の準備と練習をする。	全体、個別

■評価の観点 ・任された工程を理解し、流れ作業の中で、小鉢作りを進めることができるか。

■本時の指導 （5／26〜6／26時間目、50分×2コマ連続）

時配	学習活動	指導上の留意点	準備物
00	1．始めの挨拶をする。 2．どの工程を担当するか、みんなで決める。 3．作業目標を決めて発表する。	・同じ工程を繰り返すことで、見通しを持って活動できるようにする。	
15	4．担当した工程の活動に取り組む。 【小鉢作りの手順】 ①粘土を丸め、木枠に9つ並べる。 ②粘土を叩いて木枠に沿って広げる。 ③粘土を小鉢の型に沿って切り取る。 ④石膏型の上に粘土を置き、成形する。	・作業に飽きてしまわないように、生徒によっては工程を代われるようにする。 ・気をつける点を指導し、毎時間目標を持って作業できるようにする。	・粘土 ・石膏型
90 100	5．作業日誌の記入と発表を行う。 6．終わりの挨拶をする。	・作った数や作業目標の達成など、具体的に振り返りのポイントを示す。	・作業日誌

■実践を振り返っての課題

【指導計画】
・同じ活動を繰り返すことで、この時間に何をするのかは理解しやすいかもしれないが、活動がマンネリ化してしまうこともある。

【学習活動】
・一つの製品をみんなで製作しているが、それを協力というのかは疑問である。
・自分が小鉢作りのどこを担っているのかというような、活動の意味や必要性が分からないまま取り組む可能性がある。
・担当する工程をみんなで選ぶ・目標や成果を発表し合うといった、一見、対話的な学びの時間はあるが、言葉の理解が難しい生徒や選ぶことが難しい生徒にとっては学びを深めることは難しい。

【学習評価】
・小鉢の出来映えから自分の活動の善し悪しを振り返ることが難しく、自分の行為と結果をつなげて次の学習につなげにくい。

50 作業学習 ＜特別支援学校・中学部＞

単元名「小鉢作り（陶工班）」

■ 指導目標
・活動手順、道具の使い方等を知り、上達する方法を学んで製品を作ることができる。
・よりよい製品のポイントを考え、自分でできることを判断し、作品作りに生かすことができる。
・バザーを意識して、意欲的に製品を作ることができる。

■ 指導計画　26単位時間（50分×2コマ連続×13回）

時数	小単元名	主な学習活動	指導形態	関連教科等
1	バザーで販売しよう	・バザーで販売することを知る。	全体	社会、職家
2～4	小鉢の作り方を知ろう	・小鉢作りの手順を知る。	全体	美術、国語
5～20	小鉢をたくさん作ろう	・最初から最後の工程まで作る活動を繰り返す。	個別	美術、職家
21～26	販売の準備と練習をしよう	・ラッピング、値付け、ポスター作成などをしながら、販売の準備と練習をする。	全体 個別	数学、美術 国語

■ 評価の観点
＜知識・技能＞
・素材の特徴や手順が分かり、正しく安全に道具を使いながら手順通りに形の整った製品を作っている。
＜思考・判断・表現＞
・作業工程で気をつける点を確認しながら自ら判断して次の工程へと移っていくとともに、作品の出来映えについて考え仲間へアドバイスしている。
＜主体的に学習に取り組む態度＞
・自分の目標を明確に持って、積極的に製品作りに取り組んでいる。

■ 本時の指導　（5／26～6／26時間目、50分×2コマ連続）

時配	学習活動（メインのみ記載）	指導上の留意点	準備物
15	5．それぞれの生徒が①～④の工程を担って小鉢作りをする。 【小鉢作りの手順】※①～⑤を一人で ①粘土を丸め、木枠に９つ並べる。 ②粘土を叩いて木枠に沿って広げる。 ③粘土を小鉢の型に沿って切り取る。 ④石膏型の上に粘土を置き、成形する。 ⑤底に自分の印を押す。	・各工程の場所に、写真や文字で各工程の活動や気をつける点を示し、生徒が確かめながら作業できるようにする。 ・前回作った小鉢から、本時の作業目標を決めたり、できた製品を見て評価をしたりするのを補助する。 ・仲間の作業に目を向けられるような言葉がけをする。	・粘土 ・石膏型
80	6．出来上がった小鉢は、自分の粘土板に並べる。		

■ 「主体的・対話的で深い学び」になるための授業改善の工夫

＊主体的な学び＊
・自分で最初から最後の工程までを担うことにより、一人一人の学びが表れた製品ができ、「私が作ったものを買ってほしい」という意識が芽生え、目標や意欲を持って活動に取り組めるようになる。
＊対話的な学び＊
・生徒が場所を移動しながら製品を作っていくことによって、共に学習する仲間とのかかわりが生まれ、上手な人のやり方を真似たり、アドバイスしたりする姿が生まれる。
＊深い学び＊
・できた製品を見比べることで、どこがうまくいったか、次はどのようにしたらよいか等を、自分で又は教師と一緒に考え、次の製品作りに生かす。

■ 生きる力・自立と社会参加に向けて
・何か製作する際には、目標や目的を持って主体的に行動しやり遂げていく力をつけていく。
【実践力】　・他の作品も丁寧にたくさん製品を作る方法を考えて作業をすることが可能となる。
【思考力】　・工程ごとに気をつける点を確かめながら、製品を作り、次の工程に移って良いかを判断して行動する。
【基礎力】　・手順表を見て小鉢を作る。手指の操作性を高める。

51　作業学習　＜特別支援学校・中学部＞

単元名「バザーに向けて ～松ぼっくりのクリスマスツリー～」

■指導目標　・作業手順を理解し、自分で決めた個数のクリスマスツリーを作ることができる。

■指導計画　24単位時間（50分×2コマ連続×12回）

時数	小単元名	主な学習内容	指導形態
1～2	買い物に行こう	・ホームセンターで筆や塗料、ボンドなどを購入する。	全体
3～4	作り方を知ろう	・クリスマスツリーの製作手順を見て、作ってみる。	全体、個別
5～18	製品を作ろう	・作り方を覚え、製品をたくさん作る。	全体、個別
19～20	お店を作ろう	・お店の看板やポスターなどを作る。	全体
21～22	バザーをしよう	・保護者や地域の人にクリスマスツリーを販売する。 ・製作実演コーナーで作り方を説明する。	全体 交流・共同
23～24	片付けをしよう	・道具や製作したものを片付ける。	全体

■評価の観点　・ツリーの作り方を理解できるか。目標の個数を完成させることができるか。

■本時の指導　（11／24～12／24時間目、50分×2コマ連続）

時配	学習活動	指導上の留意点	準備物
00	1. 挨拶をする。 2. 作業工程を確認する。 3. ツリー作りの作業を行う。	・元気な声で挨拶をするように促す。 ・写真カードを提示し、手順を説明する。 　①色塗り、②ビーズをつける、③切り株に穴をあける、 　④切り株と松ぼっくりをボンドでつける。 ・生徒が決めた個数を黒板に掲示する。 ・①②③④それぞれのコーナーに教員がつき、生徒が回ってきたら、それぞれに指導を行う。	・写真 ・筆 ・塗料 ・ボンド ・ビーズ ・電動ドリル
50 85	4. ツリー作りの作業を行う。 5. 片付けをする。	・後半の作業開始時に、生徒数名の製品を取り上げ、色の塗り方やボンドの量など、うまくできている点を誉める。 ・一人で制作できない生徒には教師が部分的に手伝い、生徒のできる活動を確保する。 ・筆洗いやゴミ拾いなどを自主的にできるように見守りながら、適宜声をかける。	
90 100	6. 先生の話を聞く。 7. 挨拶をする。	・生徒個人が立てた目標の個数と、製品の仕上がりを見ながら、それぞれのコーナーの教師から良かった点や課題について評価を行い、次時の目標につなげる。 ・元気な声で挨拶をするように促す。	

■実践を振り返っての課題

【指導計画】
・生徒同士で話し合ったり、協力したりする場面が設けられていない。
・作業が学びの共有化には至っていない。

【学習活動】
・生徒が目標の個数に向かって製品を作ることに終始しており、重度の生徒には教師がする部分が多くなり、主体的な学びとは言えない。

【学習評価】
・評価が目標の裏返しになっている。
・評価項目が大ざっぱで、生徒にどのような力が身に付いたのかを評価することができない。

アクティブ・ラーニングの授業

Active Learning!

51 作業学習 ＜特別支援学校・中学部＞

単元名「バザーに向けて ～協力してツリーを作ろう～」

■ 指導目標
- 作業工程が分かり、道具を安全に使用して作ることができる。
- 作品について考え、よりよく作るための工夫について判断しながら作ることができる。
- 買ってくれる人の気持ちを考えながら意欲的に作ることができる。

■ 指導計画　24時間扱い（50分×2コマ連続×12回）

時数	小単元名	主な学習内容	指導形態	関連教科等
1～2	買い物に行こう	・ホームセンターで筆や塗料、ボンドなどを購入する。	全体	数学、社会、美術
3～4	作り方を知ろう	・クリスマスツリーの製作手順を見て、作ってみる。	全体、個別	国語、美術、職家
5～18	分担して作ろう	・得意な作業工程を担当して、分担して製品を作る。	全体、個別	国語、数学、美術
19～20	お店を作ろう	・お店の看板やポスターなどを作る。	全体	美術、国語
21～22	バザーをしよう	・保護者や地域の人にクリスマスツリーを販売する。 ・製作実演コーナーで作り方を説明する。	全体 交流・共同	国語、数学、美術 職家、特活、道徳
23～24	振り返りをしよう	・ビデオや作品を見て、身に付いた力について話し合う。	全体	国語、美術、職家

■ 評価の観点

＜知識・技能＞
- クリスマスツリー作りの自分の作業工程が分かり、道具を安全に使い丁寧に作ろうとしている。

＜思考・判断・表現＞
- 効率のよい作り方や出来映えの良さに気づくとともに、自分の工程を終えてから友達に渡すなど、周りを見ながら制作し、自分なりに工夫した点を考えて言葉や文章で表現している。

＜主体的に学習に取り組む態度＞
- お客さんに買ってもらうことを楽しみにして、丁寧にきれいに作ろうとしている。

■ 本時の指導　（7／24～8／24時間目、50分×2コマ連続）

時配	学習活動（メインのみ記載）	指導上の留意点	準備物
00	1. 作業工程の分担をする。 ①色塗りグループ ②飾り付けグループ ③ドリル・接着グループ	・得意不得意や本人の希望をもとに、分担を決めるようにする。 ・ペアの友達と互いにチェックをして、塗り残しがないかどうかを確認できるようにする。	・写真 ・太筆、細筆
10	2. ツリー作りの作業を行う。 ①色塗りグループ ②飾り付けグループ ③ドリル・接着グループ	・松ぼっくりにボンドを塗る係と、ビーズを散らす係とに分けて、声をかけ合いながら作業ができるようにする。 ・電動ドリルに切り株をセットする係と、穴をあける係で交代しながら行うよう声かけをする。 ・切り株に松ぼっくりを貼り付ける工程も行うよう促す。	・塗料 ・細筆 ・ボンド ・ビーズ ・電動ドリル
50	3. ツリー作りの作業を行う。		

■「主体的・対話的で深い学び」になるための授業改善の工夫

＊主体的な学び＊
- 製作を経験した後に得意な工程を選択することにより、ツリー作りに意欲を持って取り組めるようになる。

＊対話的な学び＊
- 友達とペアで活動することで、出来映えをチェックしたり息を合わせたりしながら作業を行う。

＊深い学び＊
- 工程に慣れていくことで、より丁寧に、きれいに仕上げようという技術や心情を高める。

■ 生きる力・自立と社会参加に向けて
- みんなで製作することを通して、仲間と協力して良いものを作ろうという協調性や仲間意識、コミュニケーション能力を育むことを目指す。

【実践力】　・仲間に声をかけたり、周りに目を配ろうという人間関係形成能力が身に付く。
【思考力】　・製作の過程で失敗・成功を繰り返して、出来映えの善し悪しに気づく。
【基礎力】　・身近な材料や道具を使って、安全に楽しく制作活動に取り組む。

52 作業学習 ＜特別支援学校・高等部＞

単元名「焼き杉のプランターカバー製作（木工班）」

■指導目標 ・製作工程を分担し、各自が担当工程に集中して取り組み、毎時間目標数の作業をやり遂げることができる。

■指導計画 32 単位時間（50 分×2 コマ連続×16 回）

時数	小単元名	主な学習内容	指導形態
1	作業内容を知ろう	・製品、製作工程、工程分担、目標数などを知る（聞く）。	全体
2〜4	作業方法を知ろう	・担当工程の作業手順、道具・補助具の準備の仕方や使い方を知る。	個別
5〜12	正確に作業しよう	・正確な結果と目標数を目指して担当工程の作業を行う。	個別
13〜16	仕上げ工程に取り組もう	・バーナーで焼いて、磨いて、仕上げる。	全体

■評価の観点 ・切断用補助具の使い方を理解して、毎時間目標数の部材を正確に作ることができるか。

■本時の指導 （5／16〜6／16 時間目、50 分×2 コマ連続）

時配	学習活動	指導上の留意点	準備物
00	1. 作業日誌を見て、本時の目標等を確認する。	・目標数を達成できるように、注意すべきことを伝えて意欲を喚起する。	・作業日誌
15	2. 作業に取り組む。（材の切断工程） ・切断用補助具、鋸、材を準備する。 ・部材を補助具にセットして切断する。	・道具・補助具等の正しい使い方を示範する。 ・材と補助具の止め板の間に隙間がないように注意喚起の声かけをする。	・切断用補助具鋸 ・部材
60	3. 道具等を片付けて掃除をする。	・道具を正しく戻せるよう、道具置き場を文字と写真で明示する。	・掃除用具
75	4. 本時の結果（成功数）を報告する。	・本時の成果と課題を伝え、本時の結果から次時の目標数を考えるように促す。	・作業日誌
100	5. 作業日誌に書き、次時の目標を決める。		

■実践を振り返っての課題

【指導計画】
・工程を分担するため、自分がしていることを全体の中に位置づけて理解することが難しく、作業の質や量についての意識が高まりにくい。
・生徒同士の学び合いが生まれにくい。

【学習活動】
・切断用補助具の止め板まで材を押し込むことに注意すればほぼ正確に切断できるため、一定の長さに切るために必要な知識・理解や技能等についての生徒自身の学びが少なくなる。
・補助具の使い方が分かり作業に慣れると作業速度が増して生産量が上がるが、活動が機械化して、毎日黙々と材を切り続けるだけの姿や、飽きて作業速度が落ちる姿などが生まれやすい。

【学習評価】
・作業手順を理解して作業を進めることができている。
・補助具や道具の使い方を理解して、安全・正確に作業ができている。
・目標数を意識して、集中・持続して作業ができている。

アクティブ・ラーニングの授業

Active Learning!

52 作業学習 ＜特別支援学校・高等部＞

単元名「焼き杉のプランターカバー製作（木工班）」

■**指導目標**
- 手順や道具の使い方が分かり、正確に部材を加工することができる。
- 各工程の結果を考え、修正について判断し、仲間と伝え合うことができる。
- 自分から進んで結果を確かめたり、道具操作を行ったりすることができる。

■**指導計画** 32単位時間（50分×2コマ連続×16回）

時数	小単元名	主な学習内容	指導形態	関連教科等
1～2	作ってみよう	・みんなで一つの製品を作り製作工程を知る。	全体、個別	国語、数学社会、理科職家
3～4	作り方を知ろう	・作業手順、道具等の使い方を知り、安全に作業する。	全体、個別	
5～10	きれいに作ろう	・結果の確かめ方を知り、正確な結果を目指す。	全体、個別	
11～15	たくさん作ろう	・製作上の注意点を意識して、集中して作業する。	全体、個別	
16	使ってもらおう	・完成品を各教室や事務室等に配る。	全体、個別	国語、数学社会

■**評価の観点**

＜知識・技能＞
・道具・補助具の使い方、作業手順、目標等を理解し、正確さを意識して道具操作を調節しながら部材を加工している。

＜思考・判断・表現＞
・行為と結果の関係を理解して行為の修正を行いながら各工程の結果を確かめて、次の工程に移るとともに、ことばや動作を用いて仲間に作業のやり方や道具操作の仕方を伝えている。

＜主体的に学習に取り組む態度＞
・仲間と一緒に結果を確かめたり道具操作等を教えあったりして協力して作業をしている。

■**本時の指導**（5／16～6／16時間目、50分×2コマ連続）

時配	学習活動（メインのみ記載）	指導上の留意点	準備物
10	2. 作業に取り組む。 ・工程①製材　かんな盤で材を一定の厚さに削る。 ・工程②切断　①の材を一定の長さ（2種類）に切る。 ・工程③組立　②の材をプランターの形に組み立てる。 ・工程④仕上げ　③を焼いて磨いて仕上げる。	・道具・補助具等の正しい使い方、結果の確かめ方等について示範して見せる。 ・生徒同士での教え合い。 ・学び合いが生まれるような声かけをする。	・鋸 ・定規 ・スコヤ ・電動ドリル ・ドライバー ・バーナー 他

■**「主体的・対話的で深い学び」になるための授業改善の工夫**

＊主体的な学び＊
・自分で全工程に取り組むことによって、部材や製品の求められる状態を理解し、それを目指して自分の行為を調節しながら活動するようになる。

＊対話的な学び＊
・教師や仲間と一緒にプランターカバーの出来映えを確かめたり、道具の使い方などを教え合うことで、自分の考えを広げたり深めていく。

＊深い学び＊
・各工程での正確な作業が製品の完成度に結実することを理解し、正確な結果を生み出すために学び身に付けた知識・技能を駆使して製作活動に取り組んだり、仲間に教えたりする。

■**生きる力・自立と社会参加に向けて**

・共通の目標（完成度・数等）に向けて仲間と教え合い・確かめ合って作業に取り組んでいく。
・製作物を使って喜んでもらい、自分たちの作ったものが役立っているという社会的価値を学んでいく。

【実践力】　・目標（精度・数等）達成に必要なことを学び、さらに高度に遂行していく。
【思考力】　・正確な結果を生み出すために必要な方法を考え、工夫する力を身に付ける。
【基礎力】　・木工作業（ものづくり）に必要な国語・数学の基礎力、道具操作力が身に付く。

53 作業学習 ＜中学校・特別支援学級＞

単元名「スウェーデン刺しゅうでコースターを作ろう」

■指導目標　・製品となるコースターのデザイン図を作成することができる。

■指導計画　40単位時間（50分×2コマ連続×20回）

時数	小単元名	主な学習内容	指導形態
1～4	模様を選ぼう	・これまで取り組んだ模様の中から、好きなもの、得意なものをリストアップする。	全体
5～8	デザインを作ろう	・選んだ模様を組み合わせ、色も考えてコースターのデザインを決める。	全体、個別
9～28	刺しゅうをしよう	・コースターの大きさに布を切り、刺しゅうする。 ・製作する作品の数は、生徒の希望で決める。	全体、個別
29～38	コースターを作ろう	・刺しゅうの終わった布に裏地をあて、ふちにバイアステープを縫い付けて、コースターを完成させる。	全体、個別
39～40	作品を見せ合おう	・お互いの作品を見せ合い、感想を発表する。	全体

■評価の観点　・自分の得意とする模様を組み合わせてデザイン図を作成することができるか。
　　　　　　・色合いを考えて適切な糸を選択することができるか。

■本時の指導　（5／40～6／40時間目）

時配	学習活動	指導上の留意点	準備物
00 10	1. 挨拶をする。 2. 本時の学習内容を聞く。 3. 作業の準備をする。 4. デザイン用紙を受け取る。	・大まかな今後の予定と、本時の内容を説明する。 ・各自ロッカーから作業箱を出すよう指示する。 ・これまで練習してきた刺しゅうの模様を机上に並べる。 ・練習用も含め、1人2枚ずつ配布する。	・デザイン用紙 ・筆記用具 ・色鉛筆
20 50	5. デザイン図作成の説明を聞き、手本を見る。 6. デザイン図を各自で作成する。 （途中休憩をとる）	・作製のポイントについて説明する。 　①得意な模様を2～3個選ぶ。 　②それをデザイン用紙に配置を考えて写す。 　③糸の色を考えて、着彩する。 ・生徒の実態や必要に応じてアドバイスをする。	
85 100	7. 作業を中断して、話を聞く。 8. 次時の話を聞いて、片付ける。 9. 挨拶をする。	・何人かの生徒の作品を見せ、お互いに感想を出し合う。 ・作製に不安のある生徒は申し出るように促す。	

■実践を振り返っての課題

【指導計画】
・生徒本人に模様を選択させるが、主体的な活動としては不十分ではないか。
・お互いの作品の感想を出し合うが、その対話がデザイン作りには反映されにくい。

【学習活動】
・生徒個人の製作になるため、集団指導していることの利点が生かされていない。
・自分の得意な模様がよく分からない生徒がいると、作製が難しい模様を選択する傾向があるため、生徒の自主性を尊重したいが、否定的なアドバイスをせざるを得ない場面が出てくる。

【学習評価】
・評価の根拠が個人の作業状況になるため、作業内容が苦手な生徒の評価が低くなりやすい。

53 作業学習 ＜中学校・特別支援学級＞

単元名「スウェーデン刺しゅうでコースターを作ろう」

■ **指導目標**
・刺しゅうの技法を知り、模様に合わせて刺しゅうすることができる。
・自分が得意な模様を判断し、コースター作りに生かすことができる。
・作品に興味を持ち、模様や色について自分から積極的に意見を出すことができる。

■ **指導計画** 40単位時間（50分×2コマ連続×20回）

時数	小単元名	主な学習内容	指導形態	関連教科等
1～4	模様を選ぼう	・これまで取り組んだ模様の中から、好きなもの、得意なものをリストアップする。	全体	美術、職家
5～8	デザインを作ろう	・班で話し合い各人の模様を組み合わせ、色も考えてコースターのデザインを決める。	全体、グループ	美術、職家
9～28	刺しゅうをしよう	・コースターの大きさに布を切り、刺しゅうする。 ・製作する作品の数は、班の話し合いで決める。	全体、グループ、個別	職家、数学
29～38	コースターを作ろう	・刺しゅうの終わった布に裏地をあて、ふちにバイアステープを縫い付けて、コースターを完成させる。	全体、グループ、個別	職家、数学
39～40	作品を見せ合おう	・班ごとの作品を見せ合い、感想を発表する。	全体	国語、美術

■ **評価の観点**
＜知識・技能＞
・刺しゅうの仕方が分かり、自分の選んだ模様をきれいに刺しゅうしている。
＜思考・判断・表現＞
・取り組んだ模様の中から好きなもの得意なものを考え、仲間の得意な模様と自分の模様とを組み合わせたデザインを班で話し合って決めるとともに、デザインに合った色彩を判断し作品に活かしている。
＜主体的に学習に取り組む態度＞
・共同製作作業の中で自主性と協調性をバランスよく発揮している。

■ **本時の指導** （5／40～6／40時間目、50分×2コマ連続）

時配	学習活動（メインのみ記載）	指導上の留意点	準備物
10	3. 班（3名程度）で集まり作業の準備をする。 4. デザイン用紙を受け取る。	・各自ロッカーから作業箱を出す。	・デザイン用紙 ・筆記用具 ・色鉛筆
20 50	5. 手本を見ながらデザイン図作成の説明を聞く。 6. 各班で話し合いながらデザイン図を作成する。	・これまで練習してきた刺しゅうの模様を机上に並べる。 ・練習用も含め、1人2枚配布する。 ・作成のポイントについて説明する。 　①得意な模様を話し合い、1人1つ選ぶ。 　②配置を考えながらデザイン用紙に書き写す。 　③糸の色を考えて、着彩する。 ・班の実態や必要に応じてアドバイスをする。	

■ **「主体的・対話的で深い学び」になるための授業改善の工夫**

＊**主体的な学び**＊
・仲間の模様と組み合わせて製品として成立させるために、最適な自分の模様を選び出すことができるようになる。
＊**対話的な学び**＊
・仲間の意見も受け入れながら、自分の技術と合った最適なデザインを作り上げる。
＊**深い学び**＊
・作品の自己評価や他の仲間との意見交換することにより、自分たちの次の作品のイメージ化を図っていく。

■ **生きる力・自立と社会参加に向けて**
・スウェーデン刺しゅうの技法を使って、他の作品にも活かしていき、製作の幅を広げる。
【実践力】　・スウェーデン刺しゅうの技術を伸ばすとともに、ものづくりへの意欲を持つ。
【思考力】　・仲間と話し合いながらよりよいデザインや作業方法を考える。
【基礎力】　・デザインを考えながらスウェーデン刺しゅうを作る。

54 進路学習 ＜特別支援学校・高等部＞

単元名「将来の生活を考えよう」

■**指導目標**　・将来の生活や進路に興味・関心を持ち、卒業後の働く生活について自分なりに考えたり感じたりすることができる。
　　　　　　・職場見学を通して様々な職種に触れ、働くことに興味・関心を持つことができる。

■**指導計画**　26 単位時間（50 分× 26 回）

時数	小単元名	主な学習活動	指導形態
1～4	働くことについて考えよう	・家族や卒業生の仕事について知る。 ・職場見学の事前指導をする。	全体
5～20	職場見学をしよう	・様々な職場を見学する。 ・卒業生が働いている職場を見学する。	全体
21～22	職場見学を振り返ろう	・職場見学の振り返りをする。 ・ワークシートに感想を記入する。	全体

■**評価の観点**　・将来の生活や進路に興味・関心を持ち、卒業後の働く生活について自分なりに考えたり感じたりすることができるか。
　　　　　　　・職場見学を通して様々な職種に触れ、働くことに興味・関心を持つことができるか。

■**本時の指導**　（5／26 ～ 8／26 時間目、50 分× 4 コマ連続）

時刻	学習活動	指導上の留意点	準備物
9:00	1. バスに乗車、学校を出発	・持ち物を互いに確認するように促す。	・デジタルカメラ ・メモ用シート ・バインダー
9:20	2. 見学先 1（就労継続支援 B 型施設）に到着 　・見学	・職場見学では、気がついたことをメモするように促す。 ・メモが上手に取れているかどうかを巡回して、確認する。 ・大切なポイントをメモしている場合には、すぐにその場で誉めて意欲を高める。	
9:50	3. 見学先 1 を出発		
10:15	4. 見学先 2（一般就労施設）に到着 　・見学		
10:40	5. 見学先 2 を出発		
11:00	6. 見学先 3（生活介護施設）に到着 　・見学		
12:00	7. 見学先 3 を出発		
12:20	8. 学校到着		

■**実践を振り返っての課題**

【指導計画】
・活動内容が「職場見学」中心であり、そこで何を学んだのかを深める時間が少ない。
・職場見学の事前学習をまとめて実施しており、一度に覚えることの多さが目立つ。
・職場見学後、その日の内に職場見学を振り返る時間がない。

【学習活動】
・職場見学先を自己選択する場面がないため、生徒は受動的な参加になっている。
・「働くこと」についてワークシートに記入や職場見学が中心であり、対話的学びが少ない。

【学習評価】
・評価は、指導目標に対して「～できたか。」と疑問詞を付け加えただけである。
・評価が発表内容や職場見学時の行動記録に偏りやすく、具体性に欠けている。
・各生徒の中で「働くこと」の何が深まったのかの評価が曖昧であるため、評価し難い。

アクティブ・ラーニングの授業

Active Learning!

54 進路学習 ＜特別支援学校・高等部＞

題材名「将来の生活を考えよう」

■ **指導目標**
- 働く上で身に付けておくべきことを、職場見学を通して具体的に捉えることができる。
- 自分の将来の生活の中に「働くこと」を位置付け、高等部卒業後の働いている自分の姿を具体的に考えることができる。
- 「働く」場面を自身のこととして受けとめ、日常生活における目標を持つことができる。

■ **指導計画** 26単位時間（50分×26回）

時数	小単元名	主な学習活動	指導形態	関連教科等
1〜4	働くことについて考えよう	・家族や卒業生の仕事について知る。 ・職場見学の事前指導をする。	全体	国語、社会 職家、自活
5〜20	職場見学をしよう	・様々な職場を見学する。 ・職場見学の振り返りをする。 ・卒業生が働いている職場を見学する。	全体	国語、社会 職家、自活
21〜26	報告会をしよう	・職場見学全体の振り返りをする。 ・働く上で大切だと感じたことを共有する。 ・報告会に向けての発表準備（ポスター作成）をする。 ・報告会で発表する。	全体	国語、社会 職家、自活

■ **評価の観点**

＜知識・技能＞
・働く上で必要なスキルや内容が分かり、職場見学で気がついたことをメモしている。

＜思考・判断・表現＞
・自分の中で働くことに対して何が課題であるかを考え、今後の授業の中でどのように取り組むのかを決めながら、職場見学を通して学んだことをポスターにまとめている。

＜主体的に学習に取り組む態度＞
・職場見学をしているときに説明者や従業員に質問をしながら、疑問を解決している。

■ **本時の指導** （5／26〜8／26時間目、50分×4コマ連続）

時刻	学習活動（メインのみ記載）	指導上の留意点	準備物
9:20 9:50 10:15 10:40	2. 見学先1（一般就労施設）到着・見学 3. 見学先1を出発 4. 見学先2（一般就労施設）到着・見学 5. 見学先2を出発	・職場見学では気がついたことをメモするように促す。 ・知りたいことを確認できるよう質問をする。	・デジタルカメラ ・メモ用シート ・バインダー ・まとめ用のワークシート
11:00 11:15 11:50 12:10 12:15	6. 学校到着 7. 見学先1・2の振り返りを実施 8. ワークシートにまとめる。 9. 友達と共有しまとめる。 10. まとめたことを発表する。	・振り返りでは、自分の課題に気づけるように助言する。 ・職場見学での友達と自分の気づきの相違を引き出すような声かけをし、ワークシートへの追記を促す。	

■ **「主体的・対話的で深い学び」になるための授業改善の工夫**

＊主体的な学び＊
・見学したい職場を自己選択できるようにする。また、職場見学を通して気づいた働く上での自分の課題を改善していくためには、これからの学校生活の中で何に取り組んでいくのかを考える。

＊対話的な学び＊
・職場見学前に分からなかったことと見学後に分かったことを生徒同士で話し合い、他者の意見を取り入れながら「働くこと」に対する理解を深める。

＊深い学び＊
・働く上での自分の課題に気づき、改善するには何をしたらよいのか手立てを考える。

■ **生きる力・自立と社会参加に向けて**
・働く上での自分の課題を理解し、卒業後に意欲的に働くことを目指す。
【実践力】・日々の授業の中で、自分の課題改善のために継続して取り組む。
【思考力】・働く上で必要なスキルや心構えについて考える。
【基礎力】・見学先を自己選択し、卒業後の「働く生活」について考える。

これまでの授業

55 進路学習（総合的な学習の時間） ＜中学校・特別支援学級＞

題材名「自分がついてみたい職業を調べよう」

■**指導目標** ・自分がついてみたい職業について調べて発表することができる。

■**指導計画** 8単位時間（50分×8回）

時数	小題材名	主な学習活動	指導形態
1	自分の将来を考えよう	・家族や周囲の人の職業から自分がついてみたい職業を考える。	全体
2～3	職業を調べよう	・図書室で自分のつきたい職業について調べる。	全体、個別
4～6	発表準備をしよう	・発表方法（パワーポイント、ポスター、紙芝居等）を選び、発表に向けた準備をする。	個別
7～8	発表しよう	・自分がついてみたい職業について発表する。	全体

■**評価の観点** ・自分がついてみたい職業を考え、調べることができるか。
・クラスの前でしっかり発表し、また友人の発表を聞くことができるか。

■**本時の指導** （7／8時間目、50分）

時配	学習活動	指導上の留意点	準備物
00	（昼休み中から発表の準備を行う。） 1. 挨拶をする。 2. 本時の学習内容を聞く。 3. 発表の準備をする。	（生徒の発表方法に従って、必要なものを準備する。） ・これまでの学習を振り返ってから、本時の内容を説明する。 ・発表順に従って生徒4名に発表の準備をさせる。	・記録用ワークシート ・筆記用具
05	4. 発表①（生徒A）パワーポイント使用 　質疑応答	・発表者以外の生徒は発表を聞きながらワークシートを記入するよう指示する。	
15	5. 発表②（生徒B）パワーポイント使用 　質疑応答	・聞いている生徒に、積極的に質問するように促す。	
25	6. 発表③（生徒C）ポスター使用 　質疑応答		
35	7. 発表④（生徒D）ポスター使用 　質疑応答		
45	8. まとめ	・ワークシートをもとに、本時の内容の振り返りをさせる。 ・次回発表の生徒を確認する。	

■**実践を振り返っての課題**

【指導計画】
・生徒は自分の発表に集中するあまり、友人の発表を聞き、質問して深める活動がおろそかになってしまう。
・発表方法を主体的に選ぶことを優先したが、授業のどの部分で生徒の主体性を確保するかを全体の流れの中で吟味すべきである。

【学習活動】
・聞く側の生徒にワークシートの記入や質問をするための指導が必要となり個人作業になりやすい。
・発表準備の時間は生徒個人の作業になる。発表方法が様々なので指導者の数が少ないと生徒を待たせる時間が長くなり、発表内容を深めるより体裁を整える方を優先しがちとなる。

【学習評価】
・評価の根拠が個人の発表や記録のみになりやすく、話し合いに視点を置きにくい。

アクティブ・ラーニングの授業

Active Learning! 55 進路学習（総合的な学習の時間） ＜中学校・特別支援学級＞

題材名「自分がついてみたい職業を調べよう」

■指導目標
- 興味のある職業について調べまとめることができる。
- 調べて分かったことのポイントをもとにクイズ形式で発表することができる。
- 様々な職業に興味を持ち、進んで発表活動や調べ学習に取り組むことができる。

■指導計画　8単位時間（50分×8回）

時数	小題材名	主な学習活動	指導形態	関連教科等
1	自分の将来を考えよう	・家族や周囲の人の職業から自分がついてみたい職業を考える。	全体	社会、総合
2～3	職業を調べよう	・図書室で自分のつきたい職業について調べる。	全体、個別	社会、総合
4～6	発表準備をしよう	・クイズ形式の紙芝居を製作し、発表に向けた準備をする。	個別	総合、美術
7～8	発表しよう	・自分がついてみたい職業について発表する。	全体	総合、国語

■評価の観点
＜知識・技能＞
・様々な職業があることが分かり、図書室等で調べてクイズ形式の紙芝居にしている。
＜思考・判断・表現＞
・職業についてのクイズと解答に関するヒントを考えながら紙芝居を作り、声の大きさや分かりやすさを判断して発表したり、友達の発表に対して積極的に解答している。
＜主体的に学習に取り組む態度＞
・相手に伝わるように発表したり、相手の話を注目して聞く態度で臨んでいる。

■本時の指導　（7／8時間目、50分）

時配	学習活動（メインのみ記載）	指導上の留意点	準備物
05	4. 第1問（生徒A）紙芝居使用　正解発表後、職業を選んだ理由を説明。	・発表者以外の生徒はクイズの発表を聞いてワークシートに解答を記入することを確認しておく。	・解答用ワークシート
15	5. 第2問（生徒B）紙芝居使用　正解発表後、職業を選んだ理由を説明。	・質問されたら答えるよう促す。　・発表時間を一定にするため、方法は紙芝居に統一する。	・筆記用具
25	6. 第3問（生徒C）紙芝居使用　正解発表後、職業を選んだ理由を説明。	・ヒントなし、ヒント1つ、ヒント2つで点数を分け、合計点数を競うことで意欲を高める。	
35	7. 第4問（生徒D）紙芝居使用　正解発表後、職業を選んだ理由を説明。		

■「主体的・対話的で深い学び」になるための授業改善の工夫
＊主体的な学び＊
・自分のつきたい職業について考えることで、進路選択を自己の課題として捉えるようになる。
＊対話的な学び＊
・クイズ形式をとることで対話が生まれ、各生徒が希望する様々な職業をイメージできるようになる。
＊深い学び＊
・職業につきたい理由を友人たちに説明することで、自分の思いを再確認するようになる。

■生きる力・自立と社会参加に向けて
・今後、現場実習や様々な職業を調べることを通して、自分の将来をイメージしながら就労を目指す。
【実践力】　・職業について図書室を活用して調べる。また、紙芝居を使って発表する。
【思考力】　・友人に解答してもらうためにクイズの解答につながるヒントを考える。
【基礎力】　・自分のつきたい職業について、必要な文字や絵を書く。

引用・参考文献

【第1章第1節】

国際バカロレア機構 (2016)「PYP のつくり方：初等教育のための国際教育カリキュラムの枠組み」．
　http://www.ibo.org/contentassets/93f68f8b322141c9b113fb3e3fe11659/pyp-making-pyp-happen-jp.pdf
国立教育政策研究所 (2014)『教育課程の編成に関する基礎的研究 報告書7 資質や能力の包括的育成に向けた教育課程の基準の原理』．
国立教育政策研究所 (2016)『国研ライブラリー資質・能力』，東洋館出版社．
中央教育審議会 (2008)『幼稚園、小学校、中学校、高等学校及び特別支援学校の学習指導要領等の改善について（答申）』．
　http://www.mext.go.jp/b_menu/shingi/chukyo/chukyo0/toushin/__icsFiles/afieldfile/2009/05/12/1216828_1.pdf
中央教育審議会 (2012)『新たな未来を築くための大学教育の質的転換に向けて～生涯学び続け、主体的に考える力を育成する大学へ～（答申）』．
　http://www.mext.go.jp/b_menu/shingi/chukyo/chukyo0/toushin/1325047.htm
中央教育審議会初等中等教育分科会高等学校教育部会 (2014)『初等中等教育分科会高等学校教育部会審議まとめ～高校教育の質の確保・向上に向けて～』．
　http://www.mext.go.jp/b_menu/shingi/chukyo/chukyo3/047/houkoku/1349737.htm
中央教育審議会 (2016)『幼稚園、小学校、中学校、高等学校及び特別支援学校の学習指導要領等の改善及び必要な方策等について（答申）』，中教審第197号．
　http://www.mext.go.jp/b_menu/shingi/chukyo/chukyo0/toushin/1380731.htm
白水始 (2012)「認知科学と学習科学における知識の転移」，人工知能学会誌，27 (4)，347-358．
文部科学省 (2014)『初等中等教育における教育課程の基準等の在り方について（諮問）』，26文科初第852号．
文部科学省 (2014)『育成すべき資質・能力を踏まえた教育目標・内容と評価の在り方に関する検討会 - 論点整理』．
　http://www.mext.go.jp/component/b_menu/shingi/toushin/__icsFiles/afieldfile/2014/07/22/1346335_02.pdf
文部科学省 Web ページ「国際バカロレアについて」．
　http://www.mext.go.jp/a_menu/kokusai/ib/
ドミニク・S・ライチェン　ローラ・H・サルガニク　立田慶裕（監訳）(2006)『キー・コンピテンシー』，明石書店．
P. グリフィン・B. マグゴー・E. ケア　三宅なほみ（監訳）(2014)『21世紀型スキル―学びと評価の新たなかたち』，北大路書房．
Cathy N. Davidson (2011) Education Needs a Digital-Age Upgrade, The NewYork Times, 2011.8.7
　https://opinionator.blogs.nytimes.com/2011/08/07/education-needs-a-digital-age-upgrade/
Carl B. Frey and Michael A. Osborne (2013) THE FUTURE OF EMPLOYMENT: HOW SUSCEPTIBLE ARE JOBS TO COMPUTERISATION?,
　http://www.oxfordmartin.ox.ac.uk/publications/view/1314

【第1章第2節】

中央教育審議会 (2016)『幼稚園、小学校、中学校、高等学校及び特別支援学校の学習指導要領等の改善及び必要な方策等について（答申）』，中教審第197号．
　http://www.mext.go.jp/b_menu/shingi/chukyo/chukyo0/toushin/1380731.htm
国立教育政策研究所 (2014)『教育課程の編成に関する基礎的研究 報告書7 資質や能力の包括的育成に向けた教育課程の基準の原理』．

【第1章第3節】

池田吉史 (2013)「発達障害及び知的障害と実行機能」SNE ジャーナル，19 (1)，21-36．
森口佑介 (2012)『わたしを律するわたし　子どもの抑制機能の発達』，京都大学学術出版会．
Bush, G., Luu, P., & Posner, M. I. (2000). Cognitive and emotional influences in anterior cingulate cortex. Trends in Cognitive Sciences, 4 (6), 215-222.
Bush, G., Valera, E. M., & Seidman, L. J. (2005). Functional neuroimaging of attention-deficit/hyperactivity disorder: a review and suggested future directions. Biological Psychiatry, 57 (11), 1273-1284.
Fassbender, C., & Schweitzer, J. B. (2006). Is there evidence for neural compensation in attention deficit hyperactivity disorder? A review of the functional neuroimaging literature. Clinical Psychology Review, 26 (4), 445-465.
Grone, M., Dyck, M., Koush, Y., Bergert, S., Mathiak, K. A., Alawi, E. M., Elliott, M., Mathiak, K. (2015). Upregulation of the rostral anterior cingulate cortex can alter the perception of emotions: fMRI-based neurofeedback at 3 and 7 T. Brain Topography, 28 (2), 197-207.

Iordan, A. D., Dolcos, S., & Dolcos, F. (2013). Neural signatures of the response to emotional distraction: a review of evidence from brain imaging investigations. Frontiers in Human Neuroscience, 7, 200.

Klumpp, H., Keutmann, M. K., Fitzgerald, D. A., Shankman, S. A., & Phan, K. L. (2014). Resting state amygdala-prefrontal connectivity predicts symptom change after cognitive behavioral therapy in generalized social anxiety disorder. Biology of Mood & Anxiety Disorders, 4 (1), 14.

Miyake, A., Friedman, N. P., Emerson, M. J., Witzki, A. H., Howerter, A., & Wager, T. D. (2000). The unity and diversity of executive functions and their contributions to complex "Frontal Lobe" tasks: a latent variable analysis. Cognitive Psychology, 41 (1), 49-100.

Murayama, K., Matsumoto, M., Izuma, K., & Matsumoto, K. (2010). Neural basis of the undermining effect of monetary reward on intrinsic motivation. Proceedings of the National Academy of Sciences of the United States of America, 107 (49), 20911-20916.

Pessoa, L. (2010). Emergent processes in cognitive-emotional interactions. Dialogues in Clinical Neuroscience, 12 (4), 433-448.

Tang, Y. Y., Tang, R., & Posner, M. I. (2016). Mindfulness meditation improves emotion regulation and reduces drug abuse. Drug and Alcohol Dependence, 163, Suppl 1, S13-18.

Tsermentseli, S., & Poland, S. (2016). Cool versus hot executive function: A new approach to executive function. Encephalos, 53 (1), 11-14.

Willcutt, E. G., Doyle, A. E., Nigg, J. T., Faraone, S. V., & Pennington, B. F. (2005). Validity of the executive function theory of attention-deficit/hyperactivity disorder: a meta-analytic review. Biological Psychiatry, 57 (11), 1336-1346.

Zelazo, P. D., & Carlson, S. M. (2012). Hot and Cool Executive Function in Childhood and Adolescence: Development and Plasticity. Child Development Perspectives, 6 (4), 354-360.

【第1章第4節】
一木　薫(2017)「特別支援学校(知的障害)における教科別・領域別指導と各教科等を合わせた指導」,宮﨑英憲監修『平成29年度版学習指導要領の改訂のポイント　特別支援学校』,明治図書.
高浦勝義(1998)『総合学習の理論・実践・評価』,黎明書房.
武富博文・松見和樹(2017)『知的障害教育におけるアクティブ・ラーニング』,東洋館出版.
田中博之(2016)『アクティブ・ラーニング実践の手引き　各教科等で取り組む「主体的・協働的な学び」』,教育開発研究所.
特別支援教育の実践研究会編代表：宮﨑英憲(2016)『特別支援教育の実践情報』,特集「特別支援教育とアクティブ・ラーニング」,No.173,明治図書.
文部科学省(2014)『初等中等教育における教育課程の基準等の在り方について(諮問)』,26文科初第852号.
文部科学省(2014)『育成すべき資質・能力を踏まえた教育目標・内容と評価の在り方に関する検討会　−論点整理−』.
文部科学省(2015)『教育課程企画特別部会における論点整理について(報告)』.
文部科学省(2016)『次期学習指導要領等に向けたこれまでの審議のまとめ(案)』.
文部科学省(2017)『幼稚園、小学校、中学校、高等学校及び特別支援学校の学習指導要領等の改善及び必要な方策等について(答申)』.
文部科学省(2017)『特別支援学校小学部・中学部学習指導要領(案)』.
三浦光哉(2016)「対話的な学びを特別支援教育で実現するには？」,特別支援教育の実践研究会編代表：宮﨑英憲『特別支援教育の実践情報』,No.173,14-15,明治図書.
渡邉健治監修・障害児教育実践研究会編(2013)『拓き・確かめ・響きあう知的障害教育の実践』,田研出版.

【第2章第1節】
香川邦生(2016)『視覚障害教育に携わる方のために』,慶應義塾大学出版会.
国立特別支援教育総合研究所(2015)『特別支援教育の基礎・基本』新訂版,ジアース教育新社.
文部科学省(2009)『特別支援学校学習指導要領解説 総則等編(幼稚部・小学部・中学部)』.
文部科学省(2013)『教育支援資料〜障害のある子供の就学手続きと早期からの一貫した支援の充実〜』.
文部科学省(2016)『幼稚園、小学校、中学校、高等学校及び特別支援学校の学習指導要領等の改善及び必要な方策等について(答申)』.

【第2章第2節】
上農正剛(2003)『たったひとりのクレオール—聴覚障害児教育における言語論と障害認識』,ポット出版.
脇中起余子(2009)『聴覚障害教育　これまでとこれから　コミュニケーション論争・9歳の壁・障害認識を中心に』,北大路書房.

【第2章第3節】

尾崎祐三（2016）「アクティブ・ラーニングの視点」、日本特殊教育学会自主シンポジウム 80『知的障害教育における「育成すべき・資質・能力」』, 指定討論資料.

武富博文・松見和樹（2017）『知的障害教育におけるアクティブ・ラーニング』, 東洋館出版.

三浦光哉編（2000）『生活自立と社会体験活動』, 明治図書.

明官 茂（2013）「知的障害児の教科学習の方法」, 渡邉健治監修・障害児教育実践研究会編『拓き・確かめ・響きあう知的障害教育の実践』, 47-58, 田研出版.

文部科学省（2009）『特別支援学校学習指導要領解説　総則編等』.

文部科学省（2014）『育成すべき資質・能力を踏まえた教育目標・内容と評価の在り方に関する検討会　－論点整理－』.

文部科学省（2017）『特別支援学校小学部・中学部学習指導要領（案）』.

ヴィゴツキー著, 土井捷三・神谷栄司訳（2003）『発達の最近接領域の理論理論』, 三学出版.

ヴィゴツキー著, 柴田義松監訳（2005）『精神発達の理論』, 学苑社.

【第2章第4節】

分藤賢之・川間健之介・長沼俊夫監修（2016）『肢体不自由教育実践授業力向上シリーズ No.4　－「アクティブ・ラーニング」の視点を生かした授業づくりを目指して－』, ジアース教育新社.

猪狩恵美子・河合隆平・櫻井宏明編（2014）『テキスト肢体不自由教育　子ども理解と教育実践』, 全国障害者問題研究会出版部.

文部科学省（2009）『特別支援学校学習指導要領解説　総則等編（幼稚部・小学部・中学部）』, 教育出版.

【第2章第5節】

丹羽 登監修（2015）『病弱教育における各教科等の指導　－合理的配慮の観点から各教科等の指導と配慮を考える－』, ジアース教育新社.

【第2章第6節】

伊藤崇達（2016）「自己調整学習とアクティブ・ラーニング　－学習障害のある子どもたちへの支援－」, LD 研究、第 25 巻第 4 号, 414-422.

宇野宏幸（2017）「ユニバーサルデザインとアクティブ・ラーニングの授業へ　－子どものニーズと学びの多様性を踏まえた授業づくり－」, 『実践障害児教育』, No.526, 10-13, 学研.

小貫 悟（2016）「アクティブ・ラーニングと授業のユニバーサルデザイン　－アクティブ・ラーニング自体を UD 化するための＜視点モデル＞と＜授業設計基本フレーム＞の提案－」, LD 研究, 第 25 巻第 4 号, 423-430.

神山 努（2016）「アクティブ・ラーニングを活用した各教科の目標・内容・方法・学習評価の一体化」,『月間実践障害児教育 12 月号』, No.522, 10-13, 学研プラス.

武富博文・松見和樹（2017）『知的障害教育におけるアクティブ・ラーニング』, 東洋館出版社.

田中博之（2016）『アクティブ・ラーニング実践の手引き』, 教育開発研究所.

三浦光哉（2016）「対話的な学びを特別支援教育で実現するには？」, 特別支援教育の実践研究会編代表：宮﨑英憲『特別支援教育の実践情報』, No.173, 14-15, 明治図書.

文部省（1999）『学習障害児に対する指導について（報告）』.

文部科学省（2003）『今後の特別支援教育の在り方について（最終報告）』.

【第3章】

淺利邦子（2016）「アクティブ・ラーニングを取り入れた社会科の実践　－学校内の課題を見つけ陳情書をまとめよう－」, 『月間実践障害児教育 12 月号』, No.522, 18-21, 学研プラス.

伊藤那津子（2016）「自信をもって他者と関わるために」, 特別支援教育の実践研究会編代表：宮﨑英憲『特別支援教育の実践情報』, No.173, 26-27, 明治図書.

岩松雅文（2016）「対話で作ろう！みんなの花壇や畑　～生徒同士の話し合いを通した協働的・能動的な学習を目指して～」, 特別支援教育の実践研究会編代表：宮﨑英憲『特別支援教育の実践情報』, No.173, 24-25, 明治図書.

金子美也子（2016）「対話型授業による自己決定支援　～発達障害通級指導教室担当教師とのやりとりを通して～」, 特別支援教育の実践研究会編代表：宮﨑英憲『特別支援教育の実践情報』, No.173, 28-29, 明治図書.

宮口幸治・川上ちひろ（2015）『性の問題行動をもつ子どものためのワークブック』, 明石書店.

おわりに

　本書を執筆・編集している2月中旬に幼稚園学習指導要領、小学校学習指導要領、中学校学習指導要領の改訂案が公表され、遅れて3月下旬に特別支援学校学習指導要領の改訂案が公表されました。

　この改訂案では、「アクティブ・ラーニング」という用語が強烈なインパクトを与えたために一人歩きし、誤った理解や取り組みになる可能性があるとして外され、「主体的・対話的で深い学び」と表現されました。しかし、同義であることに変わりはありません。アクティブ・ラーニングという用語で、日本中の教師がこれまでの授業を反省し、予測もつかない新しい時代を子供たちが生き抜くためには授業改善をしなければならないと真摯に向き合っているのも事実です。

　本書では、障害のある子供たちに「主体的・対話的で深い学び」を実現させるためのアクティブ・ラーニングの授業とは、一体何をどのようにすることなのかを提案しました。障害といっても多種多様であるために、学習活動において制約があり、一つの方向に集約することは困難な作業でした。

　ご執筆された全国の先生方30数名には、これまで実践してきた授業に対して「大胆な授業改善」「理想の授業」「今後必要不可欠となる学習活動」などを要求しました。そして、その集大成が55の事例となりました。編著者としては、この拙本を世に出すことが特別支援教育界におけるアクティブ・ラーニングの論議の発端だと思っています。さらに、特別支援学校学習指導要領の改訂案が公表されたことで、更なる議論が深まると期待しております。

　最後になりましたが、本書の発行にあたっては、全国で特別支援教育に情熱を捧げてこられました先生方に快く執筆のご協力をいただきました。また、山形大学長期研修生の佐竹絵理先生、山形大学教職大学院生の柴田雄一郎先生には、校正作業に携わっていただきました。皆様にこの場を借りて厚く御礼申し上げます。さらに、ジアース教育新社の加藤勝博社長はじめ、編集を担当してくださいました市川千秋様に深く感謝申し上げます。

2017（平成29）年7月

編著者　三浦　光哉

【編著者紹介】

三浦　光哉 (みうら・こうや)

山形大学教職大学院教授・山形大学特別支援教育臨床科学研究所所長（兼任）。

　宮城県内公立小学校教諭、宮城教育大学附属養護学校教諭、宮城教育大学非常勤講師、山形大学教育学部助教授、山形大学地域教育文化学部教授を経て現職。名古屋市特別支援学校の在り方検討委員会座長。専門は特別支援教育、障害児指導法、障害児臨床。特別支援学校教育において、教育課程の編成、授業改善の方法、個別の指導計画の作成、保護者との連携の在り方など、実践を通して教育現場に様々な提案をしている。また、保育所・幼稚園、小学校、中学校、高等学校の巡回相談やスクリーニング等を実施している。最近では、不登校や小1プロブレム対応、保幼小の接続カリキュラム作成にも携わっている。

　主な著書に、『知的障害・発達障害の教材・教具117』（ジアース教育新社）、『5歳アプローチカリキュラムと小1スタートカリキュラム』（ジアース教育新社）、『社会参加と生活自立を目指した社会体験活動』（明治図書）、『新個別の指導計画と個別アプローチプラン』（学苑社）、『障害児教育の総合的な学習の時間』（田研出版）、『本人参加型会議で不登校が改善する』（学研）、『小1プロブレムを防ぐ保育活動』（クリエイツかもがわ）、『必携・特別支援教育コーディネーター』（クリエイツかもがわ）、ほか多数。

【執筆者一覧】

福本　　徹　（国立教育政策研究所総括研究官）　第1章第1節、第1章第2節
大村　一史　（山形大学地域教育文化学部准教授）　第1章第3節
三浦　光哉　（山形大学教職大学院教授）　第1章第4節、第2章第3節、第2章第6節
澤田　真弓　（国立特別支援教育総合研究所上席総括研究員）　第2章第1節
金澤　貴之　（群馬大学教育学部教授）　第2章第2節
大江　啓賢　（山形大学地域教育文化学部准教授）　第2章第4節
丹羽　　登　（関西学院大学教育学部教授）　第2章第5節

齋藤　大地　（東京学芸大学附属特別支援学校教諭）　実践1、実践2
高橋　浩平　（東京都杉並区立杉並第四小学校校長）　実践3、実践10、実践11
後藤　勝弘　（三重県津市立南が丘中学校教諭）　実践4、実践49
西山　克子　（山形県立置賜農業高等学校教諭）　実践5
宿城　高義　（千葉県立特別支援学校流山高等学園教諭）　実践6
山﨑　唯光　（千葉県立特別支援学校流山高等学園教諭）　実践7
淺利　邦子　（千葉県立つくし特別支援学校教諭）　実践7
中西　　郁　（十文字学園女子大学教授）　実践8、実践9
松井　雄一　（東京都立北特別支援学校教諭）　実践8、実践9
亀山　史子　（広島県立沼隈特別支援学校教諭）　実践12、実践24
島守　詩子　（青森県三戸地方教育研究所指導主事）　実践13、実践14
星井　純子　（東京都大田区教育委員会発達障害支援アドバイザー）　実践15、実践16
石丸　良成　（東京都立府中けやきの森学園教諭）　実践17、実践18
岩松　雅文　（栃木県立益子特別支援学校教諭）　実践19、実践20、実践21
日高　浩一　（東京都立水元特別支援学校主幹教諭）　実践22、実践23
衛藤あすか　（東京都杉並区立済美養護学校教諭）　実践25
佐竹　絵理　（山形県米沢市立第三中学校教諭）　実践26、実践27
藤原　弓子　（山形大学教職大学院生）　実践27
小林　　彰　（広島県福山市立鷹取中学校教諭）　実践28、実践29
伊藤那津子　（山形大学附属特別支援学校教諭）　実践30、実践33
西川　　崇　（長崎大学教育学部附属特別支援学校主幹教諭）　実践31、実践51
山口　純枝　（名古屋市教育委員会主任指導主事）　実践32、実践47
金子美也子　（新潟県長岡市立宮内小学校教諭）　実践34、実践35、実践38
三浦　亜紀　（青森県立八戸盲学校教諭）　実践36
川村　修弘　（宮城教育大学附属特別支援学校教諭）　実践37、実践54
齋藤　　忍　（十文字学園女子大学准教授）　実践39、実践48
山科　平恵　（山形大学附属特別支援学校教諭）　実践40、実践41、実践42
佐藤　功一　（宮城県立支援学校女川高等学園教頭）　実践43、実践44
柴田雄一郎　（山形大学附属特別支援学校教諭）　実践45
早川　　透　（京都教育大学附属特別支援学校教頭）　実践46、実践52
廣内　絵美　（京都教育大学附属特別支援学校教諭）　実践50
小林　　徹　（郡山女子大学短期大学部教授）　実践53、実践55

（2017年7月現在）

特別支援教育の
アクティブ・ラーニング
～「主体的・対話的で深い学び」の実現に向けた授業改善～

2017年7月28日　初版第1刷発行
2018年1月22日　初版第2刷発行
2019年12月15日　初版第3刷発行

■編　著　　三浦　光哉
■発行人　　加藤　勝博
■発行所　　株式会社 ジアース教育新社
　　　　　〒101-0054　東京都千代田区神田錦町1-23　宗保第2ビル
　　　　　TEL：03-5282-7183　FAX：03-5282-7892
　　　　　E-mail：info@kyoikushinsha.co.jp
　　　　　URL：http://www.kyoikushinsha.co.jp/

■表紙デザイン・DTP　　土屋図形 株式会社
■印刷・製本　　モリモト印刷 株式会社
Printed in Japan
ISBN978-4-86371-430-4
定価はカバー表示してあります。
乱丁・落丁はお取り替えいたします。（禁無断転載）